DIREITO TRIBUTÁRIO
CONSTITUIÇÃO E CÓDIGO TRIBUTÁRIO NACIONAL

IVANA MUSSI GABRIEL

DIREITO TRIBUTÁRIO
CONSTITUIÇÃO E CÓDIGO TRIBUTÁRIO NACIONAL

2ª edição revista, ampliada e atualizada

Belo Horizonte

FÓRUM
CONHECIMENTO JURÍDICO
2021

© 2012 Editora Verbatim.
© 2021 2ª edição Editora Fórum Ltda.

É proibida a reprodução total ou parcial desta obra, por qualquer meio eletrônico, inclusive por processos xerográficos, sem autorização expressa do Editor.

Conselho Editorial

Adilson Abreu Dallari
Alécia Paolucci Nogueira Bicalho
Alexandre Coutinho Pagliarini
André Ramos Tavares
Carlos Ayres Britto
Carlos Mário da Silva Velloso
Cármen Lúcia Antunes Rocha
Cesar Augusto Guimarães Pereira
Clovis Beznos
Cristiana Fortini
Dinorá Adelaide Musetti Grotti
Diogo de Figueiredo Moreira Neto (in memoriam)
Egon Bockmann Moreira
Emerson Gabardo
Fabrício Motta
Fernando Rossi
Flávio Henrique Unes Pereira

Floriano de Azevedo Marques Neto
Gustavo Justino de Oliveira
Inês Virgínia Prado Soares
Jorge Ulisses Jacoby Fernandes
Juarez Freitas
Luciano Ferraz
Lúcio Delfino
Marcia Carla Pereira Ribeiro
Márcio Cammarosano
Marcos Ehrhardt Jr.
Maria Sylvia Zanella Di Pietro
Ney José de Freitas
Oswaldo Othon de Pontes Saraiva Filho
Paulo Modesto
Romeu Felipe Bacellar Filho
Sérgio Guerra
Walber de Moura Agra

FÓRUM
CONHECIMENTO JURÍDICO

Luís Cláudio Rodrigues Ferreira
Presidente e Editor

Coordenação editorial: Leonardo Eustáquio Siqueira Araújo
Aline Sobreira de Oliveira

Av. Afonso Pena, 2770 – 15º andar – Savassi – CEP 30130-012
Belo Horizonte – Minas Gerais – Tel.: (31) 2121.4900 / 2121.4949
www.editoraforum.com.br – editoraforum@editoraforum.com.br

Técnica. Empenho. Zelo. Esses foram alguns dos cuidados aplicados na edição desta obra. No entanto, podem ocorrer erros de impressão, digitação ou mesmo restar alguma dúvida conceitual. Caso se constate algo assim, solicitamos a gentileza de nos comunicar através do *e-mail* editorial@editoraforum.com.br para que possamos esclarecer, no que couber. A sua contribuição é muito importante para mantermos a excelência editorial. A Editora Fórum agradece a sua contribuição.

Dados Internacionais de Catalogação na Publicação (CIP) de acordo com ISBD

G118d	Gabriel, Ivana Mussi
	Direito Tributário: Constituição e Código Tributário Nacional / Ivana Mussi Gabriel. - 2. ed. - Belo Horizonte : Fórum, 2021. 360p.; 14,5cm x 21,5cm.
	Inclui bibliografia. ISBN: 978-65-5518-275-0
	1. Direito Tributário. 2. Direito constitucional. 3. Direito Financeiro. 4. Direito Administrativo. I. Título.
2021-3374	CDD 341.39 CDU 34:336.2

Elaborado por Vagner Rodolfo da Silva - CRB-8/9410

Informação bibliográfica deste livro, conforme a NBR 6023:2018 da Associação Brasileira de Normas Técnicas (ABNT):
GABRIEL, Ivana Mussi. *Direito Tributário*: Constituição e Código Tributário Nacional. 2. ed. Belo Horizonte: Fórum, 2021. 360p. ISBN 978-65-5518-275-0.

Em memória de meu pai, Nelson Nagib Gabriel, de quem herdei o prazer em ler e escrever.

AGRADECIMENTOS

A Deus e a Nossa Senhora, pela felicidade que sinto de simplesmente viver.

À Ivone Mussi Gabriel, mãe e mestra, pelo olhar que acaricia, pelo amor que promove, por tudo.

À Amélia Regina Mussi Gabriel, minha irmã, meu primeiro pensamento.

Ao meu irmão, Armando José Gabriel, por revelar, tão cedo, que só a educação liberta.

Em memória de Amélia Cury Mussi, minha avó, a quem devo os aspectos mais valiosos do meu caráter.

À Beatriz Pontes Gabriel, Pedro Pontes Gabriel e João Miguel Mussi Gabriel Santos Teixeira, meus afilhados, a promessa de cuidar e de amar para sempre.

Aos Doutores Carlos Roberto Jamil Cury, Sérgio Serrano Nunes e Paulo Antoine Pereira Younes, que fazem valer os versos de Graciliano Ramos: "a palavra não foi feita para enfeitar, brilhar como ouro falso; a palavra foi feita para dizer", pelo carinho e pelas palavras.

Aos meus alunos e eternos alunos, inspiração que se renova para cada edição.

O bom, se pouco, duas vezes bom.
(Baltasar Gracian)

SUMÁRIO

INTRODUÇÃO 19

PARTE I
DO TRIBUTO

CAPÍTULO 1
INTRODUÇÃO AO DIREITO TRIBUTÁRIO 23

1.1 Conceito de Direito Tributário...23
1.2 Competência para legislar sobre Direito Tributário............................24
1.3 *Status* do Código Tributário Nacional..24
1.4 Conceito de tributo..24
    Exercícios sobre introdução ao Direito Tributário..............................32

CAPÍTULO 2
ESPÉCIES TRIBUTÁRIAS 35

2.1 Natureza jurídica específica do tributo..35
2.2 Tributos em espécie..38
2.3 Impostos (art. 145, I, CF/88 c/c art. 16, CTN)....................................38
2.4 Taxas (art. 145, II, CF/88; arts. 77-80, CTN).......................................39
2.5 Contribuição de melhoria (art. 145, III, CF/88 c/c
    art. 81, CTN; DL nº 195/67)..48
2.6 Empréstimo compulsório ou empréstimo forçado (art. 148,
    CF/88 c/c art. 15, I e II, parágrafo único do CTN –
    Lembrar-se: DEIP)...51
2.7 Contribuições especiais: interventivas, corporativas e sociais
    (art. 149, CF/88)...54
2.8 Contribuição de Iluminação Pública – CIP OU COSIP (art. 149-A,
    CF/88)..62
    Exercícios sobre espécies tributárias...65

CAPÍTULO 3
COMPETÊNCIA TRIBUTÁRIA E CAPACIDADE TRIBUTÁRIA
ATIVA...69

3.1 Competência tributária (arts. 7º e 8º, CTN).......................................69
3.2 Classificação tradicional de competência tributária...........................70

3.3	Competência extraordinária da União (art. 154, II, CF/88 c/c art. 76, CTN)	72
3.4	Competência residual da União (arts. 154, I, e 195, §4º, CF/88)	73
3.5	Capacidade tributária ativa (art. 7º, CTN)	75
3.6	Parafiscalidade	76
3.7	Repartição constitucional de receitas tributárias (arts. 157-162, CF/88)	77
	Exercícios sobre competência e capacidade tributária ativa	78

CAPÍTULO 4
PRINCÍPIOS TRIBUTÁRIOS 83

4.1	Legalidade tributária (art. 150, I, CF/88 c/c art. 97, CTN)	83
4.2	Anterioridade tributária: anterioridade geral e noventena ou anterioridade nonagesimal (art. 150, III, "b" e "c" c/c §1º, CF)	89
4.3	Irretroatividade tributária (art. 150, III, "a", CF/88)	94
4.4	Capacidade contributiva (art. 145, §1º, CF/88)	99
4.5	Não confisco (art. 150, IV, CF/88)	103
4.6	Liberdade de tráfego ou da liberdade de locomoção (art. 150, V, CF/88)	106
4.7	Isonomia tributária (art. 150, II, CF/88)	106
	Exercícios sobre princípios tributários	108

CAPÍTULO 5
IMUNIDADES TRIBUTÁRIAS 113

5.1	Imunidade como hipótese de não incidência tributária	113
5.2	Imunidade recíproca ou imunidade de entidades políticas (art. 150, VI, "a", CF/88)	115
5.3	Imunidade religiosa (art. 150, VI, "b", c/c §4º da CF/88)	118
5.4	Imunidade de partidos, fundações, sindicatos, educacional e assistencial (art. 150, IV, "c", c/c §4º, CF/88). Imunidade não autoaplicável	120
5.5	Imunidade cultural (art. 150, IV, "d", CF/88)	123
5.6	Imunidade da música (art. 150, IV, "e", CF/88)	124
5.7	Imunidade, não incidência, isenção e alíquota zero	126
	Exercícios sobre imunidades tributárias	129

CAPÍTULO 6
LEGISLAÇÃO TRIBUTÁRIA 133

6.1	Legislação tributária	133

6.2   Vigência da legislação tributária 135
6.3   Aplicação da legislação tributária 136
6.4   Integração e interpretação da legislação tributária 137

PARTE II
DA RELAÇÃO JURÍDICO-TRIBUTÁRIA

CAPÍTULO 7
HIPÓTESE DE INCIDÊNCIA TRIBUTÁRIA E FATO GERADOR ...141
7.1   Hipótese de incidência tributária 142
7.2   Fato gerador 142
7.3   Classificação do fato gerador 143

CAPÍTULO 8
PLANEJAMENTO TRIBUTÁRIO 145
8.1   Evasão fiscal 145
8.2   Elisão fiscal 146
8.3   Planejamento tributário abusivo 146
8.4   Norma geral antielisiva 147

CAPÍTULO 9
OBRIGAÇÃO TRIBUTÁRIA 149
9.1   Obrigação tributária principal (art. 113, §1º, CTN) 149
9.2   Obrigação tributária acessória (ou dever instrumental ou formal) (art. 113, §§2º e 3º, CTN) 150

CAPÍTULO 10
SUJEITO ATIVO E PASSIVO 153
10.1   Sujeito ativo 153
10.2   Sujeito passivo 155
10.3   Convenções particulares 155
10.4   Capacidade tributária passiva 156
10.5   Solidariedade 156
10.6   Domicílio tributário 158
        Exercícios de relação jurídico-tributária 159

CAPÍTULO 11
RESPONSABILIDADE TRIBUTÁRIA 163
11.1   Responsável tributário 163

11.2	Classificação da responsabilidade tributária: por substituição ou por transferência	164
11.3	Substituição tributária: para trás e para frente	164
11.4	Responsabilidade por sucessão	168
11.5	Responsabilidade de terceiros	174
11.6	Responsabilidade por infração	178
11.7	Denúncia espontânea	180
	Exercícios de responsabilidade tributária	182

PARTE III
DO CRÉDITO TRIBUTÁRIO

CAPÍTULO 12
CRÉDITO TRIBUTÁRIO E LANÇAMENTO 189

12.1	Crédito tributário	189
12.2	Lançamento tributário	189
12.3	Legislação aplicável ao lançamento	192
12.4	Modalidades de lançamento: de ofício, por declaração e por homologação (quanto à colaboração do sujeito passivo: nenhum, maior ou total)	193
12.5	Alteração do lançamento	197
	Exercícios de crédito tributário	198

CAPÍTULO 13
SUSPENSÃO DA EXIGIBILIDADE DO CRÉDITO TRIBUTÁRIO...201

13.1	Considerações gerais	201
13.2	Moratória (arts. 152-155, CTN)	204
13.3	Parcelamento (instituído pela LC nº 104/01 – art. 155-A, CTN)	207
13.4	Depósito do montante integral	209
13.5	Reclamações e recursos administrativos	211
13.6	Liminares e Antecipação de Tutela	213
	Exercícios da suspensão da exigibilidade do crédito tributário	214

CAPÍTULO 14
EXTINÇÃO DO CRÉDITO TRIBUTÁRIO 219

14.1	Considerações gerais	219
14.2	Pagamento (art. 157 e ss, CTN)	221
14.3	Consulta tributária (art. 161, §2º, CTN; art. 88 do Decreto nº 7.574/11 e art. 46 do Decreto nº 70.235/72)	223

14.4	Imputação de pagamento e preferências tributárias	224
14.5	Repetição do indébito tributário (art. 165, CTN c/c art. 168, CTN)	226
14.6	Consignação em pagamento procedente (art. 164 c/c art. 156, VIII, CTN)	232
14.7	Conversão de depósito em renda (art. 156, VI, CTN)	236
14.8	Decisão administrativa irreformável (art. 156, IX, CTN)	236
14.9	Decisão judicial transitada em julgado (art. 156, X, CTN)	237
14.10	Pagamento antecipado e homologação do "pagamento" (e não do lançamento, como diz o art. 156, VII, CTN)	237
14.11	Dação em pagamento de bem imóvel, na forma e condições estabelecidas em lei (art. 156, XI, CTN)	237
14.12	Compensação tributária (art. 170, CTN)	238
14.13	Decadência	245
14.14	Prescrição	248
14.15	Transação (art. 156, III, c/c 171, CTN)	254
14.16	Remissão (art. 156, IV, c/c 172, CTN)	255
	Exercícios de extinção do crédito tributário	256

CAPÍTULO 15
CAUSAS DE EXCLUSÃO DO CRÉDITO TRIBUTÁRIO 261

15.1	Considerações gerais	261
15.2	Anistia (art. 180-182, CTN)	261
15.3	Isenção (arts. 176-179, CTN)	263
	Exercícios de exclusão do crédito tributário	267

CAPÍTULO 16
ADMINISTRAÇÃO TRIBUTÁRIA 271

16.1	Fiscalização (art. 195, CTN)	271
16.2	Certidões	273
16.3	Dever de prestar informação ao Fisco	274
16.4	Inscrição em dívida ativa	275
16.5	Fraude à execução fiscal (art. 185, CTN)	277
	Exercícios de administração tributária	278

CAPÍTULO 17
SANÇÕES POLÍTICAS TRIBUTÁRIAS 281

17.1	Sanções políticas tributárias arcaicas e inconstitucionais	281
17.2	Sanções políticas tributárias constitucionais	282

CAPÍTULO 18
GARANTIAS E PRIVILÉGIOS DO CRÉDITO TRIBUTÁRIO............285
18.1 Garantias do crédito tributário..285
18.2 Privilégios do crédito tributário (ou preferências).............................286

PARTE IV
EXECUÇÃO FISCAL – LEI Nº 6.830/80

CAPÍTULO 19
EXECUÇÃO FISCAL..291
19.1 Certidão de dívida ativa (CDA) 291
19.2 Protesto da CDA..292
19.3 Petição inicial..293
19.4 Citação..294
19.5 Indisponibilidade de bens do devedor (art. 185-A, CTN).................295
19.6 Penhora *on-line* (art. 854, CPC) 296
19.7 Redirecionamento da execução fiscal....................................297
19.8 Desistência da Fazenda Pública 297
19.9 Embargos à execução fiscal..298
19.10 Exceção de pré-executividade 299
19.11 Extinção da execução fiscal..301
19.12 Prescrição intercorrente..302

CAPÍTULO 20
MEDIDA CAUTELAR FISCAL (LEI Nº 8.397/92)..........................305
Exercícios de execução fiscal..306

PARTE V
IMPOSTOS EM ESPÉCIE

CAPÍTULO 21
IMPOSTOS MUNICIPAIS 313
21.1 ISSQN (Imposto Sobre Serviço de Qualquer Natureza – art. 156, III, CF/88) 313
21.2 IPTU (Imposto Predial Territorial Urbano – art. 156, I, da CF/88 e art. 32 e ss CTN)..320
21.3 ITBI (Imposto de Transmissão de Bens Imóveis – art. 156, II, da CF/88) 324

CAPÍTULO 22
IMPOSTOS ESTADUAIS 327
22.1 IPVA (Imposto sobre a Propriedade de Veículo Automotor – art. 155, II, CF/88) 327
22.2 ITCMD (Imposto sobre Transmissão *Causa Mortis* e Doação – art. 155, I, da CF/88) 330
22.3 ICMS (Imposto de Circulação de Mercadoria e Serviços – art. 155, II, da CF/88) 332

CAPÍTULO 23
IMPOSTOS FEDERAIS 339
23.1 IR (Imposto sobre a renda e proventos de qualquer natureza – art. 153, III, CF/88; art. 43 e ss do CTN) 339
23.2 ITR (Imposto Territorial Rural – art. 153, VI, CF/88; arts. 29 a 31 do CTN) 344
23.3 IOF (Imposto sobre operações de crédito, câmbio e seguro ou relativas a títulos ou valores imobiliários – art. 153, V, CF/88; arts. 63 a 66 CTN e Decreto nº 6.306/2007) 345
23.4 II (Imposto de Importação – art. 153, I, CF/88, art. 19 e ss CTN e Decreto nº 6.759/09) 347
23.5 IE (Imposto de Exportação – art. 153, II, CF/88, art. 23 e ss CTN e Decreto nº 6.759/09) 348
23.6 IPI (Imposto de Produto Industrializado – art. 153, IV, CF/88 c/c arts. 46 a 51 CTN) 349
23.7 IGF (Imposto sobre Grandes Fortunas – art. 153, III, CF/88) 353
23.8 Simples Nacional ou Supersimples (LC nº 123/06, art. 3º, I e II; CF/88, art. 146, III, "d") 355
Exercícios sobre impostos 356

REFERÊNCIAS 359

INTRODUÇÃO

No Brasil, a manutenção da máquina estatal, assim como a promoção dos direitos sociais dependem de recursos financeiros que, cada vez mais, decorrem da tributação. A arrecadação tributária sobre bens, patrimônio e consumo, constitui a principal fonte de financiamento do Estado atualmente. O Brasil, portanto, é considerado um Estado Fiscal, assim compreendido, na expressão de José Casalta Nabais, como "o Estado cujas necessidades financeiras são essencialmente cobertas por impostos".

Todos nós somos tributados a qualquer tempo. Não é preciso ter um carro, uma casa ou uma renda. Basta consumir algo. Quando saímos de casa para tomar um cafezinho com um pão na chapa, pagamos um percentual de tributo para o Estado, porque o tributo incide sobre a mercadoria – o café e o pão – e é repassado para quem os consumir. Definitivamente, a tributação está presente na vida de todos.

Não se pode compreender corretamente a tributação, os direitos e os deveres do cidadão contribuinte, sem atenção às normas jurídicas consagradas na Constituição e no Código Tributário Nacional, que, não poucas vezes, são desrespeitadas por quem exerce o poder de tributar.

Já dizia Geraldo Ataliba que, no estudo do Direito Tributário, é preciso criar um "clima de segurança jurídica", o que se dará com o rigoroso respeito à Constituição. No instante em que o governante souber que terá que acatar a Constituição, começará a se comportar adequadamente.

Esta é a 2ª edição de um livro que, com uma escrita fácil e uma abordagem prática do assunto, apresenta não só aos acadêmicos, bem como aos profissionais do Direito uma visão panorâmica do arcabouço jurídico tributário, na Constituição e no Código Tributário Nacional, com as mais recentes decisões dos Tribunais Superiores e da doutrina especializada, fazendo valer as lições do jurista maior: "dar dignidade constitucional ao Direito Tributário".

Penso na democratização do Direito Tributário, em um aprendizado que atinja um sem-número de pessoas. Com vocês, quero aprender a pensar melhor.

Boa leitura, queridos!

PARTE I
DO TRIBUTO

CAPÍTULO 1

INTRODUÇÃO AO DIREITO TRIBUTÁRIO

No Brasil, a Constituição Federal de 1988 adota o modelo de Estado de Direito Democrático e Social no seu Preâmbulo, e nos objetivos do art. 3º, I, de construir uma sociedade livre, justa e solidária. Todos devem colaborar de forma desinteressada para satisfação das necessidades públicas. O pagamento dos tributos é, portanto, um dever fundamental que não deve ser compreendido como sacrifício, mas uma contribuição para que o Estado cumpra suas tarefas no interesse de todos.

É a arrecadação tributária sobre bens, patrimônio e consumo que constitui a principal fonte de financiamento do Estado atualmente.

1.1 Conceito de Direito Tributário

Direito Tributário é o conjunto de normas que, expressamente ou implicitamente, versa sobre *instituição* (competência tributária), *arrecadação* (capacidade tributária) e *fiscalização* (administração tributária[1]) de *tributos*.

---

[1] Vide art. 37, XXII, CF/88. A administração tributária da União, Estados, Municípios e DF é atividade essencial ao funcionamento do Estado, exercida por servidores de carreira específica (auditores e fiscais), para fins de orientação ao sujeito passivo, fiscalização e arrecadação de tributos, treinamento de servidores, com recursos prioritários para realização de suas atividades, que atuará de forma integrada, com compartilhamento de cadastros e informações fiscais, na forma da lei ou de convênio. *Pergunta-se: autoridade administrativa fiscal pode determinar quebra de sigilo bancário de um contribuinte?* Sim. Há previsão legal (art. 6º, LC nº 105/01). A autoridade administrativa pode, independente de autorização do Poder Judiciário, determinar a quebra do sigilo bancário do contribuinte, desde que haja PAF (processo administrativo fiscal) e a informação seja indispensável. Essa é posição do STF no RE nº 601314, de 2016.

1.2 Competência para legislar sobre Direito Tributário

Trata-se da competência *concorrente* (art. 24, I, CF/88). Há competência da União, dos Estados e do DF para legislar sobre Direito Tributário, com primazia da União para elaborar normas gerais.

Na competência concorrente, a União elabora as normas gerais e os Estados, em razão da *competência suplementar*, elaboram as normas *específicas*. Inexistindo lei federal sobre normas gerais de Direito Tributário, os Estados exercerão *competência plena*, com elaboração de leis estaduais sobre normas gerais.

A superveniência de lei federal sobre normas gerais *suspende* a *eficácia* das leis estaduais, no que lhe for contrário. Fala-se em suspensão (não é revogação), porque se a lei federal sobre normas gerais for revogada, a lei estadual sobre normas gerais, que estava com eficácia suspensa, volta a produzir efeitos.

Aos Municípios, embora não compreendido no art. 24, I, cabem legislar sobre matéria tributária de forma suplementar à legislação federal e estadual no que lhes couber (art. 30, II, CF/88).

1.3 *Status* do Código Tributário Nacional

O Código Tributário Nacional tem *status* de *lei complementar*. Embora a Lei nº 5.172/66 (CTN) seja formalmente lei ordinária, por tratar de normas gerais de Direito Tributário, foi *recepcionada* pela CF/88 com *status* de lei complementar, já que o *art. 146, III, CF/88* determina que só lei complementar estabeleça normas gerais sobre Direito Tributário.

O Código Tributário Nacional, portanto, é materialmente lei complementar, devendo ser modificado por lei complementar (Ex.: dação em pagamento de bens imóveis foi incluída no rol do art. 156, XI, do CTN pela LC nº 104/01).

1.4 Conceito de tributo

Há conceito legal clássico de tributo[2] trazido pelo art. 3º do CTN: "prestação pecuniária compulsória, em moeda ou em cujo valor nela se

---

[2] É certo que o tributo nasceu com o Estado. A *Magna Carta de 1215*, contudo, representou o marco histórico da tributação porque, a partir dela, nenhum tributo poderia ser criado sem autorização do Parlamento. A Magna Carta foi imposta ao rei João Sem Terra pelos nobres para limitar o seu poder de exigir tributos.

possa exprimir, que não constitui sanção por ato ilícito, instituída por lei e cobrada mediante atividade administrativa plenamente vinculada".

1. Tributo é prestação pecuniária compulsória

A natureza jurídica do tributo é "prestação pecuniária". Pecúnia = dinheiro. Quem se submete à incidência de tributo, paga-o em dinheiro. Tributo é pago, portanto, em dinheiro. Pode-se dizer que o serviço militar, o serviço de mesário, o serviço de jurado não são prestações pecuniárias, mas prestações de serviço.

A prestação pecuniária é compulsória porque obrigatória. Uma vez instituído tributo, todos devem pagar. É que a obrigação de pagar o tributo nasce independentemente da vontade do sujeito passivo. Trata-se de *obrigação ex lege,* porque decorre da lei.

Pergunta-se: o incapaz é obrigado a pagar o tributo? Sim. A incapacidade é uma restrição para prática de atos da vida civil e não da vida tributária (art. 126, I, CTN: *a capacidade tributária passiva independe da capacidade civil das pessoas naturais*). Ex.: jovem de 12 anos aufere, mensalmente, R$10 mil, por contrato verbal de prestação de determinado serviço, logo deverá pagar IR e ISS.[3]

2. Em moeda ou cujo valor nele se possa exprimir

Redundante falar que tributo é prestação em moeda, porque pecúnia já significa moeda, dinheiro.

O que significa a expressão: "ou cujo valor nele se possa exprimir"? Leia-se: tributo pode ser pago em *algo* que não é dinheiro, mas *represente* valor em dinheiro, como títulos de dívida agrária (TDA). É possível pagar até 50% do ITR com TDA, conforme a Instrução Normativa Conjunta SRF/STN nº 1, de 25 de outubro de 2001.

Só se admite pagamento de tributo em dinheiro? Não. O art. 162, CTN, prevê várias formas de pagamento do tributo, algumas em desuso. Ex.: moeda, cheque, vale postal, papel selado e processo mecânico. O art. 156, XI, CTN, acrescentado pela LC nº 104/01, prevê dação em pagamento de bem imóvel.

Cheque é forma de pagamento do tributo que exige uma *garantia* (cheque com fundos).[4] Ex.: sujeito passivo foi ao banco com a guia de

---

[3] Na prática, se o adolescente aufere renda, o pai, que é responsável tributário, deve incluir tal renda na sua declaração de IR, porque o adolescente é seu dependente.

[4] É sabido que determinadas instituições bancárias, insistentemente, recusam-se a receber tributos pagos por meio de cheque. Existe convênio/acordo entre banco e fisco que estabelece

recolhimento (*DARF* – documento de arrecadação de receitas federais; *GARE nº* – guia de arrecadação de receitas estaduais; *DARM* – documento de arrecadação de receitas municipais; *DAS* – documento de arrecadação do Simples) e pagou o IR/2018 com cheque sem fundos. É como se o cheque não existisse. O Fisco pode executar o sujeito passivo.

Estampilha é forma de pagamento do tributo por *selo* (em desuso). No século passado, o sujeito passivo (comerciante, industrial, dono do estabelecimento) adquiria, previamente, na repartição competente, os selos no valor do tributo e fixava nos documentos fiscais como prova de pagamento.

Por exemplo, para o recolhimento do antigo "imposto relativo ao consumo" (atual IPI), os bens móveis industrializados eram vendidos ao consumidor com a respectiva estampilha afixada, comprobatória do recolhimento do tributo. As estampilhas (selos) continham um valor que correspondia ao valor do tributo recolhido. Nos sapatos, as estampilhas eram fixadas no solado.

O selo que consta de garrafas alcoólicas e de maços de cigarro não é estampilha (forma de pagamento por selo de IPI). É mero selo de controle (fiscalização) quantitativo do produto (identificação do produto industrializado).

Dação em pagamento de bem imóvel, na forma e condições estabelecidas em lei (art. 156, XI, CTN) é forma de pagamento do tributo por bem imóvel. É a entrega de bem imóvel como quitação de uma dívida tributária. É uma *opção, faculdade* conferida ao sujeito passivo.

Em matéria tributária, a dação em pagamento de *bem imóvel* é a única admitida no Brasil. O STF já se posicionou contra dação em pagamento de *bem móvel* (ADI nº 1.917, de 2007). O que mais existe são empresas com dívidas tributárias. Admitir que empresas quitem os seus débitos fiscais com a entrega de bens móveis à Fazenda Pública destinados a atender programas de Estado viola o dever de licitar na

---

que o repasse do valor do tributo deve ser feito ao tesouro *no dia seguinte* ao do recolhimento. Ora, se tem que repassar no dia seguinte, não dá para aguardar a compensação de cheque que, muitas vezes, demora mais de um dia. Isso, contudo, não contraria o art. 162, I, CTN, que considera que o cheque é forma de pagamento do tributo? É uma questão polêmica. A Caixa Econômica Federal (CEF) firmou um contrato com a Secretaria da Receita Federal (SRF) no sentido de dar *opção* ao contribuinte para pagar alguns tributos federais, como IR/PJ, IR/PF, IPI e multa, por meio de cheque. Como será feito? A CEF explica que "o DARF pode ser recebido em cheque, obedecidas as formalidades legais quanto a sua emissão. É necessário também que o cheque seja do próprio contribuinte e no valor igual ao do DARF; seja nominativo à Secretaria da Receita Federal; mantenha vinculação com as receitas recolhidas e tenha no verso os dados do DARF, inclusive o código de receita. Os dados do cheque também devem ser anotados no verso do DARF".

aquisição desses materiais. Seria um absurdo permitir que o Estado de São Paulo quitasse débitos tributários de ICMS de empresas com carregamento de bananas, sem licitação, para fins de satisfação de merenda escolar. Logo, uma lei estadual ordinária que prevê a dação em pagamento de bens móveis como nova modalidade de extinção de crédito tributário é inconstitucional por violar o art. 146, III, "b", CF/88, que exige lei complementar.

Em âmbito federal, a dação em pagamento de bens imóveis foi regulamentada pela Lei nº 13.259/16. Imagine uma empresa prestadora de serviço de limpeza inadimplente, que não realiza pagamento de tributos federais. Ela pode transferir a propriedade do seu imóvel para Fazenda Pública Federal como forma de pagamento de tributos federais por expressa disposição legal que regulamenta a dação em pagamento de bens imóveis (art. 156, XI, CTN c/c Lei nº 13.259/16).

> CTN. Art. 156. Extinguem o crédito tributário: XI – a dação em pagamento em bens imóveis, na forma e condições estabelecidas em lei.
>
> *Lei 13.259/16, no art. 4º, trata da dação em pagamento de bens imóveis.*
>
> *Art. 4º O crédito tributário inscrito em dívida ativa da União poderá ser extinto, nos termos do inciso XI do caput do art. 156 da Lei nº 5.172, de 25 de outubro de 1966 – Código Tributário Nacional, mediante dação em pagamento de bens imóveis, a critério do credor, na forma desta Lei, desde que atendidas as seguintes condições:*
> *I – a dação seja precedida de avaliação do bem ou dos bens ofertados, que devem estar livres e desembaraçados de quaisquer ônus, nos termos de ato do Ministério da Fazenda; e*
> *II – a dação abranja a totalidade do crédito ou créditos que se pretende liquidar com atualização, juros, multa e encargos legais, sem desconto de qualquer natureza, assegurando-se ao devedor a possibilidade de complementação em dinheiro de eventual diferença entre os valores da totalidade da dívida e o valor do bem ou dos bens ofertados em dação.*
> *§1º O disposto no caput não se aplica aos créditos tributários referentes ao Regime Especial Unificado de Arrecadação de Tributos e Contribuições devidos pelas Microempresas e Empresas de Pequeno Porte – Simples Nacional.*

> §2º Caso o crédito que se pretenda extinguir seja objeto de discussão judicial, a dação em pagamento somente produzirá efeitos após a desistência da referida ação pelo devedor ou corresponsável e a renúncia do direito sobre o qual se funda a ação, devendo o devedor ou o corresponsável arcar com o pagamento das custas judiciais e honorários advocatícios.
> §3º A União observará a destinação específica dos créditos extintos por dação em pagamento, nos termos de ato do Ministério da Fazenda.

3. Tributo não constitui sanção por ato ilícito. Leia-se: tributo não é multa.

Tributo não tem caráter punitivo, e sim fiscal. Multa é penalidade pecuniária. *Uma lei que institui imposto novo cujo fato gerador é poluir o meio ambiente ou prostituir ofende o art. 3º do CTN, porque tributo não pode ter como fato gerador um ato ilícito (poluir/prostituir).* Tributo é prestação pecuniária que não constitui sanção por ato ilícito.

Vale destacar que, para o Direito Tributário, pouco importa perquirir sobre a *origem* do dinheiro, sobre a licitude ou ilicitude da atividade exercida pelo contribuinte. O importante é o *fato gerador*, isto é, a concretização da hipótese de incidência. Deve-se fazer uma *interpretação objetiva do fato gerador*.

Se o traficante auferiu renda com o tráfico, que é um crime, deve pagar IR, porque ocorreu o fato gerador do IR. Auferiu renda? Ocorreu o fato gerador do IR, pouco importa a origem lícita ou ilícita desse dinheiro. Em outras palavras, a renda obtida com tráfico deve ser tributada porque o que se tributa é aumento patrimonial e não o tráfico. Al Capone, chefe da máfia nos EUA, foi condenado em 1931 a 11 anos de prisão por sonegação de impostos.

No Direito Tributário, aplica-se o *princípio da pecunia non olet* (o dinheiro não tem cheiro). Essa expressão surgiu em Roma quando o imperador Vespasiano resolveu cobrar uma taxa pela utilização de latrinas públicas. O filho Tito, que segurava uma moeda nas mãos, questionou: vamos tributar fezes? Ele respondeu com a moeda no nariz: sim, *non olet*.

O imperador romano quis, na verdade, ensinar ao filho Tito que a cobrança de tributos deveria ocorrer de forma facilitada, sem questionamentos a respeito da origem do dinheiro. Bastava fazer uma interpretação meramente objetiva dos fatos. O banheiro público foi usado? Se a resposta fosse positiva, o cidadão teria que pagar. Simples assim. Para que saber mais detalhes do que isso? O Estado não se mete onde não é necessário. Dinheiro é dinheiro. Não tem cheiro.

De acordo com o princípio do *pecunia non olet* (dinheiro não tem cheiro), não é relevante a licitude da atividade praticada pelo sujeito passivo (*art. 118, I, in fine, do CTN: a definição legal do fato gerador é interpretada abstraindo-se ...a natureza do seu objeto*). Logo, os rendimentos do jogo do bicho, da exploração de lenocínio, de tráfico, são tributáveis pelo IR, já que o que se tributa é o aumento patrimonial e não a própria atividade ilícita.

Tributo	Multa
É prestação pecuniária	É penalidade pecuniária
Ex.: impostos, taxas, contribuições de melhoria etc.	Ex.: multa pelo não pagamento do tributo

4. *Tributo é instituído por lei*[5]

Lei é norma geral e abstrata, elaborada pelo Poder Legislativo, que *inova* o ordenamento jurídico. Significa dizer que o tributo não pode ser instituído por decreto. Imagine IR/18 instituído por decreto. Deverá ser declarado inconstitucional porque não foi instituído por lei, não foi aprovado pelos representantes do povo.

Para Hugo de Brito Machado (2004, p. 46), "sendo a lei manifestação do povo, por seus representantes no parlamento, entende-se que o ser instituído por lei significa ser o *tributo consentido*. O povo consente que o Estado invada seu patrimônio para dele tirar os meios indispensáveis à satisfação das necessidades coletivas".

Pergunta-se: é possível instituir tributo por medida provisória? Legalmente, só os *impostos* (salvo os impostos que exigem lei complementar para sua instituição[6]), porque medida provisória não é lei, mas *tem força de lei* (art. 62, §2º, CF/88: *Medida provisória que implique instituição ou majoração de impostos...*). Para o STF, além de impostos, medida provisória pode instituir contribuição para seguridade social (*Cofins*), conforme AgR nº 392615. PR, de 2007.

---

[5] Tributo é *receita derivada* (e não receita originária). A receita derivada da lei, oriunda da exploração do patrimônio da sociedade. Resulta do poder de império do Estado, que exige que o particular pague tributos e multas. Logo, se determinado Município, após construir uma praça, decidir cobrar contribuição de melhoria dos imóveis localizados entorno do local que sofreram valorização, o produto da arrecadação constituirá receita derivada. Lembrar que o tributo é receita derivada porque *deriva da lei*.

[6] Eduardo Sabbag dá uma dica: "onde a lei complementar versar, medida provisória não pode disciplinar".

> *Medida Provisória:*
> 1. espécie normativa com força de lei;
> 2. elaborada pelo chefe do Poder Executivo (admite-se medida provisória para Estados, Municípios e Distrito Federal, desde que: 1. aceitas pelas Constituições Estaduais, Leis Orgânicas Municipais e Lei Orgânica Distrital e 2. observadas regras procedimentais da União). É a posição do STF (ADI nº 425/TO; ADI nº 2.391/SC: "Estados-membros podem editar medida provisória em face do *princípio da simetria*, obedecidas as regras básicas do processo legislativo no âmbito da União");
> 3. nos casos excepcionais de relevância e urgência;
> 4. deve ser convertida em lei no prazo de 60 dias, prorrogável 1 vez;
> 5. se medida provisória for rejeitada ou perder eficácia por decurso do tempo, é vedada reedição na mesma sessão legislativa (período ânuo, reuniões semestrais – CF/88, art. 57: 2 de fev. a 17 de julho; 1º de ago. a 22 dez.);
> 6. não pode ser objeto de medida provisória algumas matérias como: direito penal, direito processual penal, direito processual civil, nacionalidade, cidadania, direitos políticos, partidos políticos, direito eleitoral, organização do Ministério Público e Poder Judiciário, leis orçamentárias, *matérias reservadas à lei complementar* etc. (CF/88, art. 62, §1º). Então, medida provisória não pode instituir empréstimo compulsório, impostos sobre grandes fortunas, imposto residual da União nem contribuições residuais porque exigem, expressamente, lei complementar.

Não confundir instituição de tributos com normas gerais de Direito Tributário. Os tributos são instituídos por meio de lei, conforme art. 150, I, CF/88 c/c art. 3º e 97 do CTN (Ex.: IR é instituído por lei ordinária; taxas são instituídas por lei ordinária). As normas gerais sobre Direito Tributário, ou seja, as matérias tributárias, contudo, exigem lei complementar, conforme art. 146, III, CF/88 (Ex.: assunto prescrição deve ser tratado por lei complementar).

> *Leitura obrigatória*
> *CF/88. Art. 146. Cabe à lei complementar:*
> *I – dispor sobre conflitos de competência, em matéria tributária, entre a União, os Estados, o Distrito Federal e os Municípios;*
> *II – regular as limitações constitucionais ao poder de tributar;*
> *III – estabelecer normas gerais em matéria de legislação tributária, especialmente sobre:*
> *a) definição de tributos e de suas espécies, bem como, em relação aos impostos discriminados nesta Constituição, a dos respectivos fatos geradores, bases de cálculo e contribuintes;*
> *b) obrigação, lançamento, crédito, prescrição e decadência tributários;*
> *c) adequado tratamento tributário ao ato cooperativo praticado pelas sociedades cooperativas;*
> *d) definição de tratamento diferenciado e favorecido para as microempresas e para as empresas de pequeno porte, inclusive regimes especiais ou simplificados no caso do imposto previsto no art. 155, II, das contribuições previstas no art. 195, I e §§12 e 13, e da contribuição a que se refere o art. 239.*

5. Cobrado pelo Poder Público mediante atividade plenamente vinculada (leia-se: lançamento)

Em Direito Tributário, a cobrança do tributo (arrecadação) é atividade vinculada, que deve seguir fielmente o disposto na lei. Não há liberdade de atuação para autoridade administrativa. Se houver previsão legal e verificar o fato gerador do tributo, a autoridade administrativa deve cobrar o valor do tributo, sob pena de responsabilidade funcional. Deve lançar.

Por exemplo, se autoridade administrativa competente verifica que o estabelecimento comercial não paga ICMS pela comercialização de mercadorias, deve autuá-lo, lançar o ICMS devido, sem juízo de discricionariedade, pois o lançamento é atividade plenamente vinculada ao disposto na lei.

> *1º) Hipótese de incidência* (ou fato gerador *in abstrato*): situação tributável descrita abstratamente na lei; previsão legal de um fato; desenho do fato contido na lei; descrição legal de um fato tributável. Na hipótese de incidência, verificam-se três requisitos: a) descrição abstrata, hipotética; b) de fato; c) feita pelo legislador. Ex.: auferir renda;
> *2º) Fato gerador* (ou fato imponível ou fato gerador *in concreto*): concretização, no mundo fenomênico (vida real), da hipótese de incidência; realização concreta do fato descrito na lei; fenômeno da subsunção (adequação do fato a norma). Ex.: João auferiu renda.
> *3º) Obrigação tributária*: dever jurídico do sujeito passivo de pagar o tributo.
> *4º) Lançamento*: procedimento administrativo vinculado e obrigatório, realizado pela autoridade administrativa, que constitui o crédito tributário (CTN, art. 142);
> *5º) Crédito tributário*: direito de o Fisco cobrar o tributo.
> 6º) Notifica-se contribuinte para pagar ou impugnar. Com impugnação, inicia-se procedimento administrativo fiscal (PAF). No final do PAF, contribuinte é notificado da decisão definitiva e, se desfavorável, inicia-se novo prazo para pagamento.
> 7º) Decorrido prazo sem pagamento, há inscrição do crédito em dívida ativa (encerramento do PAF). Inicia-se fase de execução fiscal, de cobrança de créditos tributários vencidos e não pagos.

Exercícios sobre introdução ao Direito Tributário[7]

1. Com referência a tributo e suas espécies, é correto afirmar que:
a) empréstimo compulsório, contribuição de melhoria, contribuição de intervenção no domínio econômico e compensação financeira aos Estados pela exploração de petróleo por empresas privadas são espécies tributárias.
b) tributo é um gravame cuja obrigação tem por fato gerador uma situação independentemente de qualquer atividade estatal específica, relativa ao contribuinte.
c) são espécies tributárias, entre outras, imposto, taxa, contribuição em favor de categoria profissional, preço público e contribuição de intervenção no domínio econômico.

---

[7] *Respostas*: 1. d; 2. a; 3. b; 4. b; 5. c; 6. a.

d) tributo é toda prestação pecuniária compulsória, em moeda, ou cujo valor nela se possa exprimir, que não constitua sanção de ato ilícito, instituída em lei e cobrada mediante atividade administrativa plenamente vinculada.
e) tributo é a prestação pecuniária compulsória, em moeda, ou cujo valor nela se possa exprimir, instituída em lei e cobrada mediante atividade administrativa plenamente vinculada, que não constitua sanção de ato ilícito, ressalvado o caso de ato ilícito que requeira reparação em virtude de guerra.

2. Analisar as seguintes proposições:
I. o fato gerador de uma multa tributária pode ser um fato lícito;
II. os rendimentos advindos do jogo do bicho e da exploração do lenocínio não são tributáveis, pois se trata de prática de atividade ilícita;
III. os rendimentos decorrentes de ato ilícito não são tributáveis, conforme reza o princípio do *non olet*.
a) os três enunciados são falsos;
b) os três enunciados são verdadeiros;
c) o I e o II são verdadeiros e III é falso;
d) tão só o III é verdadeiro;
e) o I e o III são falsos e o II é verdadeiro.

3. Toda prestação pecuniária compulsória, em moeda ou em cujo valor nela se possa exprimir, que não constitui sanção por ato ilícito, instituída por lei e cobrada mediante atividade administrativa plenamente vinculada, chama-se:
a) taxa.
b) tributo.
c) contribuição de melhoria.
d) imposto.

4. Prestação de tributos:
a) deve ser justificada como punição do Estado.
b) não constitui sanção de ato ilícito.
c) pode ser, também, originária de aplicação de penalidade.
d) pode ser, também, originária de aplicação de penalidade pecuniária de natureza tributária.

5. Assinale a opção que apresenta elemento estranho ao conceito legal de tributo:
a) prestação pecuniária;
b) prestação compulsória;
c) prestação com natureza de sanção;
d) prestação cobrada mediante atividade administrativa vinculada;
e) prestação instituída em lei.

6. Em procedimento de fiscalização, a Secretaria da Receita Federal do Brasil identificou lucro não declarado por três sociedades empresárias, que o obtiveram em conluio, fruto do tráfico de entorpecentes. Sobre a hipótese sugerida, assinale a afirmativa correta.
a) O imposto sobre a renda é devido face ao princípio da interpretação objetiva do fato gerador, também conhecido como o princípio do *pecunia non olet*.
b) Não caberá tributação, e sim confisco da respectiva renda.
c) Não caberá tributo, uma vez que tributo não é sanção de ato ilícito.
d) Caberá aplicação de multa fiscal pela não declaração de lucro, ficando afastada a incidência do tributo, sem prejuízo da punição na esfera penal.

CAPÍTULO 2

ESPÉCIES TRIBUTÁRIAS

O art. 5º do CTN enumera apenas os impostos, as taxas e a contribuição de melhoria como tributos. Na arguta observação de Alexandre Barros Castro (2010, p. 24), a Constituição posterior, a própria Emenda Constitucional de 69 e, mais tarde, a Constituição de 88 alargariam esse conceito, com inclusão de empréstimos compulsórios e das contribuições sociais pertinentes a carrear recursos à Previdência Social, entre outros; mas, num primeiro momento, o que se apresentava ao contribuinte era essa tríade.

2.1 Natureza jurídica específica do tributo

Como distinguir as *espécies* de tributos: impostos, taxas, contribuição de melhoria, empréstimos compulsórios e contribuições? Natureza jurídica específica quer dizer o elemento de identificação dos tributos como espécie. Não confundir com a natureza jurídica do tributo: prestação pecuniária.

De acordo com art. 4º do CTN, a natureza jurídica específica do tributo é determinada pelo *fato gerador*, sendo irrelevante: *1) denominação legal; 2) destinação legal do produto da arrecadação.*

Nota-se que o art. 4º do CTN (CTN é de 1966) foi escrito sob a égide da CF/46, que apenas previa como tributos os impostos, taxas e contribuições de melhoria. Vide art. 5º, CTN (Os tributos são impostos, taxas e contribuição de melhoria). Daí utilizar o fato gerador[8] como

---

[8] Nas lições de Geraldo Ataliba (2003, p. 53. 55), na doutrina tradicional, na jurisprudência e na própria legislação, a expressão "fato gerador" é equívoca, ambígua, porque se refere,

critério de distinção para impostos, taxas e contribuição de melhoria. Ex.: auferir renda é fato gerador do imposto de renda; prestar serviço de coleta de lixo residencial é fato gerador da taxa de lixo; valorização imobiliária em razão de obra pública é fato gerador da contribuição de melhoria.

Pergunta-se: mesmo nesses três tributos, o critério de distinção sempre será o fato gerador? Não. Às vezes, a *base de cálculo*[9] define a natureza jurídica específica do tributo.

Base de cálculo é medida, grandeza, critério utilizado pelo Fisco para medir o *quantum debeatur*. *No conflito entre o fato gerador e a base de cálculo, deve prevalecer a base de cálculo.*

Ex. 1: lei institui tributo cujo fato gerador é ser proprietário de imóvel urbano, e a base de cálculo é o valor da renda. Contradição: fato gerador é do IPTU e base de cálculo é do IR. Lei trata, na verdade, do IR. Ex. 2: lei municipal institui taxa de conservação de estradas de rodagem a ser cobrada de proprietários de imóveis rurais, tendo como base de cálculo valor do imóvel rural. Lei trata, na verdade, de ITR.[10]

Daí entender o teor do *art. 145, §2º da CF/88*: *as taxas não poderão ter base de cálculo própria dos impostos*[11] *(porque senão serão impostos).*

---

ao mesmo tempo, a duas realidades distintas. Serve para designar tanto a descrição legal hipotética do fato quanto o próprio fato concreto realizado no mundo, num desrespeito a Ciência do Direito. É o que ocorre com os artigos 4º, 16 do CTN, em que a expressão "fato gerador" é utilizada no sentido de hipótese de incidência tributária; nos artigos 105, 113, §1º do CTN, expressão fato gerador é utilizada no sentido de fato imponível.

[9] A base de cálculo do IR é o valor da renda; a base de cálculo da taxa de coleta de lixo residencial é o custo real do serviço (quanto foi gasto com a prestação do serviço); a base de cálculo do ITR é o valor fundiário ou valor da terra nua (sem levar em consideração construções e plantações); base de cálculo da contribuição de melhoria é a diferença entre o valor do imóvel antes e depois da obra pública. A base de cálculo do IPTU é o valor venal do imóvel indicado na planta genérica de valores e a base de cálculo do ITBI é o valor venal do imóvel, porém o indicado na declaração do contribuinte. Logo, admite-se que o ITBI tenha base de cálculo maior do que a do IPTU (STJ, Resp 1199964. SP, 2010).

[10] Súmula nº 595 do STF: É inconstitucional a taxa municipal de conservação de estrada de rodagem cuja base de cálculo seja idêntica a do imposto territorial rural (ITR).

[11] Todavia, as contribuições podem ter mesma base de cálculo dos impostos. Por exemplo, Cofins (CF/88, art. 195, II, "b") e IR/PJ incidem sobre a mesma base de cálculo: receita ou faturamento da empresa.

> *Atenção!* Não viola o art. 145, §2º, da CF/88 nem o art. 77, parágrafo único do CTN, se no cálculo do valor da taxa tiver um ou mais elementos da base de cálculo própria de impostos, *desde que não haja integral identidade entre uma base e outra*. É o que dispõe a Súmula Vinculante 29: É constitucional a adoção, no cálculo do valor de taxa, de um ou mais elementos da base de cálculo própria de determinado imposto, desde que não haja integral identidade entre uma base e outra. É o caso da *taxa de coleta de lixo*, que adotou como base de cálculo a testada do imóvel, ou seja, um dos elementos que compõe a base de cálculo do IPTU e, portanto, é constitucional.
> "Ementa: (...) 3. As taxas que, na apuração do montante devido, adotem um ou mais elementos que compõem a base de cálculo própria de determinado imposto, desde que não se verifique identidade integral entre uma base e outra são constitucionais (Súmula Vinculante nº 29 do STF)." (RE nº 613287, 2011).

Para diferenciação dos três tributos, de acordo com art. 4º, CTN, a denominação legal e a destinação legal do produto da arrecadação são irrelevantes.

Lei institui tributo com *nome de taxa* cujo *fato gerador* é ser proprietário do imóvel urbano. Embora a lei use a denominação taxa, trata-se, na verdade, de IPTU porque o fato gerador é do IPTU (ser proprietário de imóvel urbano). A denominação legal é irrelevante para identificação da espécie tributária. O mesmo ocorre com a lei que institui tributo com *nome de taxa* cuja *base de cálculo* é valor venal do imóvel urbano, própria de IPTU (não é o preço do serviço), trata-se de imposto (IPTU).

> *Atenção!* se para taxas, impostos e contribuição de melhoria a *destinação legal do produto da arrecadação* é irrelevante (ou seja, pouco importa saber para onde vai o produto da arrecadação), para os *empréstimos compulsórios e contribuições, a natureza jurídica específica é definida* pela *destinação legal*, por serem *tributos finalísticos*. Apenas pelo fato gerador não é possível determinar se é contribuição ou empréstimo compulsório. Logo, o art. 4º, CTN torna-se *insuficiente* para distinguir as cinco espécies de tributos, porque para as contribuições especiais e empréstimo compulsório é relevante à destinação legal (finalidade).

2.2 Tributos em espécie

Prevalece classificação do *STF* de que existem 5 espécies de tributos no Brasil (Teoria pentapartite ou quintipartite ou quinquipartida): impostos, taxas, contribuições de melhoria, empréstimos compulsórios e contribuições especiais.

Para distinguir os cinco tributos, o art. 4º do CTN torna-se insuficiente, servindo de referência para distinção de impostos, taxas e contribuição de melhoria.

Importante responder a três questões:
1ª) trata de tributo vinculado?
2ª) trata de tributo finalístico?
3ª) trata de tributo restituível?

2.3 Impostos (art. 145, I, CF/88 c/c art. 16, CTN)

> *CF. Art. 145. A União, os Estados, o Distrito Federal e os Municípios poderão instituir os seguintes tributos:*
> *I: impostos.*
>
> *CTN. Art. 16. Imposto é o tributo cuja obrigação tem por fato gerador uma situação independente de qualquer atividade estatal específica, relativa ao contribuinte.*

Quem pode instituir impostos? Competência *privativa* dos entes federativos (União, Estados, Municípios e DF).

Imposto é tributo não vinculado. Diferentemente das taxas e da contribuição de melhoria, o fato gerador do imposto não é uma atuação estatal, mas uma *situação fática ou comportamento do contribuinte* (Ex.: ser proprietário de veículo automotor, auferir renda, vender mercadoria, etc.). Imposto, portanto, é tributo não vinculado, porque seu fato gerador independe de qualquer atividade estatal referida ao contribuinte. É cobrado independente de atividade estatal (art. 16, CTN). Ex.: pago IPVA porque sou proprietário de veículo automotor, não obstante as ruas continuarem esburacadas na frente da minha residência.

Não se trata de *qualquer* situação fática ou comportamento; mas de natureza *econômica*, representativa de alguma *riqueza* do contribuinte. Daí falar em *função contributiva do imposto*. Quem possui riqueza deve contribuir com o Estado (art. 145, §1º, CF/88: *Os impostos terão caráter pessoal e serão graduados segundo capacidade econômica do contribuinte*). O fato gerador dos impostos revela, portanto, uma riqueza do contribuinte.

Imposto é tributo não finalístico porque produto de sua arrecadação não é aplicado integralmente num fundo, órgão ou despesa específica, salvo no caso das exceções do art. 167, IV[12] da CF/88. As despesas gerais, difusas da administração, são custeadas por impostos.

Imposto é tributo não restituível porque não se recompõe integralmente o patrimônio do contribuinte.[13]

2.4 Taxas (art. 145, II, CF/88; arts. 77-80, CTN)

> CF/88, Art. 145. *A União, os Estados, o Distrito Federal e os Municípios poderão instituir os seguintes tributos:*
> *II – taxas, em razão do exercício do poder de polícia ou pela utilização, efetiva ou potencial, de serviços públicos específicos e divisíveis, prestados ao contribuinte ou postos a sua disposição.*

Quem pode instituir taxa? Competência *comum* dos entes federativos (União, Estados, Municípios ou DF), *porém dentro de suas competências*. Ex.: pelo serviço de interesse local (coleta de lixo residencial), que é de competência municipal (art. 30, I, CF/88), caberá ao Município criar taxa de coleta de lixo residencial.

Taxa é *tributo vinculado* à atividade estatal referida *diretamente* ao contribuinte. Significa que o contribuinte *só* pagará a taxa se houver alguma contraprestação estatal. Tributo vinculado possui como fato gerador uma atividade estatal referida ao contribuinte (exercício regular do poder de polícia ou utilização efetiva ou potencial de serviço público específico e divisível). Fala-se em *referibilidade* entre atividade estatal e a pessoa a quem é dirigida essa atividade.

São espécies de taxas (2): taxa de serviço e taxa de polícia (art. 145, II, CF/88 prevê o *Princípio da exclusividade das taxas). Pergunta-se: há taxa de uso de bem público? Não. Logo, a taxa de ocupação de terreno da*

---

[12] O art. 167, IV da CF/88 trata do *princípio da não afetação*, que significa que o produto da arrecadação de impostos não pode ser previamente afetado a determinados órgãos, fundos ou despesas, exceto nos casos de educação, saúde, administração tributária etc.

[13] Essa restituição, que é integral (100%), não se confunde com a restituição que ocorre no *Programa de Nota Fiscal Paulista*, em que se devolve aos consumidores 30% do ICMS efetivamente recolhido pelos estabelecimentos comerciais. É um incentivo ao consumidor para exigir dos estabelecimentos comerciais o documento fiscal.

marinha,[14] *taxa de ocupação de calçada pela banca de jornal* não tem natureza tributária, porque não existe taxa de uso de bem público. Haveria ofensa ao princípio da exclusividade das taxas (art. 145, II, CF/88). Trata-se, na verdade, de receita patrimonial.

Há duas regras para a base de cálculo das taxas: 1) não pode ter base de cálculo própria dos impostos (art. 145, §2º, CF/88 e 77, parágrafo único, CTN) e 2) deve ser fixada conforme custo da ação estatal, ainda que não seja custo exato. Tem que ser equivalente. Logo, a exigência de uma taxa que extrapola o custo da ação estatal é inconstitucional por ferir o princípio da vedação do confisco (art. 150, IV, CF).

    a) **Taxa de polícia (taxa de fiscalização)** tem como fato gerador uma atividade estatal de polícia, de fiscalização, *limitadora de atividades particulares, em razão de interesse público* (defesa da saúde pública, do sossego público, etc.). Decorre do exercício do poder de polícia (art. 78, CTN[15]).

Quando a União fiscaliza o comércio de recursos naturais renováveis para reprimir ações ilícitas nessa área, tal atuação pode justificar a cobrança de taxa federal de polícia; quando o Município fiscaliza emissão de poluentes no rio, tal atuação pode justificar cobrança de taxa municipal de polícia das indústrias localizadas às margens do rio.

Exemplos de taxa de polícia: taxa de controle e fiscalização ambiental (TCFA); taxa de fiscalização ambiental estadual, taxa de fiscalização de estabelecimento (TFE), taxa de vigilância sanitária, taxa do habite-se, taxa de licença de construção de obras, taxa de fiscalização de anúncio (TFA), etc.

Taxa de polícia é cobrada em face do exercício regular, que é o desempenhado por órgão competente nos limites da lei, sem abuso ou desvio de poder (art. 78, parágrafo único, CTN[16]). Em outras palavras, para

---

[14] "Espécie de aluguel pago por um particular para ocupar a faixa da marinha em caráter privado" (PAULSEN, 2018, p. 48). Imagine que Tito tenha adquirido domínio útil de um terreno da marinha e seja surpreendido com duas cobranças: uma da SPU (Secretaria do Patrimônio da União) para pagar foro anual à União e outra do Município, para pagar IPTU. Neste caso, deve-se pagar foro anual, que não tem natureza tributária e o IPTU, porque o titular do domínio útil é contribuinte do IPTU (art. 34, CTN).

[15] "*Art. 78. Considera-se poder de polícia atividade da administração pública que, limitando ou disciplinando direito, interêsse ou liberdade, regula a prática de ato ou abstenção de fato, em razão de interêsse público concernente à segurança, à higiene, à ordem, aos costumes, à disciplina da produção e do mercado, ao exercício de atividades econômicas dependentes de concessão ou autorização do Poder Público, à tranqüilidade pública ou ao respeito à propriedade e aos direitos individuais ou coletivos;*"

[16] "*Art. 78. Parágrafo único: Considera-se regular o exercício do poder de polícia quando desempenhado pelo órgão competente nos limites da lei aplicável, com observância do processo legal e, tratando-se de atividade que a lei tenha como discricionária, sem abuso ou desvio de poder.*"

cobrança da taxa de polícia, exige-se o "exercício regular do poder de polícia", demonstrado pela existência de órgão estruturado e que *exerce regularmente atividade de fiscalização*.

Pergunta-se: para cobrança da taxa de polícia, exige-se fiscalização efetiva, concreta e individualizada por parte dos órgãos competentes no estabelecimento/ propriedade do contribuinte?

Em regra, a cobrança da taxa de polícia exige a *concreta* fiscalização por parte dos órgãos competentes ("*O entendimento atual da Corte, assentado a partir do que decidido no RE nº 588.322/RO, Relator o Ministro Gilmar Mendes, DJe de 3/9/10, é no sentido de que a regularidade do exercício do poder de polícia é imprescindível para a cobrança de taxas de localização e fiscalização, ou seja, a cobrança de taxa de polícia apenas se justifica quando a fiscalização é efetiva.* **À luz da jurisprudência do Supremo Tribunal Federal, a existência de órgão administrativo não é condição para o reconhecimento da constitucionalidade da cobrança de taxas de localização e fiscalização, mas constitui um dos elementos** *admitidos para se inferir o efetivo exercício do poder de polícia, exigido constitucionalmente*").

Exceção: no caso de atividades de impacto ambiental. Entendimento pacificado no *STF* (RE nº 416601, 2005) a respeito da constitucionalidade da cobrança da *TCFA* de empresas potencialmente poluidoras independente de sofrerem fiscalização efetiva pelo IBAMA ("1. Dispensa-se vistoria de porta em porta do IBAMA; 2. Quem exerce atividade de impacto ambiental, como empresas potencialmente poluidoras – indústrias de petróleo, estão sujeitas à fiscalização do IBAMA e são contribuintes da TCFA; 3. Basta que haja órgão fiscalizador, estruturado e em funcionamento, mesmo que não comprove ter feito visita efetiva em cada estabelecimento").

b) *Taxa de serviço* (taxa de utilização) tem como fato gerador a *utilização efetiva ou potencial de serviço público específico e divisível*.

Exemplos de taxa de serviço: taxa de emissão de passaporte, custas judiciais e emolumentos cartorários (art. 98, §2º, CF), taxa de coleta de lixo[17] (*Súmula vinculante 19: a taxa cobrada exclusivamente em*

---

[17] Cobrada junto ao carnê de IPTU, a taxa de coleta de lixo varia conforme a testada (largura) do imóvel. Em outras palavras, a área do imóvel, que é elemento típico de impostos, foi levada em consideração para dimensionar a taxa de coleta de lixo. Para o STF, isso não incorre em inconstitucionalidade porque, embora no cálculo do valor da taxa, adote um elemento típico de imposto, não há identidade integral entre uma base e outra. É o que dispõe a *Súmula vinculante nº 29* (É constitucional adoção, no cálculo do valor da taxa, de um ou mais elementos da base de cálculo, própria de determinado imposto, desde que não haja integral identidade entre uma base e outra).

razão dos serviços públicos de coleta, remoção e tratamento ou destinação de lixo ou resíduos provenientes de imóveis, não viola o artigo 145, II, da Constituição Federa) etc.

Não confundir taxa de serviço com taxa de polícia. Na taxa de serviço, há uma contraprestação estatal diretamente referida ao contribuinte, ou seja, em favor do contribuinte; na taxa de polícia, há uma restrição à liberdade do contribuinte.

Conceito de serviço público específico e divisível, efetivo ou posto à disposição (art. 79 do CTN).

CTN, Art. 79. Os serviços públicos a que se refere o artigo 77 consideram-se
I – utilizados pelo contribuinte:
a) efetivamente, quando por ele usufruídos a qualquer título;
b) potencialmente, quando, sendo de utilização compulsória, sejam postos à sua disposição mediante atividade administrativa em efetivo funcionamento;
II – específicos, quando possam ser destacados em unidades autônomas de intervenção, de utilidade, ou de necessidades públicas;
III – divisíveis, quando suscetíveis de utilização, separadamente, por parte de cada um dos seus usuários.

Serviço público específico (*uti singuli*) é aquele que é possível identificar o serviço prestado. O usuário é determinado e vê o serviço que está pagando. Destaca-se em unidade autônoma de utilização. Custeado por taxa. Ex.: coleta de lixo, água, custas judiciais e cartorárias. *Atenção! Serviço público geral* (*uti universi*) deve ser custeado por impostos. É prestado a usuários indeterminados, para utilização de toda coletividade. Ex.: iluminação pública, limpeza pública, segurança pública.

Serviço público divisível é aquele quantificável, mensurável. O Estado vê o usuário, logo mensura, quantifica (quanto custa para cada pessoa?). Custeado por taxas. Ex.: coleta de lixo, água, custas judiciais e cartorárias. *Atenção! Serviço público indivisível* deve ser custeado por

---

Importante destacar o argumento contrário de Carlos Ayres Britto, no RE nº 576321-8, de 2008, a respeito da base de cálculo da taxa de coleta de lixo (metragem quadrada do imóvel), porque essa base de cálculo sugere que imóvel maior é o que produz mais lixo, o que nem sempre é verdade: "Confesso aos senhores que todas as vezes que paro para refletir sobre a cobrança da taxa de coleta de lixo experimento um desconforto cognitivo: essa taxa não me cheira bem. Como se pode dividir e quantificar o consumo? Há casas e apartamentos grandes habitados por pouca gente e há casas e apartamentos menores habitados por muita gente. Então, a produção de lixo não guarda conformidade com o tamanho do imóvel".

impostos. Não quantificável, não mensurável. Ex.: segurança pública; iluminação pública; limpeza pública.[18]

Serviço público efetivo (prestado) é aquele que o serviço existe e a utilização é efetiva, concreta, real. Ex.: contribuinte usa efetivamente serviço de água.

Serviço público potencial **é aquele que o s**erviço existe, mas a utilização é potencial, passível de fruição. Mesmo que o contribuinte não utilize o serviço, não fica livre do dever de pagar a taxa, porque posto à disposição. Importante que o serviço exista. Ex.: Município institui taxa de coleta de lixo residencial. Todos os dias, o caminhão de coleta passa na residência dos contribuintes. Fica à disposição. Nem todos utilizam. Pode ocorrer de um contribuinte incinerar lixo no quintal de sua casa, mas ainda assim deverá pagar a taxa, porque o serviço foi *colocado a sua disposição*.

Questões polêmicas no STF
1. *Taxa de iluminação pública*. É inconstitucional a taxa de iluminação pública por violar o art. 145, II, CF, por ausência de especificidade e divisibilidade (STF, RE nº 233332/99). Súmula vinculante 41 (*O serviço de iluminação pública não pode ser remunerado por taxa*). Qualquer pessoa que passe pelo Município a pé ou de carro, morador ou não, usa esse serviço público. Não é possível determinar quem é o usuário, nem o *quantum* de tributo.
2. *Taxa de limpeza pública*. É inconstitucional a taxa de limpeza pública por ausência de especificidade e divisibilidade, o que viola art. 145, II, CF/88. Limpeza pública significa limpeza de logradouros públicos, como varrição, lavagem, capinação, desentupimento de bueiros. Trata-se de serviço público inespecífico, não mensurável, não referido ao contribuinte, sendo custeado por imposto. *Não confundir com a taxa de coleta de lixo, que é constitucional conforme Súmula vinculante 19.*
3. *Taxa de coleta de lixo e de limpeza pública (TCLLP)*. Inconstitucional, porque impossível separar as duas parcelas: coleta de lixo e coleta de limpeza pública (RE-AgR nº 362578/08)

---

[18] Para Ricardo Alexandre (2020, p. 64), pode-se afirmar que um serviço reúne características de especificidade e divisibilidade quando é possível utilizar a seguinte frase: *"Eu te vejo e tu me vês"*, ou seja, o contribuinte vê o Estado prestando o serviço (específico) e o Estado vê o contribuinte porque consegue identificar o usuário (divisível).

4. *Taxa municipal de combate a sinistro ou taxa de bombeiro.* Inconstitucional por violar art. 145, II, CF/88, por ausência de especificidade e divisibilidade. Prevenção e combate a incêndios são atividades do corpo de bombeiro – *atividades de segurança pública* (art. 144, V e §5º, CF). "A segurança pública, presentes a prevenção e o combate a incêndios, faz-se, no campo da atividade precípua, pela unidade da Federação, e, porque serviço essencial, tem como a viabilizá-la a arrecadação de impostos, não cabendo ao Município a criação de taxa para tal fim" (RE nº 643247/SP, 2017).

5. *Taxa de fiscalização da exploração de recursos hídricos cujo valor cobrado é superior ao custo da atividade estatal relacionada (TFRH).* Inconstitucional. STF entende que o valor cobrado é muito superior ao custo da atividade estatal – fiscalização das empresas que exploram recursos hídricos. Ao onerar excessivamente as empresas que exploram recursos hídricos, essa taxa de polícia adquiriu feições confiscatórias, violando art. 150, IV, CF/88 (ADI nº 6211/AP, 2019).

6. *Taxa municipal de fiscalização de estabelecimento (TFE) cuja base de cálculo é o número de empregados ou atividade exercida pelo contribuinte.* Inconstitucional por violar o art. 145, II, CF. A base de cálculo da taxa de polícia é o custo da atividade de fiscalização municipal (AgRg nº 990914/SP, 2017). Por esta taxa, uma empresa com 10 funcionários pagaria taxa x, com 20 funcionários, taxa y, ou empresa do ramo de vestuário, pagaria taxa x; do ramo de alimentos, taxa y, o que não deve prosperar.

7. *Taxa de pavimentação asfáltica.* Inconstitucional, porque está inserida no contexto de *obra pública*, devendo ensejar contribuição de melhoria. O Município, após realizar o asfaltamento de algumas ruas de um bairro, criou taxa de asfaltamento a ser cobrada dos proprietários beneficiados da obra. A base de cálculo do tributo considerou como elementos principais para sua formação a testada do imóvel e o valor venal do imóvel. Sendo assim, é inconstitucional o tributo, por ferir artigo 145, II, CF/88, pois as taxas têm como fato gerador a realização do poder de polícia ou utilização, efetiva ou potencial, de serviço público específico e divisível e, *in casu*, o Município realizou obra pública.

8. *Taxa de matrícula em universidades públicas.* Inconstitucional por ferir princípio da gratuidade do ensino público em estabelecimentos oficiais. *Súmula vinculante 12 (A cobrança da taxa de matrícula nas universidades públicas viola o disposto no art. 206, IV, da Constituição Federal).*

Não se admite cobrança de taxa de serviço onde a Constituição diz ser dever do Estado e direito de todos, como educação.
9. *Taxa de água, esgoto e luz.* Para STF e STJ, cobrança de água, esgoto e luz pode ser feita por tarifa. *Súmula nº 407 do STJ*: É legítima a cobrança da tarifa de água fixada de acordo com as categorias de usuários e faixas de consumo.
10. *Taxa de expediente.* Inconstitucional. Para STF, no RE nº 789218/MG, de 2014, a taxa cobrada pela emissão de carnês ou boletos para pagamento de tributos, como emissão do carnê do IPTU, é inconstitucional porque não envolve prestação de serviço público ao contribuinte. A emissão de guias de recolhimento de tributos é de interesse exclusivo da administração, mero instrumento de arrecadação, sem qualquer contraprestação em favor do contribuinte. Logo, taxa de expediente não é taxa de serviço, o que ofende art. 145, II, CF/88 por faltar *referibilidade*. É uma forma velada de transferir um custo administrativo, que pertence ao Poder Público, para o particular.
11. *Taxa sobre serviço de engenharia prestado por particular.* Inconstitucional, porque falta *referibilidade*. Não há atividade estatal diretamente referida ao contribuinte, o que ofende o art. 145, II, CF/88.
12. *Taxa municipal de conservação de estradas e rodagem*: inconstitucional, porque tem base de cálculo que coincide com a do ITR (*Súmula nº 595 STF*).
13. *Taxa de fiscalização de mercado de ações realizada pela CVM*: constitucional (*Súmula nº 665, STF*).

Em que pesem opiniões em contrário,[19] de acordo com art. 4º, II, CTN, e para maioria da doutrina, a taxa, *em regra, não é tributo finalístico*. O produto de sua arrecadação não é aplicado integralmente numa despesa específica, *salvo se a lei dispuser pela vinculação*, como ocorre com as taxas judiciárias e cartorárias (art. 98, §2º, CF). Taxa é *tributo de arrecadação não vinculada*. Para Ricardo Alexandre (2020, p. 119),[20] "serviço público

---

[19] Para Leandro Paulsen (2018, p. 58), contudo, sendo as taxas cobradas em razão de um serviço ou do exercício do poder de polícia, está clara a intenção do Constituinte no sentido de que isso implique o custeio de tais atividades estatais. As taxas, diferentemente dos impostos, são tributos com finalidade específica a determinado destino do seu produto. Não se lhe aplica o art. 167, IV, CF/88.

[20] Neste mesmo sentido, dispõem Marcelo Alexandrino e Vicente Paulo (2014, p. 25): "Como fato gerador de uma taxa é sempre uma atividade estatal, é intuitivo cogitar que o produto da arrecadação respectiva deva ser destinado ao custeio da despesa ocasionada pela atividade estatal que constitui o fato gerador da taxa. Essa impressão natural pode ser ainda reforçada pela constatação de que a o texto constitucional contém norma (art. 167,

e exercício de poder de polícia podem ser custeados com recursos do orçamento e o valor arrecadado com a taxa ser destinado aos cofres públicos para custear outras despesas orçamentárias. Normalmente, a *vinculação acaba ocorrendo por opção do legislador que poderá decidir ou não pela vinculação*".

Taxa *não é tributo restituível*, ou seja, não há recomposição total do patrimônio do contribuinte.

Diferença entre taxa e tarifa (preço público). O preço público assemelha-se com taxa de serviço porque é contraprestacional, mas com ela não se confunde. Segundo jurisprudência firmada no STF, o elemento nuclear para identificar e distinguir taxa e preço público é o da *compulsoriedade*, presente na primeira e ausente na segunda espécie, como faz certo, aliás, a *Súmula nº 545 do STF: Preços de serviços públicos e taxas não se confundem, porque estas, diferentemente daquelas, são compulsórias ~~e têm sua cobrança condicionada à prévia autorização orçamentária, em relação à lei que as instituiu~~* (grifo nosso em razão da inaplicabilidade do princípio da anualidade no Direito Tributário).

"Esse foi o critério para determinar, por exemplo, que o fornecimento de água é serviço remunerado por preço público (...). Em suma, no atual estágio normativo constitucional, o pedágio cobrado pela efetiva utilização de rodovias não tem natureza tributária, mas sim de preço público, não estando, consequentemente, sujeita ao princípio da legalidade estrita" (ADI nº 800, Min. Teori Zavascki, 2014).

IV) que proíbe expressamente a vinculação da arrecadação de impostos a fundos, órgãos e despesas [...]. *Não é raro que se faça uma indevida interpretação contrario sensu desse dispositivo constitucional e se chegue a conclusão (errada) de que a receita arrecadada com uma taxa deveria ser obrigatoriamente vinculada à despesa específica a que o fato gerador da taxa se relacional. [...] Dessa forma, em regra, cabe ao legislador dos diversos entes federados decidir, quanto a cada taxa da respectiva competência tributária, se haverá ou não, destinação específica da receita arrecadada*" (grifo nosso).

Taxa de serviço	Tarifa/preço público
É tributo	Não é tributo
Decorre de lei	Decorre de contrato administrativo (relação entre o prestador e o usuário é contratual)
Não pode haver rescisão	Pode haver rescisão
Serviço público prestado pelo Estado	Serviço público prestado por *particular* (trata-se de serviço público que pode ser delegado a particular – serviço não essencial do Estado)
Obrigatório	Facultativo (prevalece a manifestação de vontade do usuário: tem a opção de não usufruir)
Cobrado em razão de serviço público efetivo ou potencial	Cobrado em razão de serviço público *efetivo* apenas
Existe taxa em razão do poder de polícia	*Não existe tarifa em razão do poder de polícia*
Arrecadação vai para os cofres do Estado	Arrecadação vai para patrimônio do particular
Obedece aos princípios do direito tributário	Não obedece aos princípios do Direito Tributário, mas aos do Direito Administrativo
Ex.: Taxa de coleta de lixo, emolumentos e custas judiciais ou cartorárias, selo-pedágio.[21]	Tarifa de telefone, gás, água, luz, esgoto e pedágio.[22] *(STF e STJ)*.

---

[21] A Lei nº 7.712/1988, regulamentada pelo Decreto nº 97.532/89, criou *selo-pedágio*. Como explica Marcelo Alexandrino, em artigo, "o selo-pedágio consistia em um valor pago antecipadamente pela pessoa que pretendesse utilizar, em um determinado mês, uma (ou mais) rodovia federal. O valor pago permitia a utilização, durante todo o mês, de qualquer rodovia federal, quantas vezes e quantas horas o usuário quisesse. Além disso, se alguém comprasse o selo-pedágio (ele era, literalmente, um selo plástico autoadesivo, que precisava ser colado no para-brisa do carro que fosse trafegar em rodovias federais; trafegar sem o selo implicava multa) e, por quaisquer motivos, acabasse não usando rodovia naquele mês, não tinha direito de pedir o dinheiro de volta. Era devido o pagamento pela mera utilização potencial, isto é, quem comprasse não tinha direito à restituição, mesmo que não usasse o direito de trafegar naquele mês". Em inúmeros julgados a respeito do selo-pedágio, *STF decidiu que selo-pedágio tem natureza jurídica de taxa* (RE nº 181.475/RS e 194.862/RS, rel. Min. Carlos Velloso, 1999).

[22] Quanto ao *pedágio*, atualmente cobrado no Brasil, o *STF decidiu que o pedágio cobrado pela utilização efetiva de vias públicas tem a natureza jurídica de preço público e não de taxa*. Logo, não está sujeito aos princípios constitucionais tributários, como legalidade estrita, anterioridade,

2.5 Contribuição de melhoria (art. 145, III, CF/88 c/c art. 81, CTN; DL nº 195/67)

> CF/88, Art. 145. A União, os Estados, o Distrito Federal e os Municípios poderão instituir os seguintes tributos: III. *contribuição de melhoria, decorrente de obras públicas.*

Quem pode instituir contribuição de melhoria? Competência *comum* dos entes federativos (União, Estados, Municípios ou Distrito Federal). Contudo, a cobrança deverá ser realizada *exclusivamente* pelo *executor da obra pública* (art. 3º DL nº 195/67). Logo, se a obra que valorizou imóvel do contribuinte foi estadual, contribuição de melhoria deve ser estadual. Ex.: Município realizou uma obra pública que valorizou terreno baldio de propriedade da União, pode cobrar contribuição de melhoria da União.

Nem toda obra pública que causa valorização imobiliária determina instituição da contribuição de melhoria. Essa é uma faculdade do ente tributante e depende de *lei específica para cada obra realizada* (e não previsão constante na lei básica local), nos termos do art. 150, I, CF/88 c/c art. 82, CTN.

Requisitos (2): 1) obra pública *já realizada*;[23] 2) *valorização* do bem imóvel do contribuinte decorrente da obra pública já realizada (*enriquecimento do contribuinte*). Embora o art. 145, II, CF/88 não mencione a valorização imobiliária como requisito essencial da contribuição de melhoria, ela o é em decorrência do *fundamento ético-jurídico da cobrança*.

O *fato gerador da contribuição de melhoria é **misto***: realização da obra pública com valorização imobiliária. Lembrar-se de que sem obra não há valorização; sem valorização, não há fato gerador da contribuição de melhoria; sem fato gerador, não há obrigação tributária.

Imagine que o governador do DF institua lei cobrando contribuição de melhoria devida pelos proprietários de imóveis localizados nas imediações de uma ponte construída sobre o Lago Paranoá. O tributo será devido se houver *incremento no valor* que a obra pública

---

etc. (ADI nº 800/RS, rel. Min. Teori Zavascki, 2014). O pedágio somente é cobrado se, quando e cada vez que houver efetivo uso da rodovia.

[23] Art. 9º do DL nº 195/67 (*Executada a obra de melhoramento na sua totalidade ou em parte suficiente para beneficiar determinados imóveis, de modo a justificar o início da cobrança da contribuição de melhoria, proceder-se-á ao lançamento referente a êsses imóveis depois de publicado o respectivo demonstrativo de custos*).

acarretará aos imóveis definidos na lei. A contribuição de melhoria tem que estar ligada à ideia de *valorização imobiliária*, de *incremento de valor, de mais valia*. Logo, é *errado* afirmar que a contribuição de melhoria pode ser cobrada quando a construção da obra pública trouxer *benefícios* ao contribuinte (benefícios não é mais valia).

Contribuição de melhoria não é muito usual no Brasil, porque se exige *publicação do orçamento da obra pública*, o que nem sempre é conveniente ao Poder Público, em razão de obras superfaturadas e de o contribuinte da zona beneficiada poder *impugnar* o valor da contribuição no prazo não inferior a 30 dias, etc. (art. 82, CTN[24]).

Contribuição de melhoria é *tributo vinculado* à atividade estatal referida *indiretamente* ao contribuinte. Fala-se indiretamente, porque o tributo incidirá quando houver a valorização do *imóvel* do contribuinte e não ao contribuinte propriamente dito. *Por que se chama contribuição de melhoria?* Porque o contribuinte só pagará o tributo se houver uma obra pública que *valorize* o seu imóvel. Não existe contribuição de pioria! O executor da obra pública busca, com a contribuição de melhoria, recompor o valor (total/parcial) da obra.

Cobrança de contribuição de melhoria sem valorização imobiliária é indevida. Trata-se de hipótese de não incidência tributária da contribuição de melhoria, que ofende o art. 145, III, CF/88 c/c 81, CTN. Já dizia Geraldo Ataliba: "é da natureza da contribuição de melhoria a valorização imobiliária".

Tal como a taxa, a contribuição de melhoria *não é tributo finalístico*. O produto de sua arrecadação não é aplicado integralmente numa despesa específica. Trata-se de *tributo de arrecadação não vinculada*.

Para Ricardo Alexandre (2020, p. 119), "Na contribuição de melhoria, deve-se observar que somente após a obra e verificada valorização imobiliária o tributo poderá ser cobrado. Sendo assim, não

---

[24] CTN, "Art. 82. A lei relativa à contribuição de melhoria observará os seguintes requisitos mínimos:
I-publicação prévia dos seguintes elementos:
a) memorial descritivo do projeto;
b) orçamento do custo da obra;
c) determinação da parcela do custo da obra a ser financiada pela contribuição;
d) delimitação da zona beneficiada;
e) determinação do fator de absorção do benefício da valorização para toda a zona ou para cada uma das áreas diferenciadas, nela contidas;
II-fixação de prazo não inferior a 30 (trinta) dias, para impugnação pelos interessados, de qualquer dos elementos referidos no inciso anterior;
III-regulamentação do processo administrativo de instrução e julgamento da impugnação a que se refere o inciso anterior, sem prejuízo da sua apreciação judicial."

há que se imaginar vinculação dos valores arrecadados à realização da obra".

Geraldo Ataliba (2003, p. 171) faz um alerta a uma expressão do art. 81[25] do CTN: "É errada a definição que grega ao conceito de contribuição de melhoria a frase 'para fazer face ao custo da obra'. Juridicamente, não se define nenhum tributo por sua finalidade. 'Para isto' ou 'Para aquilo' não podem integrar definição de tributo nenhum, em direito".

Também *não é tributo restituível*, ou seja, não há recomposição integral do patrimônio do contribuinte ao *status quo*.

Como se verifica a valorização do imóvel? Para STF (RE nº 114069/SP, de 1994) e STJ (REsp nº 362788/RS, 2001), a valorização (sobrevalor ou *plus* valorativo) dá-se com a *diferença entre o valor do imóvel depois da obra e o valor do imóvel antes da obra*. Essa será *base de cálculo da contribuição de melhoria*: a diferença entre valor do imóvel antes e depois da obra pública (e não o custo da obra), devendo a alíquota (5%, 10%, a depender da lei) ser fixada sobre essa base. Para Geraldo Ataliba (2003, p. 170), "valorização é a diferença positiva de valor de um imóvel entre dois momentos: antes de depois da obra".

Logo, se imóvel tem custo de 10 mil e houve valorização de 10% (1.000), a alíquota incidirá sobre a base de cálculo, que é 1.000. Em síntese, "sem valorização imobiliária decorrente de obra pública não há contribuição de melhoria, porque a hipótese desta é a valorização e a sua base é a diferença entre os dois momentos: o anterior e o posterior à obra" (STF, RE nº 114069/SP, de 1994).

O pagamento da contribuição de melhoria é único, cobrado junto com o carnê do IPTU, devendo ser realizado após o término da obra e constatada valorização do imóvel.

Limites para cobrança da contribuição de melhoria (art. 81, CTN[26]). Os limites total e individual não constam da Constituição Federal e sim de legislação infraconstitucional. O art. 81 do CTN prevê limites para cobrar contribuição de melhoria:

---

[25] CTN, "Art. 81. A contribuição de melhoria cobrada pela União, pelos Estados, pelo Distrito Federal ou pelos Municípios, no âmbito de suas respectivas atribuições, é instituída para fazer face ao custo de obras públicas de que decorra valorização imobiliária, tendo como limite total a despesa realizada e como limite individual o acréscimo de valor que da obra resultar para cada imóvel beneficiado" (grifo nosso).

[26] "Art. 81. A contribuição de melhoria cobrada pela União, pelos Estados, pelo Distrito Federal ou pelos Municípios, no âmbito de suas respectivas atribuições, é instituída para fazer face ao custo de obras públicas de que decorra valorização imobiliária, tendo como limite total a despesa realizada e como limite individual o acréscimo de valor que da obra resultar para cada imóvel beneficiado."

1º) o Fisco não pode cobrar dos imóveis situados na zona beneficiada valor superior ao custo da obra, sob pena de enriquecimento sem causa do Estado. Trata-se de *limite total*: exação deve limitar-se ao custo total da obra;

2º) sujeito passivo não pode ser obrigado a pagar valor superior ao valor da valorização de seu imóvel. Trata-se de *limite individual*: exação deve limitar-se ao acréscimo do valor da obra percebida para cada imóvel, sob pena de enriquecimento sem causa do próprio Estado.

> *Polêmica no STF: obras de asfaltamento e obras de recapeamento asfáltico.* Para identificar o fato gerador da contribuição de melhoria, a obra pública é insuficiente, sendo preciso *fato exógeno*, isto é, valorização imobiliária. É *obra nova* que traz sobrevalor ou trata-se de mero remendo, reparo, manutenção? Nesse sentido, posicionou-se o STF (RE nº 116148/SP, 1993): o *recapeamento* de uma via pública municipal já asfaltada, por si só, não autoriza a cobrança da contribuição de melhoria pelo Município; traduz-se em mero serviço de manutenção da via pública. Vale destacar que o STF decidiu pela inconstitucionalidade da taxa de pavimentação asfáltica porque o *asfaltamento* traduz obra que gera valorização imobiliária, podendo ser cobrado por contribuição de melhoria e não por taxa.

2.6 Empréstimo compulsório ou empréstimo forçado (art. 148, CF/88 c/c art. 15, I e II, parágrafo único do CTN – Lembrar-se: DEIP)

É tributo instituído exclusivamente pela União, por lei complementar, para suprir despesas extraordinárias ou investimentos públicos e é restituível. Para Luciano Amaro (2009, p. 50), "é ingresso de recursos *temporários* nos cofres do Estado, pois arrecadação acarreta para o Estado a obrigação de restituir importância emprestada". Ex.: considere que determinada cidade do Estado de Pernambuco esteja em estado de calamidade pública em razão de falta de água. Nesse caso, a União (e não o Estado de Pernambuco) poderá, *temporariamente*, instituir empréstimo compulsório para atender despesa extraordinária, restituível em moeda corrente.

Para Luís Eduardo Schoueri (2019, p. 217), "o que possibilita a cobrança do empréstimo compulsório não é um fato concreto do contribuinte ou uma atividade do Estado, mas a necessidade do último. Se não houver mais essa necessidade, não há como cobrar o tributo".

> CF/88, Art. 148: *A União, mediante lei complementar, poderá instituir empréstimos compulsórios:*
> *I. para atender a despesas extraordinárias, decorrentes de calamidade pública, de guerra externa ou sua iminência;*
> *II. no caso de investimento público de caráter urgente e de relevante interesse nacional, observado o disposto no art. 150, III, b.*
> *Parágrafo único. A aplicação dos recursos provenientes do empréstimo compulsório será vinculada à despesa que fundamentou sua instituição.*
>
> CTN, Art. 15, I e II. *Somente a União, nos seguintes casos excepcionais, pode instituir empréstimos compulsórios:*
> *I. guerra externa ou sua iminência;*
> *II. calamidade pública que exija auxílio federal impossível de atender com os recursos orçamentários disponíveis;*
> ...
> *Parágrafo único. A lei fixará obrigatoriamente o prazo do empréstimo e as condições de seu resgate, observando, no que for aplicável, o disposto nesta Lei.*

Requisitos do empréstimo compulsório: 1. instituído pela *União*; 2. por *lei complementar*.

Tributo não vinculado ou vinculado.[27] Depende de previsão em lei complementar.

Tributo finalístico: valor arrecadado deve ser utilizado *integralmente* para despesas legais previamente determinadas, que são: 1) *despesas extraordinárias* decorrentes de calamidade pública e guerra externa ou sua iminência (note que convulsões sociais internas não justificam o empréstimo compulsório, só as externas); 2) *investimento público* urgente e de relevante interesse nacional (não é investimento privado).[28] Trata-se de tributo de arrecadação vinculada. Vide art. 148, parágrafo único, CF/88.

---

[27] "Apesar da liberdade conferida ao legislador, decorrente da não exigência de qualquer atividade estatal anterior, os *empréstimos compulsórios já criados no Brasil foram todos não vinculados* (sobre aquisição de combustíveis, automóveis e energia elétrica, por exemplo). O motivo é simples: se União pode optar por fazer ou não a cobrança do tributo depender da realização de uma atividade voltada ao contribuinte, a tendência é que opte pela cobrança sem necessidade de tal contraprestação" (Ricardo Alexandre, 2020, p. 87).

[28] No Brasil, de 1977 a 1993, houve empréstimo compulsório sobre energia elétrica, instituído pela Lei 4156/62 em favor da Eletrobrás (sociedade de economia mista, exploradora de atividade econômica, criada em 1962). Foi cobrado dos consumidores de energia, na

No caso de *despesas extraordinárias*, a cobrança do empréstimo compulsório é *imediata*, com a publicação da lei (art. 150, §1º, CF/88). São *despesas imprevisíveis*, que não se submetem ao princípio da anterioridade nem da noventena. Contudo, no caso de *investimentos públicos*, a cobrança deverá observar *princípio da anterioridade ou da noventena*, porque são *despesas previsíveis* (art. 148, II c/c 150, III, "b" e "c" da CF/88).

Tributo restituível: tributo deve recompor o patrimônio do contribuinte em sua situação original. Vide parágrafo único do art. 15, CTN. Há uma promessa de devolução. Para STF, a restituição deve-se dar na mesma moeda em que foi recolhido o empréstimo compulsório (RE nº 121336, de 1990). É inconstitucional devolução, por exemplo, em quotas de fundos especiais como FND (Fundo Nacional de Desenvolvimento) ou ações do Poder Público. O pagamento do empréstimo compulsório gera, portanto, para o sujeito passivo o *direito subjetivo à restituição*.

> *Obs. 1: Qual o fato gerador do empréstimo compulsório* (tributo vinculado ou não vinculado)? Lei complementar especificará. Note que o art. 148 da CF/88 estabelece apenas os requisitos do empréstimo compulsório. Nesse sentido, empréstimo compulsório *poderá* ser tributo vinculado ou não vinculado (a uma atividade estatal), dependendo da lei complementar. Imagine que Roraima tenha sido invadido por tropas venezuelanas. Com a guerra, a União decide, por lei complementar, instituir empréstimo compulsório e escolhe como fato gerador a aquisição de passagens aéreas. Nesse caso, quem adquire passagem área para voar de Navegantes a Chapecó, localidades situadas a milhares de quilômetros da guerra, terá de pagar empréstimo compulsório e o dinheiro arrecadado será aplicado no custeio da guerra.

---

fatura emitida pela concessionária de energia elétrica. Esse empréstimo compulsório visou financiar a expansão do setor energético do país e a restituição do tributo cobrado se deu com conversão do valor em ações preferenciais da Eletrobrás. Neste caso, o STF admitiu a possibilidade de devolução em ações (AgR nº 193798/PR, 1995).

> *Obs. 2*: CTN, art. 15, III não foi recepcionado pela CF/88, art. 148. Fala-se em instituir empréstimo compulsório no caso de *conjuntura econômica do país*, que exija *absorção* (enxugamento) *temporária do poder aquisitivo da população*, para combate à inflação. Visa retirar dinheiro de circulação, ou seja, enxugamento do dinheiro da poupança. Com enxugamento, há redução do consumo, evitando aumento de preços. Em 1990, com o Plano Collor (Lei nº 8024/90) foram retidas as quantias depositadas em caderneta de poupança e conta corrente a pretexto de conter a inflação (valor superior a 50 mil cruzados novos). Forma disfarçada de empréstimo compulsório com base no art. 15, III, CTN, totalmente inconstitucional por ferir disposto no art. 148, CF/88 (não estar entre as hipóteses do art. 148 que autorizam o empréstimo compulsório; não ser instituído por lei complementar; não respeitar anterioridade tributária);
>
> *Obs. 3*: Se o empréstimo compulsório é tributo finalístico, o que acontece no caso de *tredestinação* (desvio de finalidade pública)? Para Eduardo Sabbag (2016, p. 544), "o desvio de finalidade gera efeito tríplice: suspensão do pagamento, direito a restituição e responsabilização do agente público".

2.7 Contribuições especiais: interventivas, corporativas e sociais (art. 149, CF/88)

> CF/88, Art. 149 – *Compete exclusivamente à União instituir contribuições sociais, de intervenção no domínio econômico e de interesse das categorias profissionais ou econômicas, como instrumento de sua atuação nas respectivas áreas, observado o disposto nos arts. 146, III, e 150, I e III, e sem prejuízo do previsto no Art. 195, §6º, relativamente às contribuições a que alude o dispositivo.*

Quem pode instituir contribuições? Competência *privativa* da União, salvo contribuição previdenciária dos servidores (art. 149, §1º, CF/88). As contribuições são tributos não vinculados, não restituíveis, porém *finalísticos*. Trata-se, portanto, de tributo de arrecadação vinculada.

Não confundir contribuições com contribuições de melhoria. A contribuição de melhoria do art. 145, III, CF/88 tem como hipótese de incidência uma situação vinculada à atividade estatal: "valorização imobiliária decorrente de obra pública", instituída por qualquer pessoa política. A contribuição do art. 149 e 195, por sua vez, tem como hipótese de incidência situação não vinculada à atividade estatal, que exige destinação legal específica para o produto de sua arrecadação, instituída pela União, salvo para contribuição previdenciária (art. 149, §1º, CF/88). A leitura do art. 149, CF/88 indica apenas os *fins*, e não a materialidade.

> O STF, no RE nº 138.284-8/CE, de 1992, admite *três tipos de contribuições: interventivas, corporativas e sociais*. E as contribuições sociais, por sua vez, são: contribuições gerais, da seguridade social e outras contribuições sociais.
> *Classificação das contribuições pelo STF* (Lembrar-se da palavra *INCORS* para decorar as 3 contribuições especiais: *IN*terventiva; *COR*portativa e *S*ocial):
> 1. Contribuições Interventivas (CF/88, art. 149);
> 2. Contribuições Corporativas (CF/88, art. 149);
> 3. Contribuições Sociais (CF/88, art. 149);
> a) contribuições sociais gerais (CF/88, art. 212, §5º);
> b) contribuição para seguridade social (CF/88, art. 195);
> c) contribuições sociais residuais (CF/88, art. 195, §4º);
> *CIP: contribuição de iluminação pública (CF/88, art. 149-A)

1. Contribuições Interventivas (art. 149 c/c art. 177, §4º, CF/88)
É tributo finalístico: instituído para atender uma finalidade expressamente prevista na CF/88. A finalidade da *CIDE* (contribuição de intervenção no domínio econômico) é *custeio da intervenção da União no domínio econômico* (área reservada ao setor privado) para incentivar, promover, corrigir distorções. Vale dizer, a União deve intervir para *incentivar* um setor específico da economia. A CIDE será cobrada, portanto, de um determinado grupo, e não de toda a sociedade.

Para Luis Eduardo Schoueri (2019, p. 232-233), "se a contribuição pretende financiar a intervenção no domínio econômico, para incentivar determinada atividade, seria um contrassenso que essa mesma contribuição tornasse mais gravosa essa mesma atividade, desincentivando-a". E mais, "a CIDE visa cobrir despesas de uma intervenção que, por sua vez, interessará ou será provocada por determinado grupo. Encontra-se uma palavra importantíssima no estudo da CIDE: referibilidade".

Intervenção da União na ordem econômica significa promover, incentivar, realizar os princípios previstos nos incisos do art. 170, CF/88.

São exemplos de contribuições interventivas: *CIDE-combustível, CIDE cobrada pelo Incra e pelo Sebrae.*

CIDE-combustível: é a CIDE incidente sobre *operações com combustíveis* – art. 177, §4º, I e II, CF/88; Lei nº 10.336/01[29]).

Características:
a) instituída exclusivamente pela União;
b) por lei ordinária;
c) para custear intervenção da União nas *operações* com combustíveis, de *importação* e *comercialização* de combustíveis (petróleo, gás, álcool combustível) para fins de: (Lembrar-se da sigla: *SUB/A/T*[30]): 1. financiamento de projetos *A*mbientais relacionados com indústria do petróleo e do gás, para reduzir efeitos da poluição causados pelo uso de combustíveis; 2. financiamento de programas de infraestrutura de *T*ransporte para solucionar problemas de transporte público[31]); 3. pagamento de *SUB*sídios[32] – art. 177, §4º, II, "a", "b" e "c", CF/88;
d) fato gerador é a importação e comercialização de combustíveis;
e) sujeito passivo é produtor, formulador, importador de combustíveis;
f) alíquota pode ser reduzida ou restabelecida por *decreto* – art. 177, §4º, I, "b", CF/88;

---

[29] CIDE-combustível, inserida na CF/88 pela EC nº 33/01, veio pôr fim ao conflito envolvendo postos de combustíveis e a tributação das contribuições PIS e Cofins. Na época, diversos postos de combustíveis conseguiram decisão judicial para não recolher PIS e Cofins, daí o Poder Executivo Federal e Congresso Nacional resolveram criar esta nova exação.

[30] Para o STF (ADI nº 3.970), nos termos da CF/88, os recursos da CIDE só podem ser usados para o pagamento de subsídios a preços ou transporte de álcool combustível, gás natural e seus derivados e derivados de petróleo, ao financiamento de projetos ambientais relacionados com a indústria do petróleo e do gás e ao financiamento de programas de infraestrutura de transportes. Em outras palavras, a *literalidade e a leitura sistemática do art. 177, § 4º, II, a, b e c, revelam o caráter vinculado de tais valores apenas e tão-somente às finalidades econômica, ambiental e de transporte.* Logo, lei que autoriza o uso de recursos da CIDE fora das hipóteses previstas na CF/88 (Por exemplo, Ministério do Meio Ambiente utilizou-se de recursos provenientes da CIDE para custear suas despesas de cunho administrativo) deve ser declarada inconstitucional.

[31] Para ampliação da malha viária, os valores da CIDE são repassados pela União aos Estados por meio de crédito em conta aberta no BB para esta finalidade. Caberá ao Estado entregar projeto de infraestrutura de transporte com custos ao Ministério de Transporte para liberação de verbas.

[32] Subsídio é ajuda financeira do Estado para o setor privado, por exemplo, para manter o mesmo preço do combustível, assegurando a livre concorrência.

g) alíquota pode ser diferenciada por *produto* (pode haver uma alíquota para gasolina e outra para álcool) ou *uso* (pode haver uma alíquota para gasolina usada na aviação e outra usada em carros) – art. 177, §4º, I, "a", CF/88;
h) alíquota não é *ad valorem*,[33] mas *específica* (tributa-se quantidade, e não o valor; recai sobre unidade de medida, como tonelada. Ex.: alíquota de 1000 por tonelada de produto importado, se importar 3 toneladas, valor será 3000) – art. 149, §2º, III, "a" e "b", CF/88;
i) base de cálculo: valor da operação ou faturamento (art. 149, §2º, III, "a", CF/88);
j) caráter *extrafiscal* (se quer diminuir consumo de combustível derivado de petróleo, como gasolina, aumenta CIDE-combustível, daí incentiva consumo de biocombustível, como álcool);
l) *imunidade específica* para CIDE-combustível decorrente de receitas de exportação (art. 149, §2º, I, CF/88).

Obs. 1: Para STF e STJ, a contribuição cobrada pelo *INCRA* (Instituto Nacional de Colonização e Reforma Agrária) é *interventiva (CIDE)*, porque visa custear intervenção da União na ordem econômica para fins de promover a função social da propriedade (CF/88, art. 170, III), como criar o programa nacional de reforma agrária. É devida por todas as empresas, independentemente do setor, ou seja, empregadores rurais e urbanos (*Súmula nº 516 STJ*). O STF, no RE *nº 630989/RS, de 2021, confirma tal entendimento de que a contribuição devida pelas empresas urbanas e rurais destinada ao INCRA tem natureza jurídica de CIDE*;

Obs. 2: Para STF (RE *nº 396266, 2013*), o SEBRAE (*Serviço Brasileiro de Apoio às Pequenas e Médias Empresas)* possui finalidade de intervenção positiva em determinado setor da economia (empresas ligadas ao comércio, indústria e tecnologia), como incentivo à criação e ao desenvolvimento de micro e pequenas empresas (CF/88, art. 170, IX), daí dizer que a contribuição cobrada pelo SEBRAE é interventiva (CIDE).

---

[33] Alíquota *ad valorem* é o percentual (%) que incide sobre o valor da operação, isto é, sobre o faturamento.

2. *Contribuições Corporativas ou Profissionais (art. 149, CF/88): são as contribuições para os conselhos profissionais*

É tributo finalístico: instituído para *custear entidades* que defendem os interesses de categoria *profissional* (CREA, CRM) ou *econômica* (CNI).

Os conselhos profissionais possuem natureza jurídica de *autarquias federais*. Logo, execução fiscal deve ser proposta na Justiça Federal, conforme *Súmula nº 66 STJ (Compete à Justiça Federal processar e jugar execução fiscal promovida por conselho de fiscalização profissional)*. A partir da existência de inscrição, os Conselhos podem cobrar contribuição anuidade de seus profissionais.

Ex. 1: cobra-se contribuição anuidade de médicos com inscrição no Conselho para fins de custear o *CRM* (Conselho Regional de Medicina – entidade que defende interesses de categoria profissional dos médicos). Ex. 2: cobra-se contribuição anuidade das indústrias para custear *CNI* (Confederação Nacional de Indústrias – entidade que defende interesses de categoria econômica de industriais).

> Com relação à definição do valor da anuidade, o STF (RE nº 704292/PR, 2016) considerou inconstitucional que diretorias de Conselhos fixem, por ato infralegal (resolução, por exemplo), o valor da anuidade, a saber: "é inconstitucional, por ofensa ao princípio da legalidade tributária, lei que delega aos conselhos de fiscalização de profissões regulamentadas a competência de fixar ou majorar, sem parâmetro legal, o valor das contribuições de interesses de categorias profissionais e econômicas, usualmente cobradas sob o título de anuidades, vedada, ademais, atualização desse valor pelos conselhos em percentual superior aos índices legalmente previstos".

Contribuições corporativas são denominadas *parafiscais* porque são arrecadadas por um ente diferente do que instituiu o tributo e que fica com 100% do produto da arrecadação. (Parafiscalidade será estudada no capítulo da capacidade tributária ativa).

Para o STJ (REsp nº 1066288/PR, 2009), todas as contribuições cobradas pelos conselhos profissionais (CRM, CREA, etc.) são contribuições parafiscais, com caráter de tributo, ***exceto** as cobradas pela OAB, que não têm caráter tributário, mas de crédito civil* (REsp nº 463258, 2003).

> *OAB*. Em 2006, STF decidiu na ADI nº 3.026/DF que a OAB, embora conselho profissional, *não era autarquia federal* e, portanto, não pertencia à administração indireta da União. Era entidade totalmente desvinculada da administração. Serviço público independente, entidade ímpar, *sui generis*. Incabível concurso público, com empregados contratados sob regime trabalhista. *Em 2016, STF decidiu, no RE nº 595332/PR que OAB é autarquia corporativista*. Inclusive, OAB deve obedecer ao art. 109, I, CF/88, ou seja, as lides judiciais que envolvam OAB, tanto Conselho Federal quanto Seccionais nos Estados e DF, são de competência da Justiça Federal.

> *Contribuição sindical era exemplo de contribuição corporativa, porém, com a Reforma Trabalhista (Lei nº 13.467/17), deixou de ser compulsória e de ter natureza tributária.* Tornou-se facultativa, condicionada à prévia e expressa autorização do trabalhador.
> A contribuição sindical é extinta por lei ordinária (Lei nº 13.467/17) e o STF, na ADI nº 5.794/DF de 2018, decidiu que não há inconstitucionalidade na extinção por lei ordinária porque não se trata de norma geral de Direito Tributário, que exigiria lei complementar, nos termos do art. 146, III, "a", CF/88 (tal exigência é para impostos e não para contribuições). Lei ordinária pode, portanto, tratar do assunto contribuições. Também, não se trata de nenhum benefício fiscal do art. 150, §6º, da CF/88 (isenção, anistia, remissão, redução de base de cálculo, etc.), que exigiria lei específica. Nesse sentido, compete à União, por lei ordinária, criar ou extinguir contribuições do art. 149, CF/88.

> Antes da Reforma Trabalhista, a *contribuição sindical ou imposto sindical* (CF/88, art. 8º, IV, *in fine*) tinha natureza tributária. Era devida a todos os *trabalhadores* filiados ou não, mas que se beneficiavam dos órgãos sindicais. Instituída por lei ordinária e obrigatória, o trabalhador devia pagar anualmente ao sindicato a contribuição sindical no valor de um dia de trabalho.

Não confundir com a *contribuição confederativa ou contribuição de assembleia* (CF/88, art. 8º, IV), que não possui natureza tributária, fixada em assembleia geral de categoria profissional (e não por lei), descontada em folha para custeio do sistema de confederação de representação sindical. Aqui, exige-se do trabalhador filiação ao sindicato (Súmula vinculante 40: *contribuição confederativa que trata o art. 8º, IV, da Constituição, só é exigível dos filiados ao sindicato respectivo*) [34].

3. Contribuições sociais

A contribuição social é tributo não vinculado à atividade estatal, ou seja, não possui caráter contraprestacional. Não se exige que o contribuinte seja beneficiado diretamente pela atividade estatal. Os contribuintes são pessoas relacionadas à área social.

As contribuições sociais, que são várias, podem ser classificadas em contribuições sociais gerais, contribuições para seguridade social e contribuições sociais residuais.

3.1. Contribuições sociais gerais (art. 149; 212, §5º e 240, CF/88)

É tributo finalístico: instituído para custear a ordem social, que não a prevista no art. 194, CF/88 (seguridade social).

Ex. 1: *salário educação* (art. 212, §5º, CF/88: *a educação básica pública terá como fonte adicional de financiamento a contribuição social do salário-educação, recolhida pelas empresas na forma da lei*). O *salário educação* é *fonte adicional de financiamento* da educação, cobrada das *empresas* (pessoa jurídica, empresa pública ou privada vinculada ao RGPS) para fins de custear *educação básica* (educação infantil, ensino fundamental e ensino médio). O dinheiro vai para FNDE (Fundo Nacional de Desenvolvimento da Educação). O FNDE libera verbas para contas bancárias dos governos estaduais e municipais com base no número de matrículas no ensino.

Há cobrança ilegal de salário educação de produtores rurais (pessoas físicas) porque não estão previstos em lei como contribuintes

---

[34]

Contribuição sindical (CF/88, art. 8º, IV, in fine).	Contribuição confederativa (CF/88, art. 8º, IV)
Tinha natureza tributária	Não possui natureza tributária
Era instituída por lei	Instituída por Assembleia Geral (e não por lei)
Era compulsória	Não compulsória
Era devida a todos trabalhadores, filiados ou não. Logo, um metalúrgico deveria pagar contribuição sindical mesmo não filiado.	Devida só aos trabalhadores filiados (Súmula vinculante 40)

(Lei nº 9.424/96; Lei nº 9.766/98). Súmula nº 732 STF (É constitucional a cobrança da contribuição do salário-educação, seja sob a Carta de 1969, seja sob a Constituição Federal de 1988, e no regime da *Lei nº 9.424/1996*).

Ex. 2: *contribuição de terceiro ou contribuição do sistema S ou contribuição destinada a entidades privadas de serviço social* (serviços sociais autônomos – sistema "S", tais como SESC, SENAC, SESI, etc.). Cobra-se contribuição mensal de empresas de comércio para fins de custear, por exemplo, o *SENAC* (Serviço Nacional de Aprendizagem e Comércio), entidade que dá assistência à formação profissional para comércio, capacita profissionais para o mercado, ensino fundamental profissionalizante.

Serviços sociais autônomos são pessoas jurídicas de direito privado, instituídas por lei autorizadora, que realizam atividades sociais (de assistência às categorias profissionais, de treinamento profissional), sendo mantidas por dotações orçamentárias e por contribuições de terceiros.

3.2. Contribuições para seguridade social (art. 195, CF/88)

É tributo finalístico: instituído para custear seguridade social (*saúde, previdência e assistência social*). As contribuições para seguridade social só poderão ser exigidas depois de decorridos 90 dias da data da publicação da lei que os houver instituído ou modificado (art. 195, §6º, CF/88 exige exclusivamente observância da anterioridade nonagesimal).

Exemplos de *contribuições para custear a saúde* (extinta CPMF[35]), *contribuições para custear a previdência social* (contribuições previdenciárias de servidores – art. 149, §1º, CF/88: instituída pela União, Estados, Municípios e DF e cobrada de seus servidores para o custeio, em benefício destes, do regime previdenciário próprio; contribuições previdenciárias de trabalhadores); *contribuições para custear a assistência social:* CSLL (Contribuição Social sobre Lucro Líquido – contribuição patronal para financiar seguridade social); Cofins (Contribuição para Financiamento da Seguridade Social – contribuição patronal para financiar seguridade social); PIS/PASEP (Programa de Integração Social/Programa de

---

[35] CPMF existiu no Brasil de 1993 até 2007 para custear gastos do governo federal com saúde. Era cobrada sobre qualquer movimentação financeira: saque de dinheiro no caixa eletrônico, pagamento de fatura de cartão de crédito, de energia elétrica. Alíquota era de 0,25% (1993) e chegou a 0,38% (2002), por exemplo. Por ser impopular, o Senado Federal, em 2007, rejeitou a proposta de prorrogação da CPMF.

Formação de Patrimônio do Servidor Público – contribuição patronal para financiar o seguro-desemprego),[36] etc.

3.3. Contribuições sociais residuais: decorrem da competência residual da União (art. 195, §4º, CF/88)

A contribuição residual (= impostos residuais) é instituída por lei complementar, com obediência ao princípio da não cumulatividade, com base de cálculo ou fato gerador diferente das *contribuições* previstas no texto constitucional (Cofins, CSLL) e *para manutenção e expansão da seguridade social*.

Trata-se de uma inovação em relação às demais contribuições previstas no texto constitucional. Vale lembrar que a contribuição residual pode ter mesmo fato gerador ou mesma base de cálculo dos impostos já existentes (IR/PJ e Cofins têm mesma base de cálculo: faturamento).

2.8 Contribuição de Iluminação Pública – CIP OU COSIP (art. 149-A, CF/88)

Criada pela EC nº 39/02 para driblar a inconstitucionalidade da taxa de iluminação pública (TIP). Fala-se que a CIP é uma "reciclagem normativa" da TIP.

---

[36]

CSLL (CF/88, art. 195, I, c c/c art. 1º, Lei nº 7.689/88)	Cofins (CF/88, art. 195, I, "b" c/c Lei 10.833/03)	PIS/Pasep (Lei nº 10.637/02)
Fato Gerador: auferir lucro	Fato Gerador: auferir renda ou faturamento mensal	Fato Gerador: auferir renda ou faturamento mensal
Base de Cálculo: lucro líquido da pessoa jurídica	Base de Cálculo: faturamento mensal ou renda bruta da pessoa jurídica (total de receitas; leia-se: quantas vendas realizadas?)	Base de Cálculo: faturamento mensal ou receita bruta da pessoa jurídica
Visa custear seguridade social	Visa custear seguridade social	Visa custear seguro-desemprego
Contribuição patronal	Contribuição patronal	Contribuição patronal

> CF/88, **Art. 149-A** – *Os Municípios e o Distrito Federal poderão instituir contribuição, na forma das respectivas leis, para o custeio do serviço de iluminação pública, observado o disposto no art. 150, I e III.*
> **Parágrafo único.** *É facultada a cobrança da contribuição a que se refere o caput, na fatura de consumo de energia elétrica.*

Para o STF, no RE nº 573675/SC, de 2009, CIP é "contribuição *sui generis*", que não se confunde com impostos porque sua receita se destina a finalidade específica, nem com uma taxa, por não exigir contraprestação individualizada de um serviço ao contribuinte.

CIP é instituída pelo *Município* e *DF*, por lei própria (*lei ordinária*), definindo fato gerador, base de cálculo e contribuintes, conforme *art. 146, III, "a", CF/88* (*Cabe à lei complementar: estabelecer normas gerais em matéria de legislação tributária, especialmente sobre definição de tributos e de suas espécies, bem como, em relação aos impostos discriminados nesta Constituição, a dos respectivos fatos geradores, bases de cálculo e contribuintes*).

É cobrada, *facultativamente*, na *fatura de consumo de energia*. Aqui, o legislador dá uma pista: o contribuinte será aquele consumidor de energia elétrica. Para o STF, no RE nº 573675/SC, de 2009, a lei que restringe os contribuintes da CIP aos consumidores de energia elétrica do Município não ofende princípio da isonomia ante a impossibilidade de se identificar e tributar todos os beneficiários do serviço de iluminação pública.

CIP é tributo vinculado à atividade estatal (serviço de iluminação pública), só que a referibilidade da atividade estatal não é individualizada ao contribuinte, mas a um grupo de contribuintes. CIP é tributo finalístico porque produto da arrecadação é destinado ao *custeio* do serviço de iluminação pública. A lei municipal de São Paulo (Lei nº 13479/02) fala em *expansão, instalação* da rede de iluminação pública, pelo que pode ser declarada inconstitucional por violar art. 149-A da CF/88 que fala em custeio, que significa apenas *manutenção*.

CIP é tributo não restituível.

O silêncio do art. 149-A da CF/88 libera o legislador local para eleger a base de cálculo que lhe aprouver. Esse é o entendimento de Leandro Paulsen (2019, p. 348): "quanto a sua base de cálculo, deve-se esclarecer que, ao facultar a cobrança da contribuição a que se refere o caput, na fatura de consumo de energia elétrica, o parágrafo único do art. 149-A da Constituição de 88 regula a cobrança da contribuição, sem indicar, de forma alguma a sua base de cálculo. Permite que a cobrança do tributo seja realizada conjuntamente com a comercialização de energia elétrica, e não que o valor desta seja a base de cálculo da contribuição".

STF, no RE nº 573675/SC, de 2009, decidiu que a CIP pode ter alíquotas progressivas em razão da *quantidade de consumo e* característica de *diversos tipos de consumidores*, a saber: "A progressividade da alíquota conforme tipo do usuário de serviço (consumidor primário, residencial, individual e de serviço público) e de acordo com gasto de energia elétrica, não afronta o princípio da capacidade contributiva (quem tem consumo maior, tem condições de pagar mais)".

Distinção de empréstimo compulsório e contribuições especiais

Empréstimo Compulsório	Contribuição Interventiva	Contribuição Corporativa	Contribuição Social	Contribuição de Iluminação Pública
CF/88, art. 148	CF/88, art. 149	CF/88, art. 149	CF/88, art. 149	CF/88, art. 149-A
União	União	União	União, salvo a contribuição previdenciária de servidor	Município/DF
LC	LO	LO	LO	LO
Tributo finalístico (DEIP)	Tributo finalístico (custear setor específico da economia)	Tributo finalístico (custear entidades que defendem interesses de categoria profissional ou econômica)	Tributo finalístico (custear intervenção da União na ordem social)	Tributo finalístico (custear serviço de iluminação pública)
Tributo restituível	X	X	X	X
Tributo não vinculado ou vinculado (depende de previsão em lei complementar)	Tributo não vinculado	Tributo não vinculado	Tributo não vinculado	Tributo vinculado

Distinção das espécies tributárias

	Impostos	Taxas	Contribuição de Melhoria	Empréstimo Compulsório	Contribuições especiais
Critério da vinculação à atuação estatal	Não	Sim	Sim	Pode ser (depende da lei complementar)	Não
Critério finalístico	Não	Em regra, não	Não	Sim	Sim
Critério restituível	Não	Não	Não	Sim	Não

Exercícios sobre espécies tributárias[37]

1. Em relação aos empréstimos compulsórios, é correto afirmar que:
a) se conceitua como um contrato de empréstimo de direito público, com a nota de que há obrigatoriedade de restituição.
b) é um tributo, posto que atende às cláusulas que integram a redação do art. 3º do Código Tributário Nacional.
c) se subordina, em todos os casos, ao princípio da anterioridade da lei que o houver instituído.
d) é espécie de confisco, como ocorreu com a retenção dos saldos de depósitos à vista, cadernetas de poupança e outros ativos financeiros, por determinação da Lei nº 8.024/90.

2. Compreende-se como imposto aquele que tem como fato gerador
a) o exercício do poder de polícia.
b) a valorização imobiliária decorrente de obra pública.
c) uma situação independente de qualquer atividade estatal relativa ao contribuinte.
d) intervenção facultada ao Poder Executivo no domínio econômico.
e) o exercício de serviço público.

---

[37] *Respostas*: 1. b; 2. c; 3. c ; 4. d; 5. c; 6. c; 7. d; 8. e; 9. d; 10. b; 11. a.

3. São tributos vinculados:
a) imposto e taxa;
b) imposto e operação de crédito;
c) taxa e contribuição de melhoria;
d) imposto e contribuição de melhoria;
e) taxa e operação de crédito.

4. O tributo destinado a atender indistintamente às necessidades de ordem geral da Administração Pública é:
a) contribuição parafiscal;
b) taxa;
c) contribuição de melhoria;
d) imposto.

5. Não há taxa juridicamente, se:
a) não existir portaria do Executivo a respeito.
b) não existir decreto do Executivo a respeito.
c) o serviço não existe, ou se nenhum vínculo direto ou indireto o liga racionalmente ao sujeito passivo.
d) se o serviço não existe.

6. Assinale a seguir a alternativa correta:
I. A autorização para que a loja coloque anúncio luminoso na porta externa, dada pela fiscalização municipal, pode ensejar cobrança pelo Município de uma taxa fundada no poder de polícia.
II. A União, por meio de lei complementar e atendendo a relevante interesse social, poderá conceder isenção das taxas estaduais.
III. Criança de 12 anos não pode ser sujeito passivo de IR.
IV. Tributo exigido em virtude de serviços públicos postos à disposição do contribuinte, mas não utilizados por ele, é uma taxa de serviço.
a) Só as proposições I, II e IV são verdadeiras;
b) Só as proposições I e III são verdadeiras;
c) Só as proposições I e IV são verdadeiras;
d) Só a proposição IV é verdadeira.

7. A Constituição Federal prevê várias espécies tributárias, entre as quais a modalidade cujo fato gerador pode ser o exercício do poder do Estado de limitar as liberdades individuais em prol do bem da coletividade. Esse tributo é:
a) empréstimo compulsório;
b) contribuição de melhoria;

c) imposto;
d) taxa;
e) contribuição parafiscal.

8. Assinale a opção que representa uma taxa pública.
a) Serviço de água.
b) Serviço de energia.
c) Serviço de esgoto.
d) Pedágio explorado diretamente ou por concessão.
e) Serviço postal.

9. José, preocupado com o meio ambiente, faz uso de um processo caseiro de transformação do lixo orgânico em adubo, bem como separa o lixo inorgânico, destinando-o à reciclagem. Por isso, sempre que os caminhões que prestam o serviço público de coleta de lixo passam por sua casa, não encontram lixo a ser recolhido. José, então, se insurge contra a cobrança da taxa municipal de coleta de lixo proveniente de imóveis, alegando que, como não faz uso do serviço, a cobrança em relação a ele é indevida. Acerca desse cenário, assinale a afirmativa correta.
a) Por ser a taxa de um tributo contraprestacional, a não utilização do serviço pelo contribuinte retira seu fundamento de validade.
b) A coleta de lixo domiciliar nessas condições não configura a prestação de um serviço público específico e divisível, sendo inconstitucional.
c) Por se tratar de serviço público prestado à coletividade em geral, no interesse da saúde pública, seu custeio deve ocorrer por meio dos recursos genéricos auferidos com a cobrança de impostos.
d) A cobrança é devida, pois o serviço está sendo potencialmente colocado à disposição do contribuinte.

10. Prestação de tributos:
a) deve ser justificada como punição do Estado.
b) não constitui sanção de ato ilícito.
c) pode ser também originária de aplicação de penalidade.
d) pode ser também originária de aplicação de penalidade pecuniária de natureza tributária.

11. O art. 5º do Código Tributário Nacional determina que os tributos se dividam em:
a) impostos, taxas e contribuições de melhoria;
b) impostos, taxas, contribuições sociais e contribuições de melhoria;

c) impostos, taxas, contribuições sociais, contribuições de melhoria e empréstimos compulsórios;
d) impostos, taxas, contribuições sociais e empréstimos compulsórios;
e) impostos, contribuições sociais, contribuições de melhoria e empréstimos compulsórios.

CAPÍTULO 3

COMPETÊNCIA TRIBUTÁRIA E CAPACIDADE TRIBUTÁRIA ATIVA

Os tributos existentes no Brasil estão previstos na CF/88. A CF/88 não institui tributos. Ela apenas define a competência tributária de cada ente político tributante nos artigos 145 a 149-A, CF/88. A Constituição atribui poder ao ente político para instituir o tributo. Logo, a União, Estados, Municípios e DF podem fazer uso da competência tributária atribuída pela Constituição, porém só a Constituição pode *alterá-la* (ampliar ou restringir), o que se dará por Emenda Constitucional.

3.1 Competência tributária (arts. 7º e 8º, CTN)

É aptidão conferida pela Constituição exclusivamente às *pessoas políticas tributantes* (União, Estados, Municípios e DF) para *instituir* tributos. Em outras palavras, é a parcela de poder fiscal que as pessoas políticas que compõem a Federação recebem diretamente da Constituição para *instituir* os tributos a ela atribuídos.

A competência tributária tem *natureza legislativa* e, portanto, só ente político pode exercê-la. No exercício da competência tributária, ente político formula a *hipótese de incidência tributária*, de forma geral e abstrata.

Tem como *características*:

a) *indelegável*: ente político não pode transferir sua competência tributária para outro ente político (União não pode transferir aos Estados a instituição do Imposto de Renda, por exemplo). Se o ente político pretender instituir o tributo reservado a outro ente federal, haverá "invasão de competência".

b) *incaducável*: o não exercício de competência tributária não extingue o poder de exercê-lo a qualquer tempo. Desde a promulgação da CF/88, o IGF (Imposto sobre Grandes Fortunas) ainda não foi instituído e isso não impede que a União, a qualquer momento, possa instituí-lo para fins de tributar as maiores riquezas de seu território.

d) *facultativa*: entes políticos exercem competência tributária se quiserem, ou seja, podem ou não criar tributos. O IGF ainda não foi instituído no Brasil. Contudo, uma vez instituído o tributo, não há que se falar mais em facultatividade.

3.2 Classificação tradicional de competência tributária[38]

(continua)

União	Estados	Municípios	DF
Competência privativa (tributo só pode ser instituído por uma pessoa política) - II, IE, IPI, IOF, ITR, IR e IGF (art. 153, CF) - EC (CF/88, art. 148); - *maioria das contribuições especiais* (CF/88, art. 149)	*Competência privativa* - ITCMD, ICMS e IPVA (CF/88, art. 155)	*Competência privativa* - ISS, ITBI, IPTU (CF/88, art. 156) - CIP (CF/88, art. 149-A)	*Competência cumulativa* (poder atribuído ao DF para instituir impostos dos Estados e dos Municípios – CF/88, art. 32, §1º c/c 155, 156 e 147, *in fine*; - ITCMD, ICMS e IPVA + ISS, ITBI, IPTU; - CIP (CF/88, art. 149-A)

---

[38] Há outra classificação que se refere à competência privativa, comum, residual, extraordinária e *especial*, considerando essa última como poder que a União tem para instituir empréstimos compulsórios e contribuições especiais.

(conclusão)

União	Estados	Municípios	DF
Competência comum (tributo é instituído por todas as pessoas políticas no âmbito de suas atribuições): - *taxas* (CF/88, art. 145, II); - *contribuição de melhoria* (CF/88, art. 145, III); - *contribuição previdenciária de seus servidores* (CF/88, art. 149, §1º)	*Competência comum* - *contribuição de melhoria* (CF/88, art. 145, III); - *contribuição previdenciária de seus servidores* (CF/88, art. 149, §1º)[39]	*Competência comum* - *taxas* (CF/88, art. 145, II); - *contribuição de melhoria* (CF/88, art. 145, III); - *contribuição previdenciária de seus servidores* (CF/88, art. 149, §1º)	*Competência comum* - *taxas* (CF/88, art. 145, II); - *contribuição de melhoria* (CF/88, art. 145, III); - *contribuição previdenciária de seus servidores* (CF/88, art. 149, §1º)
Competência extraordinária - IEG (Imposto extraordinário de guerra – CF/88, art. 154, II)	X	X	X
Competência residual - IRU (Imposto residual da União – CF/88, art. 154, I) - *Contribuição para seguridade social residual* (CF/88, art. 195, §4º)	X	X	X

---

[39] Como explica Murillo Lo Visco, em aula, só será possível contribuição previdenciária de servidor se existir, de fato, um regime previdenciário próprio para seus servidores; caso contrário, os servidores ocupantes de cargo efetivo serão segurados obrigatórios do RGPS (regime geral de previdência social) e suas contribuições devidas à União, conforme art. 12 da Lei nº 8.213/91.

E os Territórios Federais? (art. 18, §2º; 33; 147 CF/88)

Não integram a federação. Integram a União (art. 18, §2º, CF/88). São divisões administrativas da União; descentralizações administrativas e territoriais da União; entidades administrativas da União; natureza de autarquias (pessoas jurídicas de direito público com capacidade administrativa, ligada à União);

Territórios federais do Amapá e Roraima (art. 14, ADCT) foram transformados em Estados com a CF/88. Território de Fernando de Noronha foi reintegrado ao Estado de Pernambuco com a CF/88 (art. 15, ADCT). Não há mais territórios federais.

Territórios federais poderiam ser novamente criados? Sim, por lei complementar federal (art. 18, §2º, CF/88). Se existisse, o Presidente da República (art. 84, XIV, CF/88), com aprovação do Senado Federal, nomearia o governador de Território (teria um executivo "nomeado"). A função legislativa seria exercida pelo Congresso Nacional, salvo nos territórios federais com mais de 100 mil habitantes, que teria, obrigatoriamente, Câmara territorial. Território Federal não elege senadores, apenas quatro deputados federais. O Poder Judiciário, Ministério Público e Defensoria Pública são órgãos públicos federais (art. 21, XIII, CF/88). Ex.: MPDFT, TJDFT e Defensoria Pública dos Territórios.

Em matéria tributária, a competência, tal como a do DF, é *cumulativa* (art. 147, CF/88 c/c art. 18, I, CTN). Cabe à União instituir *impostos* federais, estaduais e municipais no Território Federal que não é dividido em Municípios (se for dividido em Municípios, caberá ao Município instituir impostos municipais).

3.3 Competência extraordinária da União (art. 154, II, CF/88 c/c art. 76, CTN)

A União pode instituir imposto extraordinário de guerra (IEG), que são impostos federais, estaduais, distritais e municipais de guerra. A competência é privativa da União. IEG é instituído por lei ordinária na situação de beligerância (Leia-se: guerra externa ou iminência).

No caso de impostos extraordinários de guerra, a União invade a competência tributária alheia. A Constituição Federal atribui à União, Estados, Municípios e DF competência tributária privativa, vedando-se que um ente político invada competência do outro, exceto em relação à União que, na iminência ou no caso de guerra externa, pode instituir impostos extraordinários, compreendidos ou não em sua competência tributária.

Os impostos extraordinários de guerra são suprimidos gradativamente (art. 76, CTN) no prazo máximo de 5 anos, contados da celebração da paz.

A exigência do IEG é imediata (pague-se já). Publicada lei instituidora do IEG, a cobrança é imediata. Exceção ao princípio da anterioridade e da noventena (art. 150, §1º, CF/88).

No exercício da competência extraordinária da União admite-se a *bitributação* e o *bis in idem*, considerados, nesse caso, constitucionais.

Bitributação	Bis in idem
- 2 entes políticos tributantes diferentes - cobram duas vezes - tributos com mesmo fato gerador/base de cálculo - do mesmo contribuinte - Ex.: União institui IPTU de guerra e Município institui IPTU	- *mesmo* ente político tributante - cobra duas vezes - tributos com mesmo fato gerador/base de cálculo - do mesmo contribuinte - Ex.: União institui IPI e o IPI de guerra

3.4 Competência residual da União (arts. 154, I, e 195, §4º, CF/88)

A União pode instituir imposto residual da União (IRU) ou a contribuição para seguridade social residual. A competência é privativa da União. Exige-se *lei complementar*.

O que é imposto residual? Significa *imposto novo, diverso dos já existentes*. A União pode, portanto, instituir outros impostos não discriminados na Constituição Federal. Ex.: União quer instituir imposto sobre consumo de água ou adicional de IPVA. São impostos novos e, portanto, devem observar requisitos do art. 154, I, CF/88.

Requisitos:
a) *não cumulativo* (não pode incidir em cascata em cada operação; há direito de compensação);
b) não pode ter fato gerador ou base de cálculo próprio dos *impostos* discriminados na Constituição Federal.

Idêntico raciocínio vale para *contribuição para seguridade social residual* (CF/88, art. 195, §4º): instituída pela União, por lei complementar; para manutenção ou expansão da seguridade social, deve ser não cumulativa e não ter fato gerador ou base de cálculo próprio de outras *contribuições* já discriminadas na Constituição Federal (CF/88, art. 195, I a IV). Note que pode ter base de cálculo ou fato gerador próprio dos impostos (Base de cálculo do IRPJ é a receita ou faturamento; Base de cálculo do Cofins é receita ou faturamento).

O que é princípio da não cumulatividade? (arts 155, §2º, I, e 153, §3º, II da CF/88)

Deve ser obedecido pelo IPI, ICMS, Cofins, PIS, IRU e contribuição para seguridade social residual.

Tributos plurifásicos são os que incidem em várias operações (produção; distribuição; consumo). Proíbe-se a incidência em cascata dos tributos, isto é, a incidência de imposto sobre imposto em cada operação.

Princípio da não cumulatividade é aquele em que o valor do tributo devido numa determinada operação deve ser abatido (compensado/subtraído) com valor do tributo pago nas operações anteriores. A não cumulatividade impede que ICMS, IPI, por exemplo, se tornem confiscatórios, ou seja, mais gravosos nas várias operações.

Imagine uma indústria vendendo para outra indústria um produto por 1000,00, sendo que essa, por sua vez, vende para um varejista por 1.300, que, finalmente, vende para consumidor final por 1.700, tendo todas as operações incidência do ICMS à alíquota de 10%. São três operações mercantis. Na 1ª operação (indústria vende para outra indústria por 1.000), ICMS será de 100,00. Na 2ª operação (indústria vende para varejista por 1300), ICMS será de 130? Não. Tem que compensar! Logo: 130 – 100 = 30. ICMS será de 30. Na 3ª operação (varejista vende para consumidor por 1700), ICMS será de 170? Não. Tem que compensar com *TODAS AS OPERAÇÕES ANTERIORES*! Logo, 170 – 100 (da 1ª operação) – 30 (da 2ª operação) = 40. ICMS será de 40.

O comerciante que adquire mercadoria cuja Nota Fiscal foi declarada, posteriormente, inidônea, é considerado de boa-fé, o que autoriza o aproveitamento (compensação) do crédito do ICMS, conforme *Súmula nº 509, STJ*.

3.5 Capacidade tributária ativa (art. 7º, CTN)

É aptidão para *arrecadar* e *fiscalizar* tributos, ou seja, exigir concretamente o tributo.

A capacidade tributária ativa tem *natureza administrativa* (arrecadar, fiscalizar, executar leis, serviços, atos ou decisões administrativas em matéria tributária).

Em regra, quem possui competência tributária (para instituir), possui capacidade tributária ativa, que é o poder atribuído para arrecadar e fiscalizar tributos. Ex.: União institui IR e arrecada por meio de seu órgão (SRF); União institui contribuição previdenciária e arrecada por meio de seu órgão (SRF – Lei nº 11.457/07).

A principal característica da capacidade tributária ativa é ser *delegável*: ente político pode transferir capacidade tributária ativa (fiscalizar, arrecadar e executar) para outra *pessoa política de direito público* (art. 7º, CTN). A delegação é feita por *lei* (depende da lei que o institui). Logo, se empréstimo compulsório é instituído por lei complementar, a delegação deve ser feita por lei complementar. Ex.: A União delega para Conselhos de profissões (autarquias) arrecadação da contribuição corporativa dos seus profissionais; a União delega para Ibama (autarquia) arrecadação da TCFA.

A *delegação da função de arrecadar implica delegação das garantias e privilégios processuais*, isto é, quem arrecada figura no polo das ações judiciais, como da execução fiscal (art. 7º, §1º, CTN). Ex.: caso o médico não pague contribuição corporativa para CRM, deverá o CRM (que arrecadou) propor execução fiscal. Se o médico quiser mover ação declaratória de inexistência de relação jurídico-tributária, por exemplo, deverá fazê-lo contra quem tem capacidade tributária ativa (CRM).

Vale destacar que a função de arrecadar pode ser *revogada* a qualquer tempo pela pessoa jurídica de direito público que a concedeu (art. 7º, §2º, CF/88).

Competência tributária	Capacidade tributária ativa
Aptidão conferida *exclusivamente* às *pessoas políticas* para *instituir* tributos, por meio de lei	Aptidão conferida às *pessoas jurídicas de direito público* para *arrecadar, fiscalizar e executar* tributos
Possui natureza *legislativa*	Possui natureza *administrativa*
É *indelegável, incaducável, facultativa*	É *delegável* por lei (depende da lei que o instituiu)

3.6 Parafiscalidade

Na delegação da capacidade tributária ativa é possível verificar o fenômeno da parafiscalidade.

Parafiscalidade ocorre quando um ente, diferente do ente que institui o tributo, arrecada o tributo e fica com 100% da sua arrecadação. Em outras palavras, a pessoa política que institui o tributo transfere a função de arrecadar e fiscalizar para pessoa jurídica de direito público ou pessoa jurídica de direito privado com finalidade pública, que fica com o produto da arrecadação.

Para Regina Helena Costa (2009, p. 49), parafiscalidade "é delegação, pela pessoa política, mediante lei, da capacidade tributária ativa a terceira pessoa, de direito público ou privado, para que esta arrecade o tributo, fiscalize sua exigência e utilize-se dos recursos auferidos para arrecadação de seus fins".

Na parafiscalidade, verificam-se dois fenômenos: o tributário (delegação da capacidade tributária ativa) e o financeiro (produto da arrecadação fica para quem exerce capacidade tributária ativa).

Na parafiscalidade, o ente arrecadador *fica com o produto da arrecadação*. Não confundir com *"agentes de retenção"*, como os bancos e lotéricas, porque eles simplesmente arrecadam tributo alheio.

Exemplo de delegação para outra *pessoa jurídica de direito público*:
1. União institui ITR. Caso o *Município* (pessoa jurídica de direito público) venha a optar, poderá arrecadá-lo, ficando com 100% do produto da arrecadação (art. 153, §4º, III c/c art. 158, II, *in fine*, CF/88);
2. União institui contribuição corporativa. *CRM* (autarquia federal – pessoa jurídica de direito público) arrecada contribuição corporativa dos médicos para custear a defesa de interesses dessa categoria profissional e fica com 100% do produto da arrecadação.

Exemplo de delegação para *pessoa jurídica de direito privado*: União institui contribuição social. *SENAC* (serviço social autônomo – pessoa jurídica de direito privado) arrecada contribuição social das empresas de comércio para custear cursos de formação profissional e fica com 100% do produto da arrecadação.

3.7 Repartição constitucional de receitas tributárias (arts. 157-162, CF/88)

Por repartição de receitas tributárias deve-se entender a "entrega de recursos do ente da federação de maior abrangência para o de menor abrangência, bem assim a participação no produto da arrecadação tributária nas hipóteses constitucionalmente previstas" (CADENAS, 2012, p. 73). Em outras palavras, são transferências obrigatórias de recursos provenientes de impostos, por determinação da Constituição aos entes federativos.

Alguns *impostos* e a *CIDE-combustível* admitem repartição de receitas tributárias, a saber:

(continua)

Tributos	Repartição de receitas
CIDE-combustível (CF/88, art. 159, III e 159, §4º)	29% para Estados e DF; 25% (destes 29% recebidos pelos Estados) para Municípios
IRU (CF/88, art. 157, II)	20% para Estados e DF
IPI (CF/88, art. 159, II)	10% para Estados e DF
IR e IPI (CF/88, art. 159, I)	49% do IR e IPI, sendo 21,5% para FPE;[40] 22,5% para FPM; 1% para FPM (entregue no primeiro decêndio de julho); 1% para FPM (entregue no primeiro decêndio de dezembro) e 3% para programa de financiamento do setor produtivo das regiões N, NE e CO.
IRRF – Imposto de Renda Retido na Fonte (CF/88, arts. 157, I e 158, I)	100% para Estados, DF e Municípios

---

[40] Fundos de Participação são considerados receitas especificadas com previsão constitucional, provenientes da transferência tributária obrigatória, de parcela de receita arrecadada com IR e IPI, realizada pela União para os Estados e Municípios, como forma de minimizar as desigualdades regionais e as lacunas fiscais entre eles.

(conclusão)

Tributos	Repartição de receitas
ITR (CF/88, arts. 158, II e 153, §4º, III)	50% para Municípios onde tiverem imóveis localizados ou 100% para Municípios que optarem por arrecadar e fiscalizar o ITR
IPVA (CF/88, art. 158, III)	50% para Municípios onde tiverem veículos licenciados
ICMS (CF/88, art. 158, IV)	25% para Municípios
IOF-Ouro (CF/88, art. 153, §5º, I e II)	30% para Estados e 70% para Município de origem

Nota-se que o Município não reparte os tributos que arrecada. A repartição tributária não ocorre para o ITCMD de competência estadual, nem para II, IE e IEG (imposto extraordinário de guerra) de competência federal.

> *Atenção!* O tributo cuja receita é distribuída, no todo ou em parte, a outra pessoa jurídica de direito público, pertencerá a quem receber (art. 6º, parágrafo único da CF/88). Inclusive, o ente da federação que recebe a receita tributária assume o *dever de restituir*.
> *Súmula nº 447 do STJ* (*Os Estados e o Distrito Federal são partes legítimas na ação de restituição de imposto de renda retido na fonte proposta por seus servidores*).
> Imagine que a União conceda isenção de IR aos portadores de doença. João e Maria são portadores de doença, sendo João servidor do Estado e Maria servidora do Município. Caso haja retenção indevida do IR, João e Maria deverão propor ação de repetição de indébito de IRRF (imposto de renda retido na fonte) nos seguintes termos: João ajuizará ação em face do Estado e Maria ajuizará ação em face do Município, sendo competência, nos dois casos, da Justiça Estadual (e não em face da União).

Exercícios sobre competência e capacidade tributária ativa[41]

1. Considere os temas de competência tributária e capacidade tributária ativa, marque F ou V, assinalando, ao final, a opção correspondente:

---

[41] *Respostas*: 1. c; 2. e; 3. b; 4. d; 5. b; 6. a; 7. b; 8. c; 9. b; 10. b; 11. b.

( ) A competência tributária é delegável;
( ) A capacidade tributária ativa é indelegável;
( ) A união **é quem detém competência tributária no que toca as contribuições interventivas;**
( ) Lei complementar poderá delegar a qualquer pessoa de direito público a competência tributária.
a) V, F, V, V
b) F, V, F, V
c) F, F, V, F
d) V, V, V, F
e) F, V, F, F

2. Os impostos (1) de importação, (2) sobre transmissão *causa mortis* e (3) sobre transmissão de imóveis *inter vivos*, competem, respectivamente:
a) União, Municípios e Estados;
b) Estados, União e Municípios;
c) Municípios, Estados e União;
d) Estados, Municípios e União;
e) União, Estados e Municípios.

3. Relacione cada uma das alíneas do primeiro quadro com uma das alternativas do segundo e assinale a opção correta:

V. Imposto sobre transmissão *causa mortis* e doação;
W. Imposto sobre propriedade de veículos automotores de territórios federais;
X. Imposto residual da União criado por lei complementar;
Y. Taxa em razão do exercício do poder de polícia;
Z. Imposto sobre serviço.

1. Competência privativa da União.
2. Competência privativa dos Municípios.
3. Competência comum.
4. Competência residual da União.
5. Competência privativa dos Estados e do DF.

a) V1; W3; X5; Y2; Z4;
b) V5; W1; X4; Y3; Z2;
c) V2; W4; X3; Y1; Z5;
d) V3; W5; X2; Y4; Z1;
e) V4; W2; X1; Y5; Z3.

4. Considere que um Estado tenha instituído imposto sobre consumo de água tratada, por meio de lei complementar estadual; um município do mesmo estado tenha instituído contribuição para custeio de iluminação pública, por meio de lei ordinária; e a União tenha instituído por meio de lei complementar, imposto sobre grandes fortunas. Nessa situação agiu (agiram) em conformidade com a CF somente:
a) Município.
b) Estado.
c) União.
d) União e Município.
e) Estado e Município.

5. Analise os impostos que se seguem:
I. IPI (Imposto sobre produto industrializado);
II. ISS (Imposto sobre serviços de qualquer natureza);
III. ITBI (Imposto sobre transmissão de bens imóveis);
IV. II (Imposto de importação);
V. IEG (Imposto extraordinário de guerra).
Assinale a alternativa correta que corresponde aos impostos de competência distrital:
a) I e II;
b) II e III;
c) IV e V;
d) V.

6. Em matéria de competência para instituição de imposto, é correto afirmar que:
a) Municípios dos Territórios Federais são competentes para instituir seus próprios impostos, tal como nos Estados;
b) nos Territórios Federais compete aos Estados dos quais foram desmembrados a instituição dos impostos estaduais;
c) compete aos Territórios Federais a instituição de seus impostos tanto estaduais quanto municipais;
d) os Estados podem instituir impostos extraordinários e temporários com arrecadação vinculada a fins específicos;
e) os Municípios podem instituir novos impostos, além daqueles expressamente previstos na Constituição Federal.

7. Determinado ente da Federação instituiu um tributo incidente sobre a folha de salários e demais rendimentos do trabalho pagos

ou creditados, a qualquer título, à pessoa física que preste serviço a empregador privado, ainda que sem vínculo empregatício, com o objetivo de financiar a seguridade social. Em sintonia com a CRFB/88, assinale a opção que indica o ente da federação competente para a instituição do tributo descrito e o nome do tributo em questão:
a) Estados-membros e o Distrito Federal. Contribuição previdenciária.
b) União. Contribuição social.
c) União. Imposto sobre a renda.
d) Todos os entes da Federação. Contribuições sociais.

8. O Município M, ao realizar a opção constitucionalmente prevista, fiscalizou e cobrou Imposto sobre Propriedade Territorial Rural (ITR), incidente sobre as propriedades rurais localizadas fora da sua área urbana. Em função desse fato, o Município M recebeu 50% (cinquenta por cento) do produto do imposto da União sobre a propriedade rural, relativo aos imóveis nele situados. Diante dessa situação, sobre a fiscalização e a cobrança do ITR pelo Município M, assinale a afirmativa correta.
a) Não são possíveis, por se tratar de imposto de competência da União.
b) São possíveis, sendo igualmente correta a atribuição de 50% (cinquenta por cento) do produto da arrecadação do imposto a ele.
c) São possíveis, porém, nesse caso, a totalidade do produto da arrecadação do imposto pertence ao Município.
d) São possíveis, porém, nesse caso, 25% (vinte e cinco por cento) do produto da arrecadação do imposto pertence ao Município.

9. Admita que, em 2016, foi criado um Território Federal no Brasil, dividido em municípios. Joaquim reside nesse Território e recebeu da União, no presente ano, uma guia para o pagamento do Imposto sobre a Propriedade Predial e Territorial Urbana (IPTU) do seu imóvel. Na semana seguinte, recebeu também uma guia do município em que mora. Levando em conta a situação descrita, assinale a afirmativa correta.
a) Apenas a União é competente para, no caso, exigir o IPTU.
b) Apenas o Município onde Joaquim reside é competente para exigir o IPTU.
c) Tanto o Estado, onde se localiza o Território, quanto o Município seriam competentes para exigir o IPTU.
d) Tanto a União quanto o Município em que Joaquim reside seriam competentes para exigir o IPTU.

10. O Município M resolve ele mesmo fiscalizar e cobrar o Imposto sobre a Propriedade Territorial Rural (ITR) dos imóveis rurais localizados em seu território. Acerca desse cenário, assinale a afirmativa correta.
a) O ITR não pode ser fiscalizado e cobrado pelo Município M, por se tratar de tributo de competência da União.
b) O Município M poderá optar, na forma da lei, por fiscalizar e cobrar diretamente o ITR.
c) A fiscalização e a cobrança do ITR pelo Município M autorizam-no a reter 50% do produto da arrecadação do imposto, como contraprestação pela fiscalização e cobrança no lugar da União.
d) A partir da opção por fiscalizar e cobrar o ITR, o Município M passa a ter competência para alterar as alíquotas do imposto, inclusive para sua redução.

11. A União concedeu isenção de Imposto sobre a Renda aos portadores da doença Beta. João e Maria são portadores da referida doença, sendo João servidor público do Estado ABC e Maria, servidora pública do Município XYZ. Em razão de retenção indevida do tributo, João e Maria desejam propor ação de restituição de Imposto sobre a Renda retido na fonte. Com base nesse relato, assinale a afirmativa correta.
a) João e Maria devem ajuizar ação em face da União, sendo a competência da Justiça Federal.
b) João deve ajuizar ação em face do Estado ABC, enquanto Maria deve ajuizar ação em face do Município XYZ, sendo a competência da Justiça Estadual.
c) João deve ajuizar ação em face da União e do Estado ABC e Maria, em face da União e do Município XYZ, sendo a competência da Justiça Federal.
d) João e Maria devem ajuizar ação em face do respectivo ente empregador, sendo a competência da Justiça Federal, tendo em vista o interesse da União.

CAPÍTULO 4

PRINCÍPIOS TRIBUTÁRIOS

Agustin Gordillo (1966, p. 6) ensina que princípio "é ao mesmo tempo norma e diretriz do sistema, informando-o visceralmente".

4.1 Legalidade tributária (art. 150, I, CF/88 c/c art. 97, CTN)

A *instituição* ou *majoração* do tributo deve ser feita por lei. É vedado à União, Estados, DF e Municípios exigir ou aumentar tributo sem lei que o estabeleça. Nesse sentido, fere o princípio da reserva legal a instituição de emolumentos cartorários (taxas) pelo Tribunal de Justiça.

"A Constituição Federal de 1988 foi explícita ao mencionar os elementos instituição e aumento, levando o intérprete, à primeira vista, a associar a lei apenas aos processos de criação e majoração do tributo. Essa não parece ser a melhor exegese: a lei tributária deve servir de parâmetro para criar e, em outro giro, para extinguir tributos; para aumentar e, em outra banda, reduzir a exação" (SABBAG, 2016, p. 65).

Não confundir legalidade do art. 5º, II, CF/88 (princípio geral: ninguém será obrigado a fazer ou deixar de fazer senão em virtude de lei), com a legalidade do art. 150, I, mais rigorosa, mais específica, mais estrita, não devendo abrir espaço para discricionariedade, daí falar em *princípio da reserva legal ou estrita legalidade ou tipicidade fechada ou regrada*. Por que esse termo? Lei que vai instituir tributo deverá fazê-lo com todos seus aspectos essenciais (5): aspectos material, espacial, temporal, pessoal e quantitativo. Trata-se de hipótese de incidência ou fato gerador *in abstrato* (descrição legal de todos os aspectos do tributo).

Há também previsão da multa pelo descumprimento da obrigação (art. 97, CTN). Logo, a multa pelo pagamento do tributo atrasado ou entrega da declaração atrasada deve ser instituída por *lei*.

O art. 97 do CTN concretiza legalidade tributária.

Leitura obrigatória do CTN, art. 97.

Somente a lei pode estabelecer:

I – a instituição de tributos, ou a sua extinção;

II – a majoração de tributos, ou sua redução, ressalvado o disposto nos artigos 21, 26, 39, 57 e 65;

III – a definição do fato gerador da obrigação tributária principal, ressalvado o disposto no inciso I do §3º do artigo 52, e do seu sujeito passivo;

IV – a fixação de alíquota do tributo e da sua base de cálculo, ressalvado o disposto nos artigos 21, 26, 39, 57 e 65;

V – a cominação de penalidades para as ações ou omissões contrárias a seus dispositivos, ou para outras infrações nela definidas;

VI – as hipóteses de exclusão, suspensão e extinção de créditos tributários, ou de dispensa ou redução de penalidades).

§1º. Equipara-se à majoração de tributo a modificação da *sua base de cálculo, que importo em torna-lo mais oneroso.*

§2º. Não constitui majoração de tributo, para fins do disposto no inciso II deste artigo, a atualização do valor monetário da respectiva base de cálculo.

Regra matriz de incidência tributária do IPTU

---

a) aspecto material (descreve a conduta, a situação definida como suficiente para ocorrência do fato gerador: verbo + complemento): ser proprietário de bem imóvel;

b) aspecto espacial (descreve o local onde ocorrerá o fato): no perímetro urbano;

c) aspecto temporal (descreve o momento que ocorrerá o fato): no 1º dia do ano civil;

d) aspecto pessoal: sujeito ativo (Município) e sujeito passivo (proprietário de imóvel urbano)

e) aspecto quantitativo: (descreve o valor devido, que se dá pela base de cálculo e alíquota): base de Cálculo (valor venal do imóvel); alíquota (percentual previsto na lei)

Exemplo fictício de lei tributária (Fonte: Ibet)
"São José dos Pinhais, lei municipal 2000, de 10/10/2010 (DM 15/10/2010)
Art. 1º. Esse imposto tem como fato gerador a propriedade de imóvel no perímetro urbano.
Art. 2º. A base de cálculo do imposto é valor venal do imóvel.
§1º. Alíquota é 1%.
§2º. Contribuinte é o proprietário de imóvel.
Art. 3º. Esse imposto incide no primeiro dia de cada ano.
Art. 4º. Diante da ocorrência do fato gerador, a autoridade administrativa fica obrigada a lavrar o lançamento até o dia primeiro do terceiro mês.
Art. 5º. O contribuinte fica obrigado a pagar o imposto até o vigésimo dia desse terceiro mês. O não pagamento até essa data implicará multa de até 10% sobre valor do imposto devido.
Art. 6º. Todo proprietário de imóvel nas condições descritas no art. 1º dessa lei deve entregar a declaração do valor venal do imóvel, formulário oficial cód XXXX, até o primeiro dia do mês de fevereiro. Parágrafo único. A não entrega dessa declaração na data aprazada implica multa de 500 reais".

Em regra, *tributo* é instituído por *lei ordinária*. Contudo, exige-se *lei complementar* nos seguintes casos:
  1. Empréstimos compulsórios (art. 148, CF/88);
  2. Imposto Residual da União – IRU (art. 154, I, CF/88);
  3. Imposto sobre Grande Fortuna – IGF (art. 153, VII, CF/88);
  4. Outras contribuições para seguridade social (art. 195, §4º, CF/88)

Obs. 1: Sobre *lei complementar*:
1. Edição de lei complementar só é exigível nos casos expressamente previstos na Constituição;
2. Em matéria tributária, são funções da lei complementar (CF/88, art. 146, I, II e III):
a) *dispor sobre conflito de competência* (Ex.: na prestação de serviços com fornecimento de mercadoria, incide ICMS, ISS ou ambos?);
b) *regular limitações ao poder de tributar* (Ex.: os contornos da imunidade tributária, por ser uma limitação ao poder de tributar, devem ser regulados por lei complementar);

c) *estabelecer normas gerais em matéria tributária*, como prescrição, obrigação, lançamento, etc. (CTN é lei ordinária em sentido formal, mas complementar em sentido material; LCF nº 87/96: normas gerais sobre ICMS; LCF nº 116/03: normas gerais sobre ISS).
Vide CF/88, art. 146
Art. 146 – *Cabe à lei complementar*:
I – *dispor sobre conflitos de competência, em matéria tributária, entre a União, os Estados, o Distrito Federal e os Municípios;*
II – *regular as limitações constitucionais ao poder de tributar;*
III – *estabelecer normas gerais em matéria de legislação tributária, especialmente sobre*:
a) definição de tributos e de suas espécies, bem como, em relação aos IMPOSTOS discriminados nesta Constituição, a dos respectivos fatos geradores, bases de cálculo e contribuintes;
b) obrigação, lançamento, crédito, prescrição e decadência tributários;
c) adequado tratamento tributário ao ato cooperativo praticado pelas sociedades cooperativas.
d) definição de tratamento diferenciado e favorecido para as microempresas e para as empresas de pequeno porte, inclusive regimes especiais ou simplificados no caso do imposto previsto no art. 155, II, das contribuições previstas no art. 195, I e §§12 e 13, e da contribuição a que se refere o art. 239.

Obs. 2: *A outorga de qualquer benefício fiscal, isenção, redução da base de cálculo, anistia, remissão só pode ser deferida mediante lei específica (CF/88, art. 150, §6º), em razão da legalidade estrita tributária.* O STF orienta-se nesse sentido, pela imprescindibilidade de lei em sentido formal para concessão de benefício fiscal, sendo, portanto, *vedado* conferir ao Chefe do Executivo a prerrogativa extraordinária de dispor, normativamente, sobre tais categorias temáticas (é inconstitucional a remissão concedida por decreto do governador). No caso do ISS, a concessão ou revogação do benefício fiscal se dá por lei complementar (CF/88, art. 156, §3º, II); no caso do ICMS, por convênio (CF/88, art. 155, §2º, XII, "g").

Obs. 3: *Exige-se lei (e não decreto) para majoração do valor venal do imóvel, salvo no caso de atualização monetária (Súmula nº 160 do STJ).*

Quais são as exceções da reserva legal?
a) *O Poder Executivo, por Medida provisória, nos casos de urgência e relevância, poderá instituir ou majorar impostos (art. 62, §2º, CF/88), salvo os criados por lei complementar, como o IGF (imposto sobre grandes fortunas) e IRU (imposto residual da União).*

Deverá ser convertida em lei no prazo de 60 dias, prorrogável por mais 60 dias. Medida provisória é lei apenas no sentido material, daí poder instituir impostos. Medida provisória pode reduzir impostos? Sim. Ex.: medida provisória que reduziu alíquota do IPI de 15% para 3% para fabricação de notebooks.

Medida provisória pode instituir contribuições? Para o *STF*, admite-se medida provisória para instituição de contribuição para seguridade social (*Cofins*), conforme AgR nº 392615. PR.

b) *O Poder Executivo, por decreto, poderá alterar (majorar ou reduzir) alíquotas de 4 impostos federais (II, IE, IPI, IOF). É o que dispõe art. 153, §1º, CF/88.*

Como explica Ricardo Wermelinger, em aula, a alíquota desses quatro impostos é fixada por lei *por intervalo* (2% a 10%), e o Poder Executivo pode alterar por ato próprio (decreto), naturalmente dentro desse intervalo. Qual a razão desse dispositivo? É que estes quatro impostos federais têm *caráter extrafiscal*, isto é, visam regular o mercado, a economia do país. Ora o Estado estimula, ora desestimula condutas. Diante da possibilidade de alterar alíquotas, fala-se em extrafiscalidade para tributação (aumento de alíquota) ou para não tributação (benefícios fiscais, como alíquota zero).

Quando há necessidade de equilíbrio de mercado, o Presidente da República, por decreto, pode aumentar a alíquota do II, para estimular aquisição de produtos produzidos no Brasil ou pode aumentar a alíquota do IPI, para desestimular consumo de determinados produtos (cigarro) ou pode aumentar a alíquota do IOF sobre operações com cartão de crédito, para conter gastos de brasileiros no exterior.

Ex.: Lei do IE que estipula alíquota de 20% para determinado produto de exportação pode ter alíquota reduzida por decreto do Poder Executivo para 10%.

Segundo STF, a expressão "Poder Executivo" do art. 153, §1º, CF/88, não significa competência exclusiva do Presidente da República, mas de órgão que integre a estrutura do Poder Executivo, como, por exemplo, a *CAMEX* (Câmara do Comércio Exterior), que, por resolução, pode alterar alíquota do imposto sobre exportação dos produtos nacionais ou o *Ministério da Fazenda*, que, por portaria, pode alterar alíquotas dos impostos extrafiscais.

> *Situações que não se submetem à legalidade* (Estas situações não são aspectos essenciais do tributo. Sendo assim, não estão adstritos à reserva legal, podendo ser estipulado por decreto, portaria, por exemplo).
> 1. *Prazo para pagamento de tributo* (CTN, art. 106 c/c 96);
> 2. *Obrigações acessórias* (CTN, art. 113, §2º);
> 3. *Atualização monetária do tributo* (CTN, art. 97, §2º). Ex.: atualização da planta de valores do IPTU. Importante destacar a *Súmula nº 160 STJ*: É defeso ao Município atualizar o IPTU mediante decreto em percentual superior ao índice oficial de correção monetária. Em outras palavras, índice de correção que supera inflação, só por lei.

Diferença entre função fiscal, extrafiscal e parafiscal dos tributos (classificação quanto à função dos tributos):

Função fiscal	Função extrafiscal	Função parafiscal
Função de arrecadação de recursos para orçamento da pessoa política tributante	Função de intervenção no domínio econômico para regular o mercado, com incentivo ou desestímulo de condutas	Função de arrecadação de recursos para orçamento de *ente diferente* da pessoa política tributante, que fica com todo o produto da arrecadação
Maioria dos tributos	II, IE, IPI, IOF; CIDE; ITR	Contribuições corporativas; contribuição de terceiros

    c) *O Poder Executivo, por decreto, poderá reduzir ou restabelecer alíquota da CIDE-combustível* (art. 177, §4º, I, "b", CF/88).

Como explica Edvaldo Nilo, o Poder Executivo reduz alíquota da CIDE-combustível e, uma vez reduzida, pode restabelecê-la, tendo como teto a alíquota prevista anteriormente em lei.

d) *Convênios celebrados entre Estados (CONFAZ[42]) podem reduzir ou restabelecer alíquotas do ICMS-combustível que têm incidência monofásica* (art. 155, §4º, IV, "c", CF/88).

O Poder Executivo estadual, mediante convênio, pode reduzir alíquota do ICMS-combustível com objetivo de regular a demanda, em razão de sua natureza extrafiscal.

e) *Resolução do Senado Federal pode fixar limites de alíquotas de impostos estaduais* para fins de evitar guerra fiscal (art. 155, §1º, IV; §2º, V, "b" e §6º, I, CF/88).

No caso de IPVA, fixa alíquota mínima, no caso do ITCMD, alíquota máxima e no caso do ICMS, alíquota mínima e máxima.

4.2 Anterioridade tributária: anterioridade geral e noventena ou anterioridade nonagesimal (art. 150, III, "b" e "c" c/c §1º, CF)

Busca-se evitar que o contribuinte seja pego de surpresa, que haja uma tributação inesperada; visa preservar a segurança jurídica. É garantia do contribuinte (ADI nº 939/DF); cláusula pétrea. Tem por base o princípio da segurança jurídica e da proteção contra tributação surpresa. Na expressão de Leandro Paulsen (2018, p. 142), "anterioridade é garantia de conhecimento antecipado da lei tributária mais gravosa".

O princípio da anterioridade geral ou da eficácia diferida ou da não surpresa ao contribuinte, instituído pela EC nº 32/01 foi reforçado, com a EC nº 42/03, pelo princípio da noventena ou anterioridade nonagesimal, de forma a proteger ainda mais a não surpresa do contribuinte.

Antes da inclusão da EC nº 42/03, qualquer ente federativo poderia instituir ou aumentar um tributo em 31 de dezembro de determinado ano e cobrar em 1º de janeiro do ano seguinte que o mencionado princípio

---

[42] CONFAZ significa Conselho Nacional de Política Fazendária. É órgão com representantes dos Estados e DF. Celebram convênios concedendo isenção, incentivo e benefícios fiscais no caso de ICMS, por exemplo. Lembrar que os benefícios fiscais são sempre concedidos por lei específica (art. 150, §6º, CF/88). Contudo, no caso de ICMS, a concessão ou revogação de benefícios dá-se por convênios (155, §2º, XII, g, CF/88) e, no ICMS-combustível, a redução ou restabelecimento da alíquota ocorre por convênios (e não por lei), nos termos do art. 155, §4º, IV, c, CF/88. O CONFAZ tem natureza autorizativa (e não impositiva). Logo, tais acordos que estabelecem benefícios fiscais não geram, automaticamente, direitos aos contribuintes. Para tanto, precisam ser internalizados pelos Estados por lei em sentido formal.

estaria atendido. Agora, nesse caso, o legislador fica obrigado a, no mínimo, respeitar a regra geral da noventena que, antes, só era aplicável às contribuições para seguridade social. Em síntese, a noventena foi criada para evitar expedientes como instituir ou majorar tributos nos últimos dias do ano (31/12).

Não confundir com *princípio da anualidade*, previsto na CF/46, que exigia prévia autorização na LOA (lei orçamentária anual) para cobrança do tributo.

Princípio da Anterioridade Geral ou da Eficácia Diferida EC nº 32/01	Princípio da Noventena EC nº 42/03
CF/88, Art. 150, III, b: É vedado à União, aos Estados, ao DF e aos Municípios cobrar tributos no mesmo exercício financeiro em que haja sido publicada a lei que os instituiu ou aumentou.	CF/88, Art. 150, III, c: É vedado à União, aos Estados, ao DF e aos Municípios cobrar tributos antes de decorridos noventa dias da data em que haja sido publicada a lei que os instituiu ou aumentou, observado o disposto na alínea b.
Tributo será cobrado no *exercício financeiro seguinte* àquele da *publicação* da lei que o *instituiu ou majorou*. E se a lei reduz ou extingue o tributo? Deve produzir efeitos imediatos.	Tributo será cobrado decorridos 90 dias da *publicação* da lei que o *instituiu ou majorou*. E se a lei reduz ou extingue o tributo? Deve produzir efeitos imediatos.
Exceções - II; IE; *IPI*; IOF (CF/88, art. 150, §1º); - IEG – Imposto extraordinário de guerra (CF/88, art. 150, §1º); - Empréstimo compulsório para despesas extraordinárias (CF/88, art. 150, §1º): - Contribuição para seguridade social (CF/88, art. 195, §6º); - *Restabelecimento*[43] de alíquota da *CIDE-combustível* e *ICMS-combustível* (CF/88, art. 177, §4º, I, "b", e art. 155, §4º, IV, "b").	*Exceções* (CF/88, art. 150, §1º): 1- II; IE; IOF; *IR*; - IEG – Imposto extraordinário de guerra; - Empréstimo compulsório para despesas extraordinárias; - Alteração na *base de cálculo de IPVA e IPTU*[44]

---

43   Restabelecimento significa que a alíquota, previamente fixada em lei, foi reduzida pelo Poder Executivo e, agora, quer restabelecer ao patamar originalmente previsto.

44   Por exemplo, lei publicada em dezembro de 2018 que altera o valor venal dos imóveis (base de cálculo do IPTU) do Município deve ser cobrada só em 01/01/2019, porque a alteração

Exceções aos princípios da anterioridade geral e da noventena

	Anterioridade	Noventena	Anterioridade e Noventena
II, IE, IOF IEG EC (DE)			X X X
IR		X	
IPI	X		
Contribuições sociais para seguridade social	X		
Restabelecimento da alíquota do ICMS-combustível e CIDE-combustível	X		
Alteração na base de cálculo do IPTU e IPVA		X	

Exemplos:
1. Em novembro de 2014, é publicada lei que institui *taxa*. Pelo princípio da anterioridade geral, taxa será cobrada em 01/01/2015; pelo princípio da noventena, em fevereiro de 2015. Para reforçar o princípio da não surpresa ao contribuinte, taxa será cobrada em fevereiro de 2015, porque mais benéfica ao contribuinte.
2. Em julho de 2014, é publicada lei que institui *taxa*. Pelo princípio da anterioridade geral, taxa será cobrada em 01/01/2015; pelo princípio da noventena, em outubro de 2014. Logo, taxa será cobrada em 01/01/2015, porque mais benéfica ao contribuinte.
3. Em julho de 2014, é publicada lei que institui *IR*. Como o IR é exceção à noventena, o IR será cobrado de acordo com princípio da anterioridade geral, ou seja, em 01/01/2015.
4. Em julho de 2014, é publicada lei que institui *IPI*. Como IPI é exceção ao princípio da anterioridade geral, deverá observar apenas a noventena, logo, será cobrado em outubro de 2014.

na base de cálculo do IPTU é exceção à noventena. Logo, deve obedecer só ao princípio da anterioridade geral.

5. Em julho de 2012, é publicada lei complementar que institui o empréstimo compulsório no caso de *despesas extraordinárias*. O empréstimo compulsório será cobrado imediatamente, porque é exceção ao princípio da anterioridade geral e da noventena.

6. Em julho de 2012, é publicada lei complementar que institui o empréstimo compulsório no caso de *investimento público*. Quando o empréstimo compulsório será cobrado? Pelo princípio da anterioridade geral, será cobrado em 01/01/2013; pelo princípio da noventena, em outubro de 2012. Logo, será cobrado em 01/01/2013 porque mais benéfico ao contribuinte.

Situações que não se submetem ao Princípio da Anterioridade e Noventena:
1. *Alteração do prazo de recolhimento do tributo*
Por recolhimento deve-se entender "vencimento". *Súmula vinculante nº 50 (Norma legal que altera prazo de recolhimento da obrigação tributária não se sujeita ao princípio da anterioridade)*
2. *Atualização monetária do tributo (CTN, art. 97, §2º)*
Ex.: Lei nº 8.383/91 instituiu a UFIR para correção monetária da contribuição previdenciária. Aplicação imediata da lei porque não houve modificação substancial na contribuição.
3. *Prorrogação de alíquota majorada previamente*
Ex.: Lei estadual nº 11.813/04 prorrogou (para ano seguinte) a cobrança do ICMS com alíquota já majorada de 17% para 18% pela Lei estadual nº 11601/03. Não existe mais surpresa para contribuinte.
Atenção! Revogação ou redução de benefícios fiscais. Em 2014, o STF firmou entendimento no RE nº 564225 de que no caso de revogação da isenção, o tributo não volta a ser imediatamente exigível. A revogação da isenção se submete à *anterioridade*, porque revogação ou redução de benefício fiscal implica *aumento de carga tributária*. "Promovido o aumento indireto do ICMS por meio da revogação do benefício fiscal, surge o dever de observância ao princípio da anterioridade geral e noventena constante das alíneas b e c do art. 150 da Carta". Ademais, o art. 104, III, do CTN determina aplicação da anterioridade nos casos de extinção ou redução de isenções.

Como é a cobrança de impostos instituídos por medida provisória?
Medida provisória tem eficácia diferida. Para cobrar o pagamento do imposto, deverá ser observado princípio da anterioridade (*Com a EC nº 42/03, também deve observar o princípio da anterioridade nonagesimal*).

O imposto pode ser instituído ou majorado com a edição de medida provisória. Contudo, para ser cobrado, deve obedecer a regra do art. 62, §2º: os impostos instituídos por medida provisória, *exceto II, IE, IPI, IOF e IEG*, só produzirão efeitos no exercício financeiro seguinte àquele em que a medida provisória foi *convertida em lei*.

São dois requisitos:

a) *ser convertida em lei no prazo máximo de 120 dias*. E se não for convertida em lei? Daí, não se paga.

b) *cobrada no exercício financeiro seguinte*. Ex. 1: medida provisória que modifica ITR publicada em setembro de 2011. Convertida em lei em dezembro de 2011, dentro dos 120 dias. Deverá ser cobrada em 01/01/2012. Ex. 2: medida provisória que modifica ITR publicada em setembro de 2011. Convertida em lei em janeiro de 2012, dentro dos 120 dias. Deverá ser cobrada em 01/01/2013.

No caso da medida provisória, o II, IE, IPI, IOF e IEG podem ser cobrados desde já, exceto IPI, que deve observar os 90 dias.

Com a EC nº 42/03, aplica-se para medida provisória também o princípio da noventena. O prazo de 90 dias conta-se da *publicação da medida provisória* se essa for convertida sem alteração substancial ou da conversão, se a medida provisória tiver significativas alterações. Em que pese polêmica doutrinária, *para STF, o princípio da noventena será contado da publicação da medida provisória, independente da data da lei de conversão*.

Ex. 1: medida provisória que modifica ITR publicada em setembro de 2016 (após EC nº 42/03). Convertida em lei em janeiro de 2017, em razão da prorrogação, ou seja, dentro dos 120 dias. Pela anterioridade geral, deverá ser cobrada em 01/01/2018; pela noventena: dezembro de 2016. Logo, deve-se aplicar a melhor regra para o contribuinte: 01/01/2018 (STF).

Ex. 2: ITR aumentado por medida provisória publicada em dezembro de 2017 e convertida em lei em dezembro de 2017. Pela anterioridade geral, seria cobrado em 01/01/2018 e pela noventena, em março de 2018. Deve prevalecer a noventena (STF).

Ex. 3: IPI instituído por medida provisória publicada em setembro de 2010 e convertida em janeiro de 2011, em razão da prorrogação. Como ao IPI só é exceção a anterioridade geral, deve-se observar a noventena, logo deverá ser cobrada em dezembro de 2010 (STF).

No caso de medida provisória que institui contribuição para seguridade social (Cofins, por exemplo)? O STF já decidiu que deve observar só a noventena e, portanto, os 90 dias serão contados da publicação da medida provisória (AgR nº 392615. PR, de 2007).

4.3 Irretroatividade tributária (art. 150, III, "a", CF/88)

No Direito Tributário, a lei que institui tributos deve reger fatos futuros, isto é, fatos posteriores a sua vigência. A lei tributária tem, portanto, *caráter prospectivo*, não devendo retroagir, pois são editadas para reger situações futuras.

Princípio da irretroatividade deve ser visto e interpretado como *garantia constitucional* instituída em favor do contribuinte. A ação do Fisco deve ser previsível, sem surpresas.

Na irretroatividade da lei tributária discute-se *vigência*; na anterioridade, *eficácia*. A CF/88 estabelece como regra a irretroatividade no art. 150, III, "a"; O CTN (art. 106), a retroatividade.

Art. 150, III, "a", CF/88: "É vedado às pessoas políticas cobrar tributos em relação a fatos geradores ocorridos antes da vigência da lei que os houver instituído ou aumentado". O que significa? A lei nova, que institui ou aumenta tributo (inclui a que reduz tributo), deve projetar seus efeitos para os fatos geradores futuros,[45] não cabendo retroatividade para atingir fatos geradores pretéritos, isto é, ocorridos antes da entrada em vigor da nova lei. Em outras palavras, o tributo só pode ser cobrado em relação a fatos geradores ocorridos após vigência da nova lei.

Imagine que em setembro de 2018 seja publicada lei municipal que institui taxa de lixo. Tal lei dispõe, no último artigo, que entra em vigor na data da sua publicação. Nessa data, lei está em plena vigência, mas não está apta a cobrar a taxa de lixo, pois tem que respeitar a anterioridade, isto é, o prazo mínimo para que a lei vigente produza seus efeitos. *Seguramente, tem-se que essa lei não será aplicada a fatos geradores anteriores a sua vigência, porque o contribuinte desconhecia tais regras.*

Qual a importância da vigência da lei? A partir da vigência, cidadão tem dever de respeitá-la ou de promover ação judicial para afastar sua aplicação (por exemplo, ação declaratória de inexistência da relação jurídico-tributária).

Quando a lei tributária entra em vigor? Na data prevista na lei. Se a lei que institui tributo for publicada e não trouxer a previsão da

---

[45] Fatos geradores futuros são fatos que ainda não ocorreram, mas quando ocorrerem deverão se submeter à lei vigente.

data de sua vigência, aplica-se o art. 1º da LINDB (Lei de Introdução às Normas do Direito Brasileiro), que manda observar o prazo de 45 dias após publicação. É o prazo da *vacatio legis*, ou seja, do tempo entre publicação da lei e sua entrada em vigor.

Quando um decreto, que fixa alíquota de tributo, entra em vigor? Vide art. 103, CTN. Como decreto se trata de ato normativo, entra em vigor na data da sua publicação.

Vigência do art. 103 do CTN:

Atos normativos expedidos por autoridades administrativas (decretos, portarias, ordens de serviço, instruções normativas, etc.)	Entram em vigor na data da publicação
Decisão de órgão singular ou coletivo com eficácia normativa	Entra em vigor 30 dias da publicação
Convênios entre União, Estados, Municípios e DF	Entra em vigor na data prevista no convênio

Relação do princípio da anterioridade e princípio da irretroatividade da lei. A anterioridade trata de questão de eficácia da lei; irretroatividade, de vigência. "Princípio da irretroatividade impede que o tributo alcance fatos passados, enquanto princípio da anterioridade estabelece prazo mínimo para que o tributo alcance fatos futuros" (KFOURI, 2010, p. 132).

No exemplo da taxa de lixo, instituída por lei em setembro de 2010 e que entrou em vigor na data da sua publicação, o tributo será cobrado em 01/01/2011, porque se aplica o princípio da anterioridade geral, por ser mais benéfico. Então, se o caminhão de lixo passar na frente de sua casa em setembro de 2010, não se aplica lei nova, porque, ainda que em vigor, só irradia efeitos para fatos geradores futuros, isto é, a partir de 01/01/2011. Agora, se caminhão de lixo passa em janeiro de 2011, cobra-se a taxa com base na lei vigente em setembro de 2010. *Obs.*: entre setembro de 2010 (publicação e vigência) e 01/01/2011 (eficácia), há *paralisação da eficácia da norma*.

Hipóteses de retroatividade da lei tributária. Há hipóteses previstas no CTN de aplicação da lei nova tributária a fatos pretéritos a sua vigência (art. 106, CTN). O princípio da irretroatividade não é, portanto, absoluto. São dois casos em que a lei tributária retroage: *lei interpretativa e lei benigna*. Essas leis produzem efeitos retroativos, ou seja, efeitos retrooperantes sobre fatos pretéritos.

Lei interpretativa retroage *em qualquer caso* (art. 106, I, CTN). Lei interpretativa é aquela que se limita a *explicar* outra lei vigente, sem inovar (sem criar tributos ou penalidades). Leis interpretativas fixam o sentido das normas editadas pelo poder legislativo. Ex.: Em 2019 foi editada lei X esclarecendo como será aplicada a lei vigente Y, que possui penalidades para as infrações aos seus dispositivos. Essa lei nova retroagirá em qualquer caso porque meramente interpretativa.

Lei benigna retroage quanto às *infrações* e *penalidades nos casos não definitivamente julgados* (art. 106, II, "a", "b" e "c", CTN). Para ocorrer retroatividade, importante observar dois requisitos: 1) lei comina penalidade (multa) menos severa; lei que extingue uma infração; 2) ato (caso) não seja definitivamente julgado na via administrativa/judicial.

Atenção: alíneas "a" e "b" do inciso II do art. 106 são redundantes, com conteúdo idêntico: referem-se às condutas que não são infrações; alínea "c" *do inciso II do art. 106 refere-se à penalidade menos severa.*

Ex. 1: Em 2010, comerciante deixa de recolher ICMS. Foi autuado por infração à legislação do ICMS. Impugnou administrativamente. *Decisão final* do litígio foi-lhe desfavorável. Intimado a pagar o valor do tributo e a multa, fica ciente de que entrou em vigor em 2011 uma lei que reduz a multa (ou deixa de considerar como infração o ato praticado). Poderá o contribuinte aplicar lei nova? Não. A lei nova não retroagirá porque há decisão definitiva sobre penalidade (ou infração). Todavia, se o comerciante, *enquanto reclamava administrativamente*, tem ciência da nova lei que reduz a multa, será aplicada multa fiscal menos gravosa vigente em 2011 a fatos pretéritos, em razão da retroatividade da lei benigna, porque o ato ainda não foi definitivamente julgado.

Ex. 2: Em 2009, uma sociedade é autuada pelo Fisco estadual pelo descumprimento de obrigação tributária acessória (não emitir nota fiscal). Realiza impugnação. Antes da decisão administrativa irreformável, sobrevém lei estadual que extingue essa obrigação acessória. Tal lei deve ser aplicada retroativamente porque mais benéfica (extingue infração) e ato não definitivamente julgado.

> *Atenção! Se for caso de tributo, CF/88, art. 150, III, "a"; se for caso de multa, CTN, art. 106.*
> Ex. 1: Fulano deixa de pagar ICMS de 2007 quando *alíquota* era de 25%. No ano de 2008, alíquota é majorada por lei nova para 27%. Em 2009, Fulano é autuado por não pagar ICMS de 2007. Sujeito passivo será obrigado a recolher ICMS de 25% por causa da regra da irretroatividade da lei nova (27%).
> Ex. 2: Fulano deixa de pagar ICMS de 2007 quando *alíquota* era de 27%. No ano de 2008, alíquota é reduzida por lei nova para 25%. Em 2009, Fulano é autuado por não pagar ICMS de 2007. Sujeito passivo será obrigado a recolher ICMS de 27%, porque a lei nova, embora benigna, fala de tributo e não de penalidade, não podendo retroagir.
> Ex. 3: Fulano deixa de pagar ICMS de 2007 quando *multa* do ICMS era de 30%. No ano de 2008, multa é reduzida por lei nova para 25%. Em 2009, Fulano é autuado por não pagar ICMS de 2007 com multa de 30%. Realiza impugnação. Ainda não há decisão definitiva. Sujeito passivo será obrigado a recolher 25% de multa de ICMS, porque a lei nova retroage (trata de penalidade benéfica e o ato não foi definitivamente julgado).

Não confundir lei tributária benigna com denúncia espontânea.
Para a doutrina e jurisprudência, na *denúncia espontânea* (art. 138, CTN), há *exclusão* da aplicação de *qualquer multa* (moratória e punitiva). Expressão multa punitiva é pleonástica, porque toda multa tem o objetivo de punir, seja em razão da mora ou de outra circunstância.
Requisitos da denúncia espontânea (3):
1. infrator deve se apresentar à repartição fiscal e *confessar* espontaneamente infração à obrigação tributária;
2. deve *pagar integralmente* o valor do tributo + juros de mora + correção monetária (Para STJ, parcelamento não é pagamento integral, então, não cabe denúncia espontânea para quem deseja parcelar);
3. desconhecimento do Fisco – a confissão deve ser realizada *antes do início de qualquer* procedimento *administrativo ou medida de fiscalização* (Termo de Início de Fiscalização). Logo, se notificado para esclarecimentos ou se agente fiscal adentrou no estabelecimento do contribuinte, não cabe denúncia espontânea (art. 138, parágrafo único c/c 196, CTN).

Não se admite denúncia espontânea nos tributos lançados por homologação em que se faz declaração, mas pago a destempo *(Súmula nº 360, STJ).*

Imagine no IR ou ICMS (tributos lançados por homologação), se contribuinte declara e não paga, não tem direito a denúncia espontânea, porque a declaração é considerada confissão de dívida e constitui crédito tributário, dispensada outra providência por parte do Fisco *(Súmula nº 436, STJ).* Com a declaração, o Fisco tem ciência da confissão. Não há que se falar em desconhecimento por parte do Fisco, um dos requisitos para denúncia espontânea.

Por outro lado, contribuinte que não declara nem paga tem direito à denúncia espontânea do art. 138 do CTN. Há recusa de emissão de CND e CPEN para quem declara e não paga *(Súmula nº 446 STJ).*

Imagine empresa que declarou e não pagou o Cofins. Meses depois, como precisava participar de licitação e precisava da certidão de regularidade fiscal, realizou denúncia espontânea antes do início da fiscalização, pagando tributo sem multa. Pode? Não cabe denúncia espontânea (Súmula nº 360 STJ) nem emissão de certidão (Súmula nº 446 STJ).

É consabido que com *o sistema de NF eletrônica,* o Fisco passa a ter todas as informações do contribuinte, sendo dispensável ao Fisco ir à empresa para conferir documentação, uma vez que os documentos enviados digitalmente pelo contribuinte são guardados no sistema do Fisco. Mesmo assim, o contribuinte pode fazer denúncia espontânea, só que terá de ser mais ágil, antes de ser notificado pelo Fisco, via internet, do início de uma fiscalização.

Imposto de Renda. O fato gerador do IR é *complexivo*: verifica-se após prática de vários atos num determinado período-base, que coincide com exercício financeiro. O fato gerador do IR, portanto, ocorre no final do período-base (31 de dez). Ainda que o contribuinte seja beneficiário de vários rendimentos ao longo do ano, considera-se ocorrido o fato gerador no dia 31 de dezembro.

Imagine que no início do ano-base de 2010, havia lei do IR vigente, com alíquota de 10%. Contudo, em agosto de 2010, publicou-se lei do IR com alíquota de 30%, que entrou em vigor na data da sua publicação. Consabido, em 2011, o contribuinte deve declarar e pagar IR do ano-base 2010. *Pergunta-se: deve ser aplicada lei do IR com alíquota de 10% ou de 30%?* 10%.

> Foi CANCELADA a Súmula nº 584 STF de 1976, que dizia: *ao imposto de renda calculado sobre rendimentos do ano-base, aplica-se lei vigente no exercício financeiro em que deve ser apresentada a declaração.*
> De acordo com a Súmula nº 584 STF, deveria ser aplicada lei com alíquota de 30%.
> Para o STF, no RE nº 592396, de 19 de junho de 2020, o disposto na *Súmula nº 584 STF ofende o princípio da irretroatividade da lei tributária. Não pode a lei publicada no ano da apresentação da declaração retroagir para contemplar rendimentos auferidos até 31/12. Deve-se levar em consideração a lei vigente ao fato gerador (ano base). O contribuinte não pode ser surpreendido diante das mudanças referentes às alíquotas no ano da declaração.*
> Pelo princípio da irretroatividade, seguramente tem-se que essa lei nova não será aplicada aos fatos geradores anteriores a sua vigência, porque o contribuinte desconhecia tais regras.

4.4 Capacidade contributiva (art. 145, §1º, CF/88)

"Sempre que possível, os impostos têm caráter pessoal e serão graduados segundo capacidade econômica do contribuinte, facultado à administração tributária identificar patrimônio, rendimentos e atividade econômica do contribuinte, respeitados os direitos individuais".

O que significa "sempre que possível"? Leia-se: nem sempre ocorrerá. Por exemplo, não se aplica o princípio da capacidade contributiva aos impostos reais.

O princípio da capacidade contributiva, expresso no art. 145, §1º, da CF/88, determina que os impostos, sempre que possível, serão graduados segundo a capacidade econômica do contribuinte. Esse contribuinte pode ser pessoa física ou jurídica, não havendo a limitação às pessoas físicas. Importante que tenha capacidade para contribuir.

A capacidade contributiva, na expressão de Alfredo Becker, está ligada à ideia de "fato-signo presuntivo de riqueza". Como explica Roque Carraza (1997, p. 67), são os "fatos que, *a priori*, fazem presumir que quem os realiza tem riqueza suficiente para ser alcançado pelo imposto específico". Vale perguntar: o que o cidadão pode fazer pelo Estado?

Aplica-se aos *impostos* (qualquer imposto da União, dos Estados, Municípios e do DF). Em especial, aos impostos pessoais ("caráter pessoal") e não reais.

É possível aplicar o princípio da capacidade contributiva a impostos reais? Em regra, não, salvo para o IPTU e ITR, em razão de sua progressividade (art. 156, §1º, I, e art. 153, §4º, I da CF/88).

Impostos pessoais	Impostos reais
1. Levam em consideração os aspectos pessoais e individuais do contribuinte para incidência tributária;	1. Levam em consideração os aspectos materiais para incidência tributária, isto é, a descrição de um fato, de uma situação concreta. Incide sem dó nem piedade. Pouco importa situação econômica do contribuinte;
2. Ex.: IR (contribuinte pode deduzir despesas com saúde, instrução própria, número de dependentes, etc.).	2. Ex.: IPTU, IPVA, ITR (serviçal herdou da patroa uma fazenda; terá de pagar ITR porque incide sobre situação real, ou seja, fato de ser proprietário de imóvel rural)

Doutrina majoritária defende que princípio da capacidade contributiva está ligado a tributos não vinculados a atividade estatal (impostos e contribuições), e não às taxas, porque o fato gerador destas é atividade estatal, e não situação reveladora de riqueza do contribuinte. Contudo, para *STF*, o princípio da capacidade contributiva aplica-se também às *taxas de polícia*. Empresas com maior capital social pagam taxas maiores de fiscalização para CVM (RE nº 216259. AgR, 2000).

Impostos serão graduados segundo capacidade econômica do contribuinte. Leia-se: impostos *terão alíquotas variadas para cada contribuinte*, em razão da sua capacidade econômica (paga mais quem pode pagar mais). Leva-se em conta a característica pessoal do contribuinte (suas rendas, patrimônio, etc.).

Como ensina Ricardo Wermelinger, em aula, no imposto de renda, temos não só a renda declarada, mas também os dependentes econômicos e gastos com saúde e educação. Assim, duas pessoas que recebem salários idênticos podem ter que pagar imposto bastante distinto: a pessoa solteira de boa saúde pagará muito mais do que o pai de três filhos que precisou se submeter a tratamento médico de custo expressivo.

O princípio da capacidade contributiva é compatível com a *progressividade de alíquotas*. Nos tributos progressivos, as alíquotas sofrem aumentos na medida do aumento da sua base de cálculo. A progressividade é uma técnica em que alíquotas são majoradas na medida em que se majora base de cálculo.

A progressividade depende de *previsão constitucional*. Exemplo do IR: alíquota aumenta conforme aumento da base de cálculo (valor da renda). Ganhou mais, paga-se mais. IRPF: acima do limite de isenção, alíquotas variam de 7,5% a 27,5% conforme a renda. STF, contudo, decidiu que o ITCMD pode ter alíquotas progressivas mesmo que a progressividade não esteja prevista na Constituição, em razão do quinhão de cada herdeiro (RE nº 542485, AgR, 2013).

Além do IR, são considerados tributos progressivos:
1. ITR em razão do grau de utilização da terra (improdutividade da propriedade, CF/88, art. 153, §4º, I) e da área do imóvel (STF, RE nº 1038357, 2018).
2. IPTU em razão do tempo e, após a EC nº 29/00, em razão do valor (Lembrar-se do TV – CF/88, arts. 182, §4º, II, e 156, §1º, I). Súmula nº 668 STF: É inconstitucional lei municipal que tenha estabelecido antes da EC 29/00 alíquotas progressivas para IPTU, salvo se destinadas a assegurar cumprimento da função social da propriedade urbana.
3. CIP em razão do consumo (quem consome mais, deve pagar mais) e tipo de contribuinte (residencial ou de serviço público), conforme decisão do STF, no RE nº 573675, 2009.
4. ITCMD em razão do acréscimo patrimonial gratuito ou quinhão de cada herdeiro (conforme decisão do STF, RE nº 542485 AgR, 2013). Atenção! ITBI não é progressivo em razão do valor do imóvel, conforme Súmula nº 656 STF.

Diferença entre tributos progressivos e proporcionais

Tributos progressivos	Tributos proporcionais
Há aumento da alíquota na medida em que há aumento da base de cálculo	Alíquota é fixa, uniforme, igual, constante. O valor do imposto só varia quando varia a base de cálculo (valor da venda, por exemplo)
Alíquota progressiva; Base de cálculo variável	Alíquota fixa; Base de cálculo variável
Ex.: IRPF (acima do limite de isenção, alíquotas variam de 7,5% a 27,5% conforme a renda), IPTU (*TV*: só em razão do *Tempo* e do *Valor*), ITR, CIP (em razão do consumo ou tipo de consumidor) e ITCMD	Ex.: ICMS, ITBI, IPI, etc.
Em regra, a progressividade ocorre nos tributos pessoais	Proporcionalidade ocorre nos tributos reais

São tributos com **alíquotas** diferenciadas (diferentes):
1. IPTU, em dois casos (LU): em razão da *L*ocalização do imóvel (estar ou não em zona valorizada); *U*so do imóvel (residencial ou comercial), conforme art. 156, §1º, II, CF/88.
2. Contribuição para seguridade social: em razão da atividade econômica, utilização de mão de obra, porte de empresa, condições estruturais de mercado, conforme art. 195, §9º, CF/88 (nova redação dada pela EC nº 103/19). *Obs.: Só Cofins e CSLL poderão ter BASE DE CÁLCULO diferenciadas.*
3. IPVA: em razão do tipo e utilização do veículo, conforme art. 155, §6º, II, CF/88.
4. CIDE-combustível: em razão do produto (gasolina, álcool) ou uso (gasolina usada na aviação e outra usada em carros), conforme art. 177, §4º, I, "a", CF/88.

IPTU (Lembrar-se: *TV* da *LU*).
IPTU apresenta dupla *progressividade*: no *T*empo (art. 182, §4º, II, CF) e em razão do *V*alor do imóvel (casa de 200 mil, alíquota 1%; casa de 2 milhões, alíquota 3% – CF/88, art. 156, §1º, I).
Por outro lado, o IPTU tem alíquotas *diferenciadas* em dois casos: em razão da *L*ocalização do imóvel (estar ou não em zona valorizada); *U*so do imóvel (residencial ou comercial), conforme CF/88, art. 156, §1º, II.
Progressividade não se confunde com alíquotas diferenciadas. Na progressividade, há aumento de alíquota; nas alíquotas diferenciadas, há variação de alíquotas, alíquotas diferentes conforme critérios.
Progressividade pode ser fiscal ou extrafiscal. No IPTU, a progressividade fiscal, com intuito arrecadatório, a partir da EC nº 29/00, ocorre em razão do valor do imóvel (*Súmula nº 668, STF*); a progressividade extrafiscal, com intuito regulatório, ocorre em razão do tempo, que visa desestimular o inadequado aproveitamento da propriedade urbana que não atende função social.

Faculta-se à administração tributária identificar patrimônio, rendimentos e atividade econômica do contribuinte, respeitados os direitos individuais. Significa dizer que a administração tributária (art. 37, XXII, CF/88 – atividade essencial para funcionamento do Estado) possui limite de atuação: direitos individuais, como direito de privacidade. As instituições financeiras devem guardar sigilo das informações sobre a vida financeira de seus clientes.

Pergunta-se: autoridade administrativa fiscal pode realizar a quebra do sigilo bancário? Em outras palavras, a Administração Fazendária pode ter acesso às informações de movimentação bancária do contribuinte para instruir o processo administrativo fiscal? De acordo com art. 6º da LC nº 105/01, sim. *"As autoridades e os agentes fiscais tributários da União, Estados, Municípios e DF, somente poderão examinar documentos, livros e registros de instituições financeiras, inclusive as referentes a contas de depósito e aplicações financeiras quando houver processo administrativo instaurado ou procedimento fiscal em curso e tais exames sejam considerados indispensáveis pela autoridade administrativa competente"*. É o mesmo entendimento do *STF* (RE nº 601314, 2016).

Não se trata de quebra de sigilo, mas de transferência de sigilo para finalidade eminentemente fiscal, pois a legislação garante a preservação da confidencialidade de dados, vedado seu repasse a terceiro estranho ao Estado, sob pena de responsabilidade dos agentes que praticarem esta infração. Logo, admite-se quebra de sigilo bancário se há processo administrativo fiscal em andamento e tais dados são indispensáveis.

4.5 Não confisco (art. 150, IV, CF/88)

"É vedado à União, Estados, Municípios e DF, utilizar tributo com efeito de *confisco*".

> No Brasil Colônia, havia uma cobrança de um imposto denominado "quinto". Era tão alto e insuportável que os brasileiros o denominavam de "o quinto dos infernos". A Inconfidência Mineira, de 1788 a 1789, foi uma revolta popular ocorrida no Brasil contra o domínio da colonização portuguesa, em que um grupo de inconfidentes planejava transformar Minas Gerais e as capitanias vizinhas (Rio de Janeiro e São Paulo) em uma República, com a capital em São João D'El Rey. Além de ser um movimento separatista, a Inconfidência Mineira também foi uma reação popular a uma *tributação confiscatória*. A tributação instituída pela coroa portuguesa no Brasil era desmedida, vexatória, impossível de ser cumprida. O estopim da Inconfidência Mineira ocorreu, portanto, com a "derrama", que consistia na cobrança forçada dos quintos atrasados, por meio da apreensão de bens e de propriedades daqueles que não pagassem tal tributo.

O texto constitucional proíbe a tributação excessiva, exacerbada, pesada, insuportável, que afete substancialmente o patrimônio e a renda do contribuinte. Quer-se evitar incidências tributárias excessivas que causem verdadeiras subtrações do patrimônio e renda dos contribuintes.

A tributação confiscatória *viola o princípio da capacidade contributiva*, ou seja, afeta a *capacidade do sujeito passivo de contribuir*, porque há um excesso de ônus tributário. Na quantificação do tributo, exigem-se, portanto, certo equilíbrio e moderação.

A Constituição Federal não define objetivamente o que é confisco. Deixa essa tarefa para a doutrina, jurisprudência e legislador infraconstitucional. Na expressão de José Mauricio Conti, tributo confiscatório é "aquele que atinge contribuinte de tal forma que venha violar seu direito de propriedade sem correspondente indenização". Confisco tributário não é sanção que tem por fim aplicar penalidade ao contribuinte, mas sim um limite máximo à tributação.

Para o *STF*, o princípio do não confisco é válido para *tributos* e para *multas* excessivas, sejam moratórias ou não. O STF decidiu (AI nº 727872/RS, 2015) que o princípio do não confisco também se aplica à multa tributária, apesar de o inciso IV do art. 150 fazer referência apenas ao tributo, e não à multa.[46] Por exemplo, o valor da taxa que ultrapassa valor do serviço prestado ou posto à disposição assume feição confiscatória.

Para o STF (AI nº 727872/RS, 2015), há três tipos de multas: *a) moratória* (em razão da impontualidade injustificada; aplica-se multa para desestimular o atraso); *b) multa punitiva isolada* (em razão do descumprimento voluntário de obrigação; aplica-se multa como reprimenda); *c) multa punitiva acompanhada de lançamento de ofício* (em razão da sonegação no caso de tributos lançados por homologação;

---

[46] Para o STF (AI nº 727872/RS, 2015), há três tipos de multas: a) moratória (em razão da impontualidade injustificada; aplica-se multa para desestimular o atraso); b)multa punitiva isolada (em razão do descumprimento voluntário de obrigação; aplico multa como reprimenda); c)multa punitiva acompanhada de lançamento de ofício (em razão da sonegação no caso de tributos lançados por homologação; aplica-se multa como reprimenda). As duas multas punitivas são as mais graves, porque são reprimendas. Para o Min. Roberto Barroso, "No direito tributário, existem basicamente três tipos de multas: as moratórias, as punitivas isoladas e as punitivas acompanhadas do lançamento de ofício. As multas moratórias são devidas em decorrência da impontualidade injustificada no adimplemento da obrigação tributária. As multas punitivas visam coibir o descumprimento às previsões da legislação tributária. Se o ilícito é relativo a um dever instrumental, sem que ocorra repercussão no montante do tributo devido, diz-se isolada a multa. No caso dos tributos sujeitos a homologação, a constatação de uma violação geralmente vem acompanhada da supressão de pelo menos uma parcela do tributo devido. Nesse caso, aplica-se a multa e promove-se o lançamento do valor devido de ofício. Esta é a multa mais comum, aplicada nos casos de sonegação."

aplica-se multa como reprimenda). As duas multas punitivas são as mais graves, porque são reprimendas.

Na busca de um parâmetro razoável, uma coisa é certa: não se pode punir em igual medida um desestímulo e uma reprimenda. No AI nº 727872/RS, 2015, o *STF fixou limite máximo para multa moratória: não pode ter percentual superior a 20% e no RE nº 833106, de 100% para multa punitiva.*

Exemplo de multa punitiva confiscatória: multa fiscal de 300% sobre valor do serviço prestado devido, em razão da não emissão de documentos fiscais (nota fiscal) possui caráter confiscatório (STF, ADIN nº 1075/DF, rel. Min. Celso de Mello, DJ 17.06.1998).

Exemplo de multa moratória confiscatória: multa moratória fixada em 100% do valor do imposto devido assume feição confiscatória, caso em que foi reduzida para 30% (STF, RE nº 81550/MG, 1975, rel. Min. Xavier Albuquerque).

Qual o limite do efeito confiscatório? A partir de quando a tributação passa a ser pesada, exacerbada, confiscatória? Difícil delimitar.

Para os *tributos com função extrafiscal*, a Constituição Federal admite tributação exacerbada como forma de desestimular o uso de propriedade que desatende função social, como ITR (art. 153, §4º, CF/88) e IPTU (art. 156, §1º c/c art. 182, §4º, II, CF/88) ou desestimular condutas do contribuinte. Nesse último caso, não é confiscatória alíquotas de 300% de IPI para os cigarros. Para *impostos seletivos* (IPI e ICMS) também se admite tributação exacerbada como forma de desestimular consumo de produtos não essenciais, como cigarro ou bebidas.

Para os *tributos com função fiscal*, proíbe-se tributação exacerbada. O STF, na ADI nº 2010-2/DF, 1999, declarou inconstitucional lei e considerou confiscatória a alíquota de contribuição previdenciária de servidores públicos fixada em 25% sobre rendimentos, porque como tais rendimentos já são tributados pelo IR, com alíquota de 27,5%, esses contribuintes estariam sujeitos a uma tributação por parte da União de mais de 50% sobre seus rendimentos.

São *requisitos cumulativos* caracterizadores do efeito confiscatório:
a) análise do caso concreto;
b) verificação da totalidade dos tributos devidos a uma pessoa política, e não um tributo isoladamente;
c) carga tributária deve ser imposta pelo mesmo ente tributante, num mesmo período;
d) observar capacidade econômica do contribuinte para suportar incidência de todos os tributos.

> "A identificação do efeito confiscatório deve ser feita em função da totalidade da carga tributária, mediante verificação da capacidade de que dispõe o contribuinte – considerado o montante de sua riqueza (renda e capital) – para suportar e sofrer a incidência de todos os tributos que ele deverá pagar, dentro de determinado período, à mesma pessoa política que os houver instituído (a União Federal, no caso), condicionando-se, ainda, a aferição do grau de insuportabilidade econômico-financeira, à observância, pelo legislador, de padrões de razoabilidade destinados a neutralizar excessos de ordem fiscal eventualmente praticados pelo Poder Público" (STF, *ADI nº 2010-2/DF*, rel. Min. Celso Melo, 1999)

4.6 Liberdade de tráfego ou da liberdade de locomoção (art. 150, V, CF/88)

"É proibido a União, Estados, DF e Municípios estabelecer limitações ao tráfego de pessoas ou bens por meio de tributos interestaduais ou intermunicipais, ressalvada a cobrança de pedágio pela utilização de vias conservadas pelo Poder Público".

Recado para U/E/M/DF: evitar criar *tributos de passagem*, que limitam o ir e vir de pessoas ou bens. Proíbe-se restringir o tráfego de pessoas ou bens no território nacional por meio de tributos interestaduais ou intermunicipais, salvo pedágio. Quer-se evitar os tributos de passagem que incorrem em limitação de tráfego.

A *transposição de divisas*, isto é, o fato de uma pessoa ou bem *ir e vir* de um ponto ao outro (tráfego de pessoas ou bens no território nacional) não pode ser fato gerador de qualquer espécie tributária, *salvo os pedágios*.

Ex.: 1) taxa intermunicipal de turismo de cidade litorânea é inconstitucional; 2) taxa interestadual que visa conter fluxo migratório para o Estado X.

STF decidiu que o pedágio cobrado pela utilização efetiva de vias públicas tem a natureza jurídica de preço público, e não de taxa (ADI nº 800/RS, rel. Min. Teori Zavascki, 2014).

4.7 Isonomia tributária (art. 150, II, CF/88)

"É vedado à União, aos Estados, ao Distrito Federal e aos Municípios *instituir tratamento desigual entre contribuintes que se encontrem em situação equivalente, proibida qualquer distinção em razão de ocupação profissional ou função por eles exercida, independentemente da denominação jurídica dos rendimentos, títulos ou direitos".*

É proibido dar tratamento desigual a contribuintes em situação equivalente em razão da profissão ou função exercida.

Ex.: 1) conceder benefícios fiscais a um grupo de contribuintes em razão da função por eles exercida, como isenção para apenas os servidores da justiça, viola isonomia tributária; 2) lei que estabelece distinção entre advogados e contadores, tributando de modo mais gravoso a renda auferida pelos advogados.

PRINCÍPIOS TRIBUTÁRIOS APLICÁVEIS SOMENTE À UNIÃO (visa proteger pacto federativo, ou seja, os Estados e Municípios).

1. *Princípio da uniformidade geográfica da tributação* (CF/88, art. 151, I)
É vedado à União: I – instituir tributo que não seja uniforme em todo o território nacional ou que implique distinção ou preferência em relação a Estado, ao Distrito Federal ou a Município, em detrimento de outro, admitida a concessão de incentivos fiscais destinados a promover o equilíbrio do desenvolvimento socioeconômico entre as diferentes regiões do País.
O ente que tributa em todo território (União) não pode se utilizar desse poder para subjugar entes menos favorecidos, como estabelecer IR com alíquota menor só para o Estado de São Paulo. União deve criar tributo uniforme em todo território nacional, salvo os casos de incentivos fiscais.

2. *Princípio da uniformidade da tributação da renda* (CF/88, art. 151, II)
CF, art. 151: É vedado à União: II – tributar a renda das obrigações da dívida pública dos Estados, do Distrito Federal e dos Municípios, bem como a remuneração e os proventos dos respectivos agentes públicos, em níveis superiores aos que fixar para suas obrigações e para seus agentes;
Imagine a União determinando que os rendimentos de títulos públicos do Estado de São Paulo se submetessem ao IR de 35%. Ninguém compraria títulos deste Estado. Por outro lado, imagine se o Presidente da República pudesse cobrar mais IR de servidores públicos de Estados cujos governadores fossem do partido de oposição? Daí a proibição.

3. *Princípio da vedação às isenções heterônomas* (CF/88, art. 151, III)
"*É vedado à União: III – instituir isenções de tributos da competência dos Estados, do Distrito Federal ou dos Municípios*". Isenções heterônomas são isenções concedidas pela União a tributos de competência das outras pessoas políticas. É vedado sob pena de ofensa às regras de competência tributária.

> *PRINCÍPIO TRIBUTÁRIO APLICÁVEL SOMENTE AOS ESTADOS, MUNICÍPIOS E DF* (visa proteger também o pacto federativo)
> Princípio da não discriminação ou não diferenciação em função da procedência ou destino (CF/88, art. 152)
> "É vedado aos Estados, ao DF e Municípios estabelecer diferença tributária entre bens e serviços, de qualquer natureza, em razão de sua procedência ou destino".
> Recado apenas para os E/M/DF: evitar criar discriminações, diferenças tributárias para bens ou serviços em razão de procedência ou destino. Impede a criação de barreiras tributárias entre Estados, Municípios e DF. O destino ou a procedência de bens ou serviços não pode ser fato gerador de tributos interestaduais ou intermunicipais.
> Ex.: Estado de São Paulo não pode criar alíquotas diferenciadas de IPVA para veículos importados e nacionais; Estado de Minas não pode criar lei isentiva de ICMS para venda de leite cujo destinatário seja apenas indústria mineira, discriminando indústria paulista, etc.
> *EM SÍNTESE*, como garantia da federação, temos:
> 1. limitações específicas à União (CF/88, art. 151, I, II e III) e
> 2. limitações específicas aos Estados, Municípios e DF (CF/88, art. 152 c/c art. 150, V).

Exercícios sobre princípios tributários[47]

1. A lei tributária poderá ser aplicada retroativamente quando:
a) instituir tributos;
b) extinguir tributos;
c) deixar de definir determinado ato como infração, ainda que já definitivamente julgado;
d) for expressamente interpretativa;
e) aumentar tributos.

2. Sem necessidade de observar princípio da anterioridade anual, a União poderá instituir e efetuar a cobrança de impostos sobre:
a) importação de produtos estrangeiros e sobre propriedade territorial rural;
b) exportação e sobre operações de crédito, câmbio e seguro ou relativas a títulos ou valores mobiliários;

---

[47] *Respostas:* 1. d; 2. b; 3. d; 4. d; 5. b; 6. c; 7. c; 8. a; 9. b; 10. c; 11. b

c) produtos industrializados e sobre renda e proventos de qualquer natureza;
d) renda e proventos de qualquer natureza e sobre propriedade territorial rural;
e) renda e proventos de qualquer natureza e sobre importação de produtos estrangeiros.

3. O governador do Estado de Minas Gerais fez publicar, em 6 de novembro de 2007, em atenção às Constituições Estadual e Federal, medida provisória, visando à majoração do imposto estadual. A norma entrou em vigor na data da sua publicação. O poder legislativo estadual, porém, somente converteu a medida provisória em lei no dia 20 de fevereiro de 2008. Em face da situação hipotética, aponte em que data o aumento poderá ser efetivamente cobrado:
a) 1º de janeiro de 2008;
b) 4 de fevereiro de 2008;
c) 20 de maio de 2008;
d) 1º de janeiro de 2009;
e) 31 de março de 2009.

4. Supondo que o DF institua em 30/06/2010, por lei publicada no dia 2/07/2010, uma taxa para custear serviço de limpeza pública, sem que fosse estabelecida a data de vigência da norma, assinale a alternativa correta:
a) A vigência da norma ocorreria 30 dias após sua publicação.
b) Na data da vigência da norma, esta também teria eficácia para ser aplicada.
c) A eficácia da norma e, portanto, sua aplicação, ocorreria após expirar o prazo nonagesimal, contado a partir de sua vigência.
d) A eficácia da norma e sua aplicação somente poderão ocorrer no exercício seguinte.
e) A publicação da referida norma somente poderia se dar no exercício seguinte, a fim de observar o princípio da anterioridade.

5. O princípio constitucional da legalidade preceitua que a instituição ou majoração de tributos deverá ser estabelecida por lei. Com relação à majoração de alíquotas, porém, a própria Constituição Federal prevê que alguns tributos poderão tê-la por meio de decreto presidencial. Entre estes, não se inclui:
a) imposto de importação;
b) imposto territorial rural;

c) imposto sobre operações financeiras;
d) contribuição de intervenção no domínio econômico sobre combustíveis;
e) imposto sobre produto industrializado.

6. Determinado Estado da Federação publicou, em julho de 2015, a Lei nº 123/2015, que majorou o valor das multas e das alíquotas de ICMS. Em fevereiro de 2016, em procedimento de fiscalização, aquele Estado constatou que determinado contribuinte, em operações realizadas em outubro de 2014, não recolheu o ICMS devido. Por conta disso, foi efetuado o lançamento tributário contra o contribuinte, exigindo-lhe o ICMS não pago e a multa decorrente do inadimplemento. O lançamento em questão só estará correto se:
a) as multas e alíquotas forem as previstas na Lei nº 123/2015.
b) as alíquotas forem as previstas na Lei nº 123/2015 e as multas forem aquelas previstas na lei vigente ao tempo do fato gerador.
c) as multas e as alíquotas forem as previstas na lei vigente ao tempo do fato gerador.
d) as multas forem as previstas na Lei nº 123/2015 e as alíquotas forem aquelas previstas na lei vigente ao tempo do fato gerador.

7. Visando proteger a indústria de tecnologia da informação, o governo federal baixou medida, mediante decreto, em que majora de 15% para 20% a alíquota do Imposto sobre a Importação de Produtos Estrangeiros para monitores de vídeo procedentes do exterior, limites esses que foram previstos em lei. A respeito da modificação de alíquota do Imposto de Importação, assinale a afirmativa correta.
a) Deve observar a reserva de lei complementar.
b) Deve ser promovida por lei ordinária.
c) Deve observar o princípio da irretroatividade.
d) Deve observar o princípio da anterioridade.

8. No exercício de 1995, um contribuinte deixou de recolher determinado tributo. Na ocasião, a lei impunha a multa moratória de 30% do valor do débito. Em 1997, houve alteração legislativa, que reduziu a multa moratória para 20%. O contribuinte recebeu, em 1998, notificação para pagamento do débito, acrescido da multa moratória de 30%. A exigência está
a) correta, pois se aplica a lei vigente à época de ocorrência do fato gerador.

b) errada, pois se aplica retroativamente a lei que defina penalidade menos severa ao contribuinte.
c) correta, pois o princípio da irretroatividade veda a aplicação retroagente da lei tributária.
d) errada, pois a aplicação retroativa da lei é regra geral no Direito Tributário.

9. Determinada Lei Municipal, publicada em 17/01/2011, fixou o aumento das multas e alíquotas relativas aos fatos jurídicos tributáveis e ilícitos pertinentes ao ISS daquele ente federativo. Considerando que determinado contribuinte tenha sido autuado pela autoridade administrativa local em 23/12/2010, em razão da falta de pagamento do ISS dos meses de abril de 2010 a novembro de 2010, assinale a alternativa correta a respeito de como se procederia a aplicação da legislação tributária para a situação em tela.
a) Seriam mantidas as alíquotas e multas nos valores previstos na data do fato gerador.
b) Seriam aplicadas as alíquotas previstas na lei nova e as multas seriam aplicadas nos valores previstos na data do fato gerador.
c) Seriam mantidas as alíquotas nos valores previstos na data do fato gerador e as multas seriam aplicadas nos valores previstos de acordo com a nova lei.
d) Seriam aplicadas as alíquotas e multas nos valores previstos de acordo com a nova lei.

10. Determinado Estado da Federação publicou, em julho de 2015, a Lei nº 123/2015, que majorou o valor das multas e das alíquotas de ICMS. Em fevereiro de 2016, em procedimento de fiscalização, aquele Estado constatou que determinado contribuinte, em operações realizadas em outubro de 2014, não recolheu o ICMS devido. Por conta disso, foi efetuado o lançamento tributário contra o contribuinte, exigindo-lhe o ICMS não pago e a multa decorrente do inadimplemento. O lançamento em questão só estará correto se:
a) as multas e alíquotas forem as previstas na Lei nº 123/2015.
b) as alíquotas forem as previstas na Lei nº 123/2015 e as multas forem aquelas previstas na lei vigente ao tempo do fato gerador.
c) as multas e as alíquotas forem as previstas na lei vigente ao tempo do fato gerador.
d) as multas forem as previstas na Lei nº 123/2015 e as alíquotas forem aquelas previstas na lei vigente ao tempo do fato gerador.

11. Assinale a alternativa correta:
a) As práticas reiteradas observadas pelas autoridades administrativas entram em vigor 30 dias após oficialmente declaradas.
b) Os atos normativos expedidos por autoridades administrativas entram em vigor na data da sua publicação.
c) Os convênios que entre si celebram União, Estados, Municípios e DF entram em vigor 30 dias após sua assinatura.
d) As decisões de órgãos singulares com jurisdição administrativa a que a lei atribua eficácia normativa entram em vigor na data da sua publicação.

CAPÍTULO 5

IMUNIDADES TRIBUTÁRIAS

Já dizia Roque Carrazza (1997, p. 287) que "as pessoas políticas possuem uma série de competências. Dentre elas, ocupa posição de destaque a competência tributária, que é faculdade de editar leis que criem, *in abstrato*, tributos". A Constituição Federal prevê regras imunizantes que fixam, ao contrário das regras de competência tributária, a incompetência das pessoas políticas para instituição de tributos sobre determinadas pessoas e bens.

5.1 Imunidade como hipótese de não incidência tributária

Tal como os princípios, as imunidades são limites ao poder de tributar. A imunidade é tema constitucional, e não legal.

Imunidade tributária é norma constitucional que *proíbe* competência tributária para determinados bens, valores ou pessoas. É o reverso da competência tributária. É a impossibilidade de tributação. Evita a tributação. Intributabilidade. Norma de incompetência tributária. Na expressão de Leandro Paulsen (2018, p. 111), "norma negativa de competência tributária". Não há incidência tributária. Exoneração fiscal (*Obs.*: Incidência tributária ocorre quando, no mundo fenomênico, acontece um fato que a lei tributária considera gerador do tributo).

As normas imunizantes protegem valores constitucionalmente consagrados como Estado federal, liberdade de crença, liberdade de expressão, acesso à cultura, à música, etc. São normas com carga axiológica. Por protegerem direitos fundamentais, imunidades são *cláusulas pétreas* (art. 60, §4º, IV, CF/88).

Imunidades *genéricas* estão previstas no art. 150, VI, CF/88. Fala-se genérica porque são dirigidas a todas as pessoas políticas, aos *impostos em geral*. Há previsão também para *contribuição para seguridade social das entidades beneficentes de assistência social* (art. 195, §7º, CF/88 – entidade filantrópica não paga contribuição previdenciária); para *contribuições sociais e CIDE sobre receitas*[48] decorrentes de exportação (art. 149, §2º, I, CF/88 – Petrobrás quando exporta petróleo, não paga CIDE nem Cofins) e para *taxas* (art. 5º, XXXIV, LXXIII e LXXVI da CF/88 – qualquer pessoa não paga taxa para obter a 1ª via de certidão de nascimento e de óbito; pobres não pagam nem pela 2ª via).

Como explica Leandro Paulsen (2018, p. 111): "O texto constitucional não se refere expressamente ao termo imunidade. Utiliza-se de outras expressões: veda-se instituição de tributo, determina gratuidade de determinados serviços que ensejariam a cobrança de taxa, fala de isenção, de não incidência tributária etc. Mas, em todos esses casos, em se tratando de normas constitucionais, impede a tributação, estabelecendo, pois, o que se convencionou denominar de imunidades".

A imunidade *não dispensa obrigação tributária* acessória, porque essa é autônoma da obrigação tributária principal (art. 113, §2º, CTN). Logo, se determinada instituição de educação sem fins lucrativos for autuada pelo Estado X por não manter livro de registro do ISS, deverá pagar multa;

Imunidades *específicas* são dirigidas a uma determinada pessoa política, a um tributo específico. *Dica*: onde a Constituição começa dispositivo com a expressão "não incidirá", tem-se imunidade específica, como art. 153, §4º, II, CF/88 (não incidirá ITR sobre pequenas glebas rurais quando as explore o proprietário que não possua outro imóvel[49]); art. 153, §3º, III, CF/88 (não incidirá IPI sobre produtos industrializados destinados ao exterior; art. 155, §2º, XII, "e", CF/88 (não incidirá ICMS nas exportações).

Para fins de imunidade, importante é ser contribuinte de direito (e não contribuinte de fato). A repercussão econômica do tributo não é levada em consideração na imunidade, em razão da *Súmula nº 591 do STF*.

Imunidade tributária é benesse apenas para o ente imune contribuinte de direito. Em contrapartida, há incidência de imposto para ente imune contribuinte de fato. Ex.: Entidade assistencial sem fins lucrativos (ente imune) vende roupas num brechó. Não deve ser cobrado ICMS

---

[48] Não se pode cobrar dos exportadores CIDE nem Cofins porque incidem sobre receita; contudo seria viável cobrar CSLL porque incidente sobre o lucro decorrente da exportação. "Ao imunizar receitas decorrentes de exportação, a Constituição não desejou proibir tributação do lucro" (STF, RE nº 474132, 2010).

[49] Trata-se de imunidade mista porque há uma combinação da imunidade subjetiva (proprietário de um imóvel) e objetiva (pequena gleba rural).

em razão da imunidade tributária do art. 150, VI, "c", c/c §4º, CF/88. Não há incidência de imposto quando o ente imune é contribuinte de direito. Por outro lado, se entidade assistencial sem fins lucrativos (ente imune consumidor) compra fogão para fazer a comida das pessoas carentes, é repassado ICMS na compra. *Há incidência de imposto quando o ente imune é contribuinte de fato.* O STF, no RE nº 608872/2017, decidiu que "a imunidade tributária subjetiva aplica-se aos beneficiários na condição de contribuinte de direito, mas não de simples contribuinte de fato, sendo irrelevante a repercussão".

Imunidade não alcança o responsável tributário.

5.2 Imunidade recíproca ou imunidade de entidades políticas (art. 150, VI, "a", CF/88)

Há *vedação* constitucional à instituição e cobrança, por parte das pessoas políticas tributantes, de *impostos* sobre patrimônio, renda e serviços (*SE/PA/RE*) *uns dos outros*. Quer-se evitar que entes políticos tributem uns aos outros, no sentido de proteger o pacto federativo.

Ex.: Município não pode instituir IPTU de prédio da União; Estados não podem instituir IPVA dos veículos municipais.

Imunidade *subjetiva*: refere-se aos entes políticos; Imunidade *ontológica*: implícita, decorre do pacto federativo, afinal, não há hierarquia entre os entes federativos, mas campos distintos de atuação. Imunidade *incondicionada*: concedida sempre, decorrência imediata do texto constitucional, sem condições. Logo, Município não pode instituir IPTU de prédio da União, ainda que baldio ou alugado para uma padaria.

Em regra, não há imunidade genérica para instituição de taxa, contribuição de melhoria, empréstimos compulsórios e contribuições. Ex.: Município pode instituir taxa municipal de lixo e cobrar dos prédios da União.

O art. 195, §7º, CF/88, embora trate de isenção, é, na verdade, situação de imunidade subjetiva para contribuições para seguridade social (*São isentas de contribuição para seguridade social as entidades beneficentes de assistência social que atenda às exigências previstas em lei*). O art. 184, §5º, CF/88, embora trate de isenção, é, na verdade, situação de imunidade objetiva para impostos federais, estaduais e municipais (*São isentas de impostos federais, estaduais e municipais as operações de transferência de imóveis desapropriados para fins de reforma agrária*).

Quais são os impostos sobre *RE*nda, *SE*rviços e *PA*trimônio? (*SE/PA/RE*). Para a doutrina, exegese é restrita: ITR, IR, IGF, IPTU, IPVA,

ISS, ITBI, ITCMD. Contudo, o STF amplia o rol. Para o STF, os Estados e Municípios estão imunes ao IOF sobre suas operações financeiras; Município está imune ao II sobre máquinas importadas por ele. O STF, em síntese, considera imune qualquer imposto capaz de onerar as finanças do ente político.

Imunidade recíproca dos entes políticos é extensível:
1. *autarquias e fundações instituídas e mantidas pelo Poder Público (art. 150, §2º, CF/88). Nela se incluem as agências reguladoras, agências executivas e associações públicas.*

Aqui, a imunidade é *condicionada,* porque patrimônio, serviços e rendas, para serem imunes a impostos, *devem estar relacionados ou vinculados à finalidade essencial da autarquia/fundação pública, que é prestação de serviço público (atividade-fim).* Então, não incide IPTU no prédio do INSS (autarquia federal) porque afeto à prestação de serviço público; há, contudo, incidência do IPTU sobre terreno baldio da autarquia.

Cuidado! Se o bem pertence aos entes políticos (União, Estado, Município ou DF), como a imunidade recíproca, para eles, é incondicionada, não incidirá IPTU mesmo que o terreno da União seja baldio.

O STJ (REsp nº 726326/MG, 2005) já decidiu que imóveis autárquicos alugados a terceiros, desde que a renda seja utilizada nos objetivos das autarquias, são imunes. Significa dizer que, no caso de imóveis de autarquias e fundações públicas *locados,* há imunidade se a renda dos aluguéis é vertida às finalidades essenciais. Aplicação por analogia da Súmula vinculante nº 52.

2. *Para o STF, empresas públicas e sociedade de economia mista prestadores de serviços públicos essenciais.* Embora a CF/88 não tenha incluído as empresas públicas e sociedades de economia mista como beneficiárias da imunidade recíproca, para o STF estão abrangidas pela imunidade recíproca as empresas públicas e sociedade de economia mista, desde que prestadoras de serviços públicos, como a *Empresa de Correios e Telégrafos* (RE nº 407.099, 2004) e *Infraero* (RE nº 363412 AgR, 2007) porque são empresas estatais prestadoras de serviços públicos. Logo, não há incidência do IPTU para Infraero (empresa pública), porque prestadora de serviço público de infraestrutura aeroportuária.

O STF (RE nº 600867/2020) já decidiu que a sociedade de economia mista cujas *ações* são negociadas na Bolsa de Valores e voltadas à remuneração de seus acionistas ou controladores não têm direito à imunidade recíproca do art. 150, VI, "a", CF/88, *mesmo que seja prestadora de serviço público.*

O art. 150, §3º, CF/88 veda imunidade para:
1. *exploradoras de atividade econômica* (Ex.: CEF, por ser empresa pública exploradora de atividade econômica, recolhe IPTU dos bens imóveis onde estão instaladas as agências bancárias. Para o STF, a imunidade tributária do §2º do art. 150 da CF só deixa de ser aplicada quando entidade estatal for exploradora de atividade econômica). Se empresa pública e sociedade de economia mista explorar atividade econômica, não irá gozar de imunidade porque deve ser aplicado o mesmo regime jurídico de iniciativa privada (art. 173, §1º, II, CF/88);
2. *atividade em que haja contraprestação ou pagamento de preços ou tarifas aos usuários* (Ex. 1: concessionárias de serviços públicos. Telefônica recolhe IPTU. Aqui, há contraprestação, ou seja, cobrança de tarifa dos usuários; Ex. 2: serviços de registros públicos, cartorários e notariais recolhem ISS, porque atividade estatal delegada, exercida em caráter privado com intuito lucrativo);
3. *promitente-comprador* (No CC, o promitente comprador, embora não seja o proprietário do imóvel do Poder Público, *deve* recolher impostos relativos ao bem imóvel, como IPTU. *Súmula nº 583, STF (Promitente comprador de imóvel residencial transcrito em nome da autarquia é contribuinte do IPTU)*. Quer-se evitar que o adquirente do imóvel que pertence a um ente imune se livre do pagamento do IPTU mediante o expediente de não levar escritura pública de aquisição para registro de imóveis, sob argumento de que o imóvel, por ainda pertencer ao ente imune, não estaria sujeito ao imposto.

Obs. 1: Há imunidade recíproca para:
1. *OAB* (STF, RE nº 259.976, 2010): "a imunidade tributária gozada pela Ordem dos Advogados do Brasil é da espécie recíproca (art. 150, VI, a, da Constituição), na medida em que a OAB desempenha atividade própria de Estado (defesa da Constituição, da ordem jurídica do Estado democrático de direito, dos direitos humanos, da justiça social, bem como a seleção e controle disciplinar dos advogados). A imunidade tributária recíproca alcança apenas as finalidades essenciais da entidade protegida".

> 2. *Caixa de Assistência dos Advogados vinculada à OAB* (STF, RE nº 405267, 2018). É órgão integrante da OAB que presta assistência aos inscritos (plano de saúde, livraria com preço reduzido para livros, etc.). Diante da impossibilidade de conceder tratamento diferenciado a órgãos integrantes da estrutura da OAB, o STF estende imunidade a ela.
> 3. *Sociedades de economia mista prestadoras de ações e serviços de saúde, cujo capital social seja majoritariamente estatal* (STF, RE nº 580264/RS, 2010). Imunidade válida para sociedade de economia mista que presta serviço de *fornecimento de água e coleta de esgoto* (STF, RE nº 631309/SP, 2012).
> 4. *Casa da Moeda do Brasil* (STF, RE nº 610517/RJ, 2013). Casa da Moeda está inserida no mesmo contexto da ECT e INFRAERO porque se trata de uma empresa pública federal prestadora de serviço público, responsável pela fabricação, em regime de exclusividade, de papel moeda, moeda metálica, selos fiscais postais e fiscais federais, além de títulos da dívida pública.
>
> *Obs. 2: Não há imunidade tributária para:*
> Imóveis que, embora formalmente pertençam a entes públicos, são utilizados por *arrendatários ou cessionários* para *exploração de atividade econômica*, não são imunes porque possuem todas as características de proprietários (posse não é precária). Logo, resta caracterizado o fato gerador do IPTU (CTN, art. 32) e sujeição passiva (CTN, art. 34). (STF, REsp nº 601720, 2017). Ex. 1: União é proprietária de um terreno localizado no Porto de Santos e arrenda o imóvel para a Petrobras armazenar combustível. Antes do arrendamento, a União não pagava IPTU desse imóvel, porque imune; após arrendamento, Petrobras passa a ter que pagar IPTU. Ex. 2: União celebra contato de cessão de uso de imóvel para empresa privada explorar comercialmente. Empresa privada passa a ter que pagar IPTU.

5.3 Imunidade religiosa (art. 150, VI, "b", c/c §4º da CF/88)

Há *vedação* constitucional à instituição e cobrança, por parte das pessoas políticas tributantes, de *impostos* sobre patrimônio, renda e serviços (*SE/PA/RE*) de *templos* de qualquer culto, *desde que relacionados às finalidades essenciais.*

Templos de qualquer culto: são edifícios, instalações afetadas a determinado fim: culto. Não se institui IPVA para carro a serviço do culto; não se institui IPTU para casa do padre, creche da igreja, convento, templos móveis, estacionamento para carro do padre; não se institui IR sobre doações de fiéis.

Visa proteger a liberdade de crença (art. 5º, VI, CF/88); Estado Laico (art. 19, I, CF, proíbe religião oficial).

> Segundo ensina Sacha Calmon Navarro Coelho, templo, do latim *templum*, é o lugar destinado ao culto. Onde quer que se oficie um culto, aí é o templo. No Brasil, o Estado é laico. Não tem religião oficial. A todas respeita e protege, não indo contra as instituições religiosas com o poder de polícia ou o poder de tributar. O templo, dada a isonomia de todas as religiões, não é só a catedral católica, mas a sinagoga, a casa espírita kardecista, o terreiro de candomblé ou de umbanda, a igreja protestante, shintoísta ou budista e a mesquita maometana. Pouco importa tenha a seita poucos adeptos. Desde que uns na sociedade possuam fé comum e se reúnam em lugar dedicado exclusivamente ao culto da sua predileção, esse lugar há de ser um templo e gozará de imunidade.

Imunidade *subjetiva*: refere-se aos templos de qualquer culto (entidades religiosas); imunidade *condicionada*: refere-se a determinados serviços, patrimônio e rendas dos templos, desde que relacionados com atividade-fim: culto. Há presunção relativa de que o imóvel da entidade religiosa está vinculado às finalidades essenciais e, portanto, imune, cabendo o ônus da prova à Fazenda Pública no sentido contrário.

Igreja que aluga imóvel a terceiro, mas aplica produto do aluguel no templo é imune. Embora a propriedade não esteja relacionada à atividade-fim (culto), o produto da arrecadação está. *Aplicação, por analogia, da Súmula vinculante nº 52* (substitui a Súmula nº 724 do STF[50]). Não há incidência de IPTU para igreja alugada para terceiro, desde que o aluguel seja aplicado nas finalidades essenciais da igreja: culto. Agora, igreja que funciona num salão alugado não é imune ao IPTU, porque a igreja não é proprietária do bem imóvel, mas locatária. Locador, que é o proprietário do bem imóvel e não é a igreja, pagará, portanto, o IPTU.

Os cemitérios, extensões de entidades religiosas, estão abrangidos pela imunidade religiosa. Para o STF (RE nº 578562/BA, 2008), são imunes os cemitérios vinculados à instituição religiosa e explorados sem fins

---

[50] Embora Súmula vinculante nº 52 se refira ao IPTU, o STF estende para outros impostos, como ITR. O enunciado trata apenas de IPTU porque era o imposto nos julgados que serviram de precedente para Súmula 724 do Supremo Tribunal Federal.

lucrativos. Impossível instituir IPTU em relação a eles (Ex.: Igreja São Jorge e cemitério anglicano). Agora, se o cemitério for explorado economicamente, com intuito de lucro, por alguém que não é entidade religiosa, não tem direito à imunidade.

Decisão do STF (RE nº 562351/RS, 2012) que NÃO reconhece imunidade religiosa para Maçonaria. "Penso que, quando a Constituição conferiu imunidade tributária aos 'templos de qualquer culto', este benefício fiscal está circunscrito aos cultos religiosos". A prática Maçom "é uma ideologia de vida. Não é uma religião. Não tem dogmas. Não é um credo. É uma grande família apenas. Ajudam-se mutuamente, aceitando e pregando a idéia de que o Homem e a Humanidade são passíveis de melhoria e aperfeiçoamento. Como se vê, uma grande confraria que, antes de mais nada, prega e professa uma filosofia de vida. Apenas isto".

Seitas satânicas escapam da imunidade religiosa, porque contrariam o texto constitucional. A Constituição de 88 é teísta: há menção à proteção de Deus no preâmbulo.

5.4 Imunidade de partidos, fundações, sindicatos, educacional e assistencial (art. 150, IV, "c", c/c §4º, CF/88). Imunidade não autoaplicável

Há *vedação* constitucional à instituição e cobrança, por parte das pessoas políticas tributantes, de *impostos* sobre patrimônio, renda e serviços *(SE/PA/RE)* de: 1) *partidos políticos;* 2) *fundações privadas,* 3) *entidades sindicais*[51] *de empregados;* 4) *instituições de ensino e assistência social sem fins lucrativos, atendidos requisitos da lei, desde que relacionados às finalidades essenciais.* Não se institui ITBI na aquisição de bem imóvel por entidade de assistência social; não se institui IPVA sobre veículos utilizados pela instituição assistencial, etc.

Visa proteger a liberdade política, sindical, incentivo à prestação de serviços não exclusivos do Estado por entes sem fins lucrativos.

A imunidade do art. 150, VI, "c" da CF/88 alcança o IOF, inclusive sobre operações financeiras. É a recente decisão do STF, no RE nº 611510/SP, de 2021.

Imunidade *subjetiva*: refere-se às entidades (partidos políticos, fundações privadas, etc.); imunidade *condicionada*: refere-se a determinados serviços, patrimônio e rendas dessas entidades, desde que relacionados com atividade-fim.

---

[51] Imunidade alcança federação, confederação e centrais sindicais de empregados.

O imóvel alugado a terceiro que pertence a tais instituições é imune ao IPTU, desde que o valor do aluguel seja aplicado nas atividades essenciais de tais entidades, conforme a *Súmula Vinculante nº 52* (*Ainda quando alugado a terceiros, permanece imune ao IPTU o imóvel pertencente a qualquer das entidades referidas pelo art. 150, VI, "c", da Constituição, desde que o valor dos aluguéis seja aplicado nas atividades essenciais de tais entidades*).

Ex.: O Sindicato dos Trabalhadores Rurais de determinada cidade está autorizado a entrar com ação na vara da Fazenda Pública impugnando a cobrança do IPTU sobre lojas de sua propriedade, situadas na área urbana no mesmo município, com base na imunidade tributária do art. 150, VI, "c", CF/88, comprovando que os valores recebidos a título de aluguéis estavam sendo utilizados nas suas atividades essenciais.

Importante destacar que, para instituições de ensino e de assistência social, exigem-se mais dois requisitos: a) sem finalidade lucrativa (como explica Eduardo Sabbag, não se veda o lucro, mas a proibição de apropriação particular do lucro); *b) atendidos requisitos da lei* (esta lei deve ser lei complementar; o cumprimento dos requisitos do art. 14 do CTN constitui *conditio sine qua non* para o gozo/fruição dessa imunidade tributária – STF, RE nº 566622, 2017).

Conforme leciona Ricardo Wermelinger, em relação às entidades educacionais e assistenciais sem fins lucrativos, elas exercem atividade filantrópica, de apoio aos desassistidos. Aqui é necessária regulamentação. Do tipo: "defina entidade assistencial". Qualquer um não pode chegar e montar um estabelecimento comercial, colocar ali uma salinha de aula pra crianças da região e dizer que é imune. Lei deve dispor sobre os requisitos para gozar da imunidade, lei complementar, no caso. Essa regulamentação consta do artigo 14 do CTN.

Para concessão de imunidade, as instituições de ensino e de assistência social devem ser *desprovidas de finalidade lucrativa*. Isto é o que importa. O art. 14 do CTN estabelece requisitos para incidir norma imunizante, dispondo que tais entidades *não podem distribuir lucros; devem aplicar os recursos integralmente na manutenção de seus objetivos institucionais; devem manter escrituração de suas receitas e despesas em livros*, etc.

Sobre entidades assistenciais sem fins lucrativos:
Obs. 1: Possui várias imunidades: imune a *impostos* (CF/88, art. 150, VI) e *contribuição para seguridade social* (CF/88, art. 195, §7º).

Obs. 2: Imunidade conferida a instituições de assistência social sem fins lucrativos pelo art. 150, VI, "c", CF/88, somente alcançará *entidades de previdência privada ou fundos de pensão* SE NÃO HOUVER CONTRIBUIÇÃO DE SEUS BENEFICIÁRIOS, conforme *Súmula nº 730, STF (A imunidade tributária conferida a instituições de assistência social sem fins lucrativos pelo art. 150, VI, "C", da Constituição, somente alcança as entidades fechadas de previdência social privada se não houver contribuição dos beneficiários)*. É que as instituições de previdência que não cobram contribuições de seus beneficiários nada mais são do que instituições assistenciais, pois concedem benefícios sem contraprestação.

Nas lições de Eduardo Sabbag (2016, p. 377): "A bem da verdade, é bastante escassa a exemplificação de situação de imunidade para tais entidades de previdência privada, pois depende de o empregador ou patrocinador financiar as contribuições no lugar do empregado. Um raro exemplo ocorreu com a COMSHELL (Sociedade de Previdência Privada, fundo de pensão dos empregados da Shell Brasil)".

Obs. 3: Como visto, entidade assistencial sem fins lucrativos para gozar de imunidade deve atender a dois requisitos: 1. não ter finalidade lucrativa; 2. cumprir requisitos previsto em *lei*.

Pergunta-se: trata-se de lei ordinária ou lei complementar? Enquanto não editada nova lei complementar, os requisitos são os previstos no art. 14 do CTN, porque o CTN tem *status* de lei complementar. A imunidade é limitação ao poder de tributar e, nos termos do art. 146, II, CF, cabe à lei complementar regular as limitações ao poder de tributar, o que é feito pelo art. 14 do CTN, que tem *status* de lei complementar.

Exige-se CEBAS para adquirir imunidade? Consabido, para se habilitar como entidade filantrópica, essencial obter CEBAS (certificado de entidade beneficente de assistência social), renovado a cada 3 anos. CEBAS é emitido pelo governo federal para entidade beneficente na área de educação, saúde e assistência social. Certificado, contudo, tem natureza declaratória retroagindo seus efeitos (*ex tunc*) à data do cumprimento dos requisitos do art. 14, CTN. Em outras palavras, se a entidade não era habilitada, mas já preenchia requisitos do art. 14, CTN, já gozava de imunidade. *Súmula nº 612 do STJ (O certificado de entidade beneficente de assistência social, no prazo de sua validade, possui natureza declaratória para fins tributários, retroagindo seus efeitos à data em que demonstrado cumprimento dos requisitos estabelecidos por lei complementar para fruição da imunidade)*. Conclui-se que não é possível condicionar o gozo de imunidade assistencial à apresentação de certificado de entidade filantrópica na hipótese de ter prova pericial que demonstre preenchimento dos requisitos do art. 14 do CTN (STJ, Resp nº 1517801, 2015).

5.5 Imunidade cultural (art. 150, IV, "d", CF/88)

Há *vedação* constitucional à instituição e cobrança por parte das pessoas políticas tributantes de *impostos* sobre l*ivros, jornais; periódico e papel destinado à impressão*.

Ex.: Dono da livraria é imune ao II, IE, IPI e ICMS de livros.

Visa proteger a liberdade de expressão, de pensamento, difusão de cultura.

Imunidade *objetiva*: refere-se a bens, a base material de pensamento com conteúdo.

A imunidade é para o produto (livro), e não para o livreiro. Enquanto não se tributa ICMS quando o livro sai da livraria nem IPI quando o livro sai da indústria, o livreiro, por sua vez, paga o IR sobre lucros, o IPVA de veículo utilizado para transporte de livros, o IPTU da livraria. Pode-se afirmar que a imunidade é em relação ao II, IE, ICMS e IPI pela produção e comercialização de livros, ou seja, aos impostos reais.

Imunidade cultural não se estende às empresas jornalísticas, de publicidade, editoras e autores (STF, RE nº 206774/1999).

Polêmicas decisões do STF. A dica é ver se tem *conteúdo material* para conferir imunidade:

- Álbum de figurinha: imune (STF, RE nº 179893, 2008);
- *Lista telefônica*: imune (STF, RE nº 794285, 2016);
- *Livros eletrônicos (e-books) e suportes próprios, exclusivamente para fixá-los (CD-ROM; e-readers): imunes. Súmula Vinculante nº 57 (A imunidade tributária constante do art. 150, VI, "d", da CF/88 aplica-se à importação e comercialização, no mercado interno, do livro eletrônico (e-book) e dos suportes exclusivamente utilizados para fixá-los, como leitores de livros eletrônicos (e-readers), ainda que possuam funcionalidades acessórias).* Obs.: Os aparelhos multifuncionais (smartphone; tablet, leptop) não são considerados suportes exclusivamente para fixar livros eletrônicos.
- *Apostila:* imune (veículo de transmissão de cultura simplificado – STF, RE nº 183403/2001);
- *Encartes de propaganda de terceiros distribuídos com jornais:* não é imune, porque tem natureza de publicidade (STF, ARE nº 807093, 2014);
- *Filmes e Papéis fotográficos*: imunes. *Súmula nº 657 STF (Imunidade prevista no art. 150, VI, d, CF abrange os filmes e papeis fotográficos necessários à publicação de jornais e periódicos).*

O único insumo imune é o papel e assimiláveis, como papel fotográfico. O STF faz interpretação restritiva ao objeto. Logo, tinta, cola, linha e maquinário destinados à impressão não são imunes;
- *Chapas de impressão para edição de jornais*: não são imunes (STF, ARE nº 930133 AgR, 2016).

5.6 Imunidade da música (art. 150, IV, "e", CF/88)

A Emenda Constitucional nº 75/2013, promulgada no dia 15 de outubro, acrescentou uma nova hipótese de imunidade tributária ao inciso VI do art. 150 da Constituição de 1988, a saber: *"fonogramas e videofonogramas musicais produzidos no Brasil contendo obras musicais ou literomusicais de autores brasileiros e/ou obras em geral interpretadas por artistas brasileiros bem como os suportes materiais ou arquivos digitais que os contenham, salvo na etapa de replicação industrial de mídias ópticas de leitura a laser".*

Trata-se de imunidade *objetiva*, que afasta impostos sobre os *bens* descritos no preceito constitucional (fonogramas e videofonogramas musicais, inclusive, suportes materiais ou imateriais, como os arquivos digitais que os contenham), ou sobre *operações* com esses bens (produção dos fonogramas e videofonogramas).

O que são fonogramas e videofonogramas? São gravações independentemente do suporte. É a música gravada (som) ou o videoclipe gravado (som e imagem), não importa gravado onde (suportes materiais ou imateriais).

São imunes quaisquer suportes que contenham fonogramas e videofonogramas: suportes materiais (CDs, DVDs, Blu-Ray, discos de vinil) quanto imateriais (arquivos digitais), ou seja, também é imune a comercialização de arquivos digitais efetuada pela Internet (via "downloads", por exemplo), ou pelas empresas de telefonia celular ou por qualquer outro meio que exista ou venha a ser criado.

Fonogramas e videofonogramas musicais *devem ser produzidos no Brasil* (CDs e DVDs importados, portanto, estão sujeitos à tributação, ainda que autor ou intérprete seja brasileiro) e a *obra deve ser de autor brasileiro* (Ex.: canção de João Gilberto) *e/ou obras em geral cujo intérprete seja brasileiro* (Ex.: canção de Frank Sinatra interpretada por Bebel Gilberto). No caso de autor brasileiro, tanto faz quem interpreta, pode ser um estrangeiro, sem problema; no caso de autor estrangeiro, o intérprete deve ser brasileiro.

Quais impostos são imunes? ICMS que incide sobre o bem, ISS que incide sobre serviços aplicados diretamente na produção dos fonogramas e videofonogramas (logo, os produtores de CD são imunes) e o IPI, exceto *"na etapa de replicação industrial de mídias ópticas de leitura a laser"*;

Imunidade alcança etapas de produção, distribuição e comercialização dos CDs e DVDs e não a replicação industrial, isto é, a gravação em série. Na etapa de replicação industrial de mídias ópticas de leitura a laser, a indústria paga todos os impostos sobre os insumos que adquirir, incluídos os serviços que contratar para serem aplicados na industrialização (replicação). Paga IPI e ICMS sobre as saídas das mídias gravadas, salvo se localizados na Zona Franca de Manaus, porque, nesse caso, há incentivos fiscais.

Como explica Ricardo Wermelinger, a replicação industrial de CDs serviu pra não 'ferir de morte' a Zona Franca de Manaus, pois temos inúmeras fábricas de CDs que só estão lá em razão do benefício fiscal de que gozam. Se as tais fábricas fossem imunes em todo território nacional, nenhuma ficaria lá, tão longe dos grandes centros consumidores.

Objetivo da PEC da Música: combater a contrafação (pirataria, que é reprodução de obras sem autorização de seus autores e sem pagamento de impostos), revigorar mercado fonográfico brasileiro e difusão da cultura a todas as classes sociais do Brasil, inclusive as menos privilegiadas.

Imunidade genérica do art. 150, VI, CF/88

Art. 150, VI, "a" c/c §§2º e 3º, CF/88	Art. 150, VI, "b" c/c §4º, CF/88	Art. 150, VI, "c" c/c §4º, CF/88	Art. 150, VI, "d", CF/88	Art. 150, VI, "e", CF/88
Imunidade recíproca	Imunidade religiosa	Imunidade partidária, fundacional, sindical, educacional e assistencial	Imunidade cultural	Imunidade da música
U/E/M/DF estão proibidos de instituir impostos sobre SE/PA/RE, uns dos outros.	U/E/M/DF estão proibidos de instituir impostos sobre SE/PA/RE de templos de qualquer culto, desde que relacionados às finalidades essenciais.	U/E/M/DF estão proibidos de instituir impostos sobre SE/PA/RE de partidos políticos; fundações privadas, entidades sindicais de empregados; instituições de ensino e assistência social sem fins lucrativos atendidos requisitos da lei, desde que relacionados às finalidades essenciais.	U/E/M/DF estão proibidos de instituir impostos sobre livros, jornais; periódico e papel destinado à impressão.	U/E/M/DF estão proibidos de instituir impostos sobre fonogramas e videofonogramas musicais produzidos no Brasil contendo obras musicais ou literomusicais de autores brasileiros e/ou obras em geral interpretadas por artistas brasileiros, bem como os suportes materiais ou arquivos digitais que os contenham.

5.7 Imunidade, não incidência, isenção e alíquota zero

Imunidade é a *incompetência tributária*. Trata-se de norma constitucional que proíbe competência tributária. O ente federativo está proibido de instituir tributos para determinadas pessoas ou bens já imunes pela Constituição. Hipóteses de imunidade devem ter previsão na Constituição. Trata-se de não incidência tributária constitucionalmente qualificada (STF).

Ex.: DF está proibido de instituir IPVA dos veículos da União licenciados em seu território, porque a Constituição previu hipótese de imunidade recíproca (art. 150, VI, "a").

Não incidência tributária são todas as *situações de fato* que *não encontram previsão na hipótese de incidência tributária*. Trata-se da *ausência de subsunção* e, por isso, *independe de lei*. Hipótese de não incidência tributária pura e simples. Para o STF: "A não incidência do tributo equivale a todas as situações de fato não contempladas pela regra jurídica da tributação e decorre da abrangência ditada pela própria norma" (ADI nº 286, 2002).

Ex.: não há descrição tributária do IPVA para o proprietário de bicicleta; não há descrição tributária de IPI para o produtor que vende legumes; não há descrição tributária do ISS e do ICMS para serviços não previstos para o Estado, nem listados na LC nº 116/03, respectivamente. Logo, em todos esses casos, qualquer tributação será indevida por se tratar de não incidência tributária.

Exemplos de não incidência tributária:
- IPVA sobre barcos ou aeronaves;
- ITBI sobre registro de CC/V;
- IR sobre verba indenizatória;
- IR sobre desapropriação;
- Contribuição de melhoria sem valorização imobiliária;
- ICMS sobre arrendamento mercantil (*leasing*) – Súmula nº 138 STJ;
- ICMS sobre matriz, sede, filial – Súmula nº 166 STJ;
- ISS sobre transporte intermunicipal;
- ISS sobre locação de bem móvel – Súmula vinculante 31

Isenção é a dispensa legal do pagamento de um tributo. Na isenção, há incidência tributária. Como leciona Murillo Lo Visco, a norma isentiva não revoga norma matriz de incidência, apenas *dispensa o pagamento* correspondente. Ex.: isenção do IPVA para deficientes.

> *Súmula nº 627 STJ* (*O contribuinte faz jus a concessão ou a manutenção da isenção do imposto de renda, não se lhe exigindo a demonstração da contemporaneidade dos sistemas de doença nem da recidiva da enfermidade*). O aposentado portador de moléstia grave (câncer, por exemplo) é isento do IR (imposto de renda) sobre os seus proventos, mesmo que não tenha mais os sintomas da doença nem apresente sinais de recidiva. É o que dispõe o art. 6º, XIV, da Lei nº 7.713/88. Essa isenção não se estende aos trabalhadores em atividade com moléstia grave. Só aos aposentados (STJ, REsp nº 1814919/2020).
> Inclusive, o juiz pode reconhecer o direito a essa isenção com base em documentos médicos particulares, não se exigindo laudo médico oficial. É o que dispõe a *Súmula nº 598 STJ*.

Alíquota zero é a quantificação do tributo em zero. Explica Leandro Paulsen que, quando as autoridades fazendárias desejam excluir o ônus de tributação de determinados produtos, temporariamente, sem isentar, fazem uso da alíquota zero. Há incidência tributária, mas o valor a ser pago a título de tributo é *nulo* por simples operação matemática. O aspecto quantitativo é zero.

É mais utilizado nos impostos extrafiscais (II, IE, IPI, IOF, CIDE-combustível) podendo haver majoração a qualquer momento.

Diferença entre imunidade, não incidência, isenção e alíquota zero

	Imunidades	Não incidência	Isenção	Alíquota zero
Quanto à lei criadora	CF	X	Em regra, lei	Em regra, lei
Quanto ao exercício de competência tributária	Não	Não	Sim	Sim
Quanto à obrigação tributária	Não	Não	Sim	Sim
Quanto ao crédito tributário	Não	Não	Não	Não, salvo disposição de lei em contrário

Fonte: Edvaldo Nilo.

Exercícios sobre imunidades tributárias[52]

1. Diversos fatos podem resultar na desoneração tributária. Assinale, entre as que se seguem, a forma de desoneração tributária pela qual não nascem nem a obrigação tributária, nem o respectivo crédito por força do não exercício da competência a que tem direito o poder tributante:
a) Imunidade;
b) Não incidência;
c) Isenção;
d) Alíquota zero;
e) Remissão.

2. Instituição de ensino superior não regularmente registrada nos órgãos competentes e não inscrita no cadastro fiscal omitiu do Fisco sua existência e os documentos necessários à comprovação de sua situação, deixando de recolher tributo por entender estar amparada pela imunidade constitucional. Assim, o Fisco, constatando tal situação, lavrou auto de infração contra instituição. Considerando essa situação hipotética, assinale alternativa correta:
a) a imunidade das instituições de ensino é objetiva e independe de circunstâncias e outros requisitos para o seu reconhecimento;
b) o auto de infração não poderá ser anulado após sua lavratura, mesmo se provando que a instituição atende aos requisitos legais exigidos para imunidade;
c) a imunidade aplica-se aos impostos previstos na constituição federal e às taxas de serviços;
d) a imunidade é subjetiva, portanto, condicionada aos requisitos previstos em lei;
e) o Fisco não poderia ter autuado a instituição, pois, mesmo não demonstrando os requisitos legais, a imunidade se faz presente.

3. Sobre as imunidades tributárias, considere:
I. Imunidade dos templos de qualquer culto compreende todos os tributos relacionados com suas finalidades essenciais.
II. A imunidade da entidade sindical de trabalhadores compreende somente impostos sobre renda, patrimônio e serviços relacionados com suas finalidades essenciais.

---

[52] *Respostas:* 1. b; 2. d; 3. d; 4. b; 5. b; 6. e; 7. c; 8. d; 9. b.

III. As autarquias e as fundações públicas gozam de imunidade em relação a impostos sobre renda, patrimônio e produção vinculados à exploração de atividades econômicas.
Está correto o que se afirma apenas:
a) I;
b) III;
c) II e III;
d) II;
e) I e II.

4. Haverá imunidade tributária sobre:
a) impostos incidentes sobre patrimônio, renda e serviços de empresas públicas, desde que os fatos geradores estejam relacionados com exploração de atividade econômica.
b) impostos incidentes sobre patrimônio, renda e serviços de autarquias, desde que por fatos vinculados às suas finalidades essenciais ou às delas decorrentes.
c) tributos incidentes sobre patrimônio, renda e serviços de templos de qualquer culto e dos partidos políticos e suas fundações, desde que vinculados os fatos geradores a suas atividades essenciais.
d) tributos incidentes sobre livros, jornais, periódicos e o papel destinado a sua impressão.
e) impostos incidentes sobre patrimônio, renda e serviços dos entes federados, ainda que os fatos geradores não estejam vinculados a suas finalidades essenciais ou delas decorrentes.

5. A imunidade constitucional das instituições educacionais sem fins lucrativos refere-se a:
a) impostos e taxas;
b) apenas a impostos;
c) impostos, taxas e contribuições;
d) impostos e contribuições;
e) taxas e contribuições.

6. O prédio de propriedade do Estado onde funciona uma escola pública não está sujeito à incidência do IPTU por força da:
a) estrita legalidade.
b) isenção tributária subjetiva.
c) isenção tributária objetiva.
d) capacidade do contribuinte.
e) imunidade tributária recíproca.

7. A respeito das limitações do poder de tributar, assinale a alternativa incorreta:
a) A imunidade prevista sobre tributação do patrimônio, renda ou serviços das instituições de assistência social inclui as rendas recebidas dos imóveis alugados quando aplicadas em suas finalidades essenciais.
b) A concessão da imunidade sobre livros, jornais e periódicos independe da prova do valor cultural ou pedagógico da publicação.
c) À União, aos Estados, ao DF e aos Municípios é vedado instituir impostos sobre patrimônio, renda ou serviços uns dos outros, inclusive nas hipóteses em que o patrimônio, renda ou serviços estejam relacionados com explorações de atividades econômicas regidas pelas normas aplicáveis a empreendimentos privados.
d) Segundo entendimento consolidado do STF, imunidade tributária recíproca se estende à Empresa Brasileira de Correios e Telégrafos, ECT, por se tratar de empresa pública prestadora de serviço público de prestação obrigatória e exclusiva do Estado.

8. O Sindicato Patronal das Indústrias do Setor de Plásticos e Derivados, alegando como argumento o fato de constituir-se como sindicato, requereu imunidade constitucional tributária abrangendo a totalidade de seu patrimônio, renda e serviços. Com relação ao pleito e fundamentação apresentada,
a) aplica-se imunidade tributária exclusivamente ao patrimônio do sindicato patronal.
b) aplica-se imunidade tributária exclusivamente para os serviços, em razão do princípio da imunidade recíproca.
c) aplica-se imunidade integral, abrangendo, inclusive, taxas e contribuições, em razão da finalidade da entidade.
d) não se aplica a imunidade, por se tratar de sindicato patronal.
e) não se aplica imunidade, que é restrita exclusivamente aos templos de qualquer culto, às entidades de assistência social sem fins lucrativos e aos livros, jornais e periódicos.

9. Determinada editora de livros, revistas e outras publicações foi autuada pela fiscalização de certo Estado onde mantém a sede da sua indústria gráfica, pela falta de recolhimento de ICMS incidente sobre álbum de figurinhas. Nessa linha, à luz do entendimento do STF sobre a matéria em pauta, tal cobrança é
a) inconstitucional, por força da aplicação da isenção tributária.

b) inconstitucional, por força da aplicação da imunidade tributária.
c) constitucional, por força da inaplicabilidade da imunidade tributária.
d) inconstitucional, por estar o referido tributo adstrito à competência tributária da União Federal.

CAPÍTULO 6

LEGISLAÇÃO TRIBUTÁRIA

A Constituição é considerada a "principal fonte formal para introdução e conformação das normas tributárias, não se podendo deixar de mencionar que em todo o texto constitucional se encontrarão dispositivos relevantes para, em seu conjunto, formar o corpo normativo". Essa é uma importante lição de Luís Eduardo Schoueri (2019, p. 75).

6.1 Legislação tributária

A expressão legislação tributária não abrange apenas leis tributárias, mas todo o rol do art. 96, CTN, a saber: leis, tratados e convenções internacionais, decretos e normas complementares. A expressão não menciona Constituição Federal, emendas constitucionais, medida provisória, leis complementares, porém estão incluídas.

Decretos. São muito utilizados para alteração de alíquotas do II, IE, IPI e IOF (art. 153, §1º, CF), além de reduzir e restabelecer alíquotas da CIDE-combustível (art. 177, §4º, I, "b", CF).

Tratados internacionais. Não há hierarquia do tratado internacional de Direito Tributário em relação à legislação tributária interna. Na verdade, o que ocorre é que o tratado é *lei especial*, e legislação interna é *lei geral*. Assim, num conflito normativo entre lei geral e lei especial, prevalece a lei especial. Daí dizer que os tratados revogam ou modificam legislação tributária interna (art. 98, CTN). Os tratados dizem respeito, em especial, aos impostos de importação, exportação e IR. Ex.: Brasil celebra convenção internacional alterando alíquota do II e IE de determinados produtos negociados entre países signatários. Vale destacar que a União, como RFB, quando celebra tratados internacionais, pode conceder isenção a tributos federais, estaduais e municipais, e isso não implica hipótese de isenção heterônoma proibida no art. 151, III da CF/88 (STF, RE nº 229096, 2007).

Normas complementares. São atos normativos, porém de hierarquia inferior aos decretos e regulamentos. "Normas complementares são todas aquelas que se relacionam com a *operacionalidade* da aplicação da lei tributária" (KFOURI, 2010, p. 144). Em outras palavras, são normas expedidas pela administração tributária no dia a dia, para detalhar procedimentos de arrecadação.

De acordo com art. 100, CTN, normas complementares são:
1. *portarias, instruções, resoluções* (as resoluções do Senado Federal são muito utilizadas nos impostos estaduais, uma vez que o Senado representa os Estados no Congresso Nacional, conforme art. 155, §1º, IV; §2º, IV e §2º, V, "a" e "b", CF/88);
2. *decisões de órgãos singulares ou coletivos de jurisdição administrativa com eficácia normativa* (Ex.: ordem de serviço expedida por Delegacia de Julgamento da Receita Federal contendo normas de atendimento ao contribuinte);
3. *práticas reiteradas observadas pelas autoridades administrativas* (Ex.: durante dez anos, funcionários da receita federal permaneceram até 20h, no dia 30 de abril, apesar de o expediente normal encerrar às 18h, porque é prazo final para declaração do IR); e
4. *convênios que entre si celebram União, Estados, Distrito Federal e Municípios* (tais convênios são utilizados para mútua assistência administrativa entre entes federativos, como troca de informações fiscais para fins de melhorar a atuação do Fisco. Não confundir com os convênios do art. 155, §2º, XII, "g", CF/88, que regulam os benefícios fiscais relativos ao ICMS).

Se uma norma complementar dispensar indevidamente o pagamento de um tributo (resolução do Senado Federal dispensa o pagamento do IPVA, o que não pode ser feito por afronta ao princípio da legalidade tributária), o tributo IPVA será cobrado, porém quem cumpriu tal norma não sofrerá penalidades como cobrança de juros e atualização monetária, em razão do disposto no parágrafo único do art. 100, CTN (*A observância das normas referidas neste artigo exclui a imposição de penalidades, a cobrança de juros de mora e atualização do valor monetário da base de cálculo do tributo*).

> De acordo com Leandro Paulsen (2018, p. 178), os *atos infralegais*, como decreto, *podem*:
> 1. graduar alíquotas de tributos marcadamente extrafiscais (art. 153, §1º, CF);
> 2. detalhar obrigações acessórias (art. 113, §2º, CTN);
> 3. dispor sobre vencimento de tributos;
> 4. fixar indexador que servirá à correção monetária (Súmula nº 160 STJ)
> 5. especificar procedimentos de fiscalização tributária.
> Por outro lado, a *lei ordinária deve*:
> 1. instituir tributos (art. 150, I, CF/88)
> 2. conceder benefícios fiscais, como isenção (art. 150, §6º, CF/88);
> 3. instituir penalidade por descumprimento de obrigação tributária (art. 97, V, CF/88)
> Esses casos acima exigem legalidade estrita, não podendo o Executivo sequer regulamentá-los por meio de decretos, por exemplo.

6.2 Vigência da legislação tributária

Vigência da legislação tributária no tempo. Significa dizer: *quando* a legislação tributária se torna obrigatória? Importante saber a vigência da lei, porque, a partir dela, o cidadão passa a ter o *dever* de respeitá-la ou promover ação judicial para afastar sua aplicação.

Lei tributária começa a vigorar na data fixada na lei. Logo, será na data da sua publicação se assim estiver previsto (geralmente, no final da lei tributária consta). Se a lei nada dispuser, entra em 45 dias depois da sua publicação.

E os atos, decisões administrativas e convênios? Vide art. 103, CTN, a saber:

	Início da vigência, salvo disposição em contrário	Exemplos
Atos normativos	Data da publicação	Instrução Normativa, Ordem de Serviço
Decisões de órgãos administrativos de jurisdição administrativa com eficácia normativa	Após 30 dias da publicação	Decisões da Delegacia de Julgamento da Receita Federal, do CARF (Conselho Administrativo de Recursos Fiscais), do TIT (Tribunal de Impostos e Taxas)
Convênios (União, Estados, Municípios e DF)	Na data prevista no convênio	Convênio que institui Programa Aplicativo Fiscal Emissor de Cupom Fiscal (obrigação acessória)

Vigência da legislação tributária no espaço. Significa dizer: *onde* a legislação tributária se torna obrigatória?

Regra: Princípio da territorialidade (art. 102, CTN). A lei municipal será obrigatória no território do Município; lei estadual, no território do Estado, etc.

Princípio da extraterritorialidade. Se o Município de Aracaju expedir lei sobre ISS é admissível a vigência dessa lei no território de outro Município só *se essa hipótese for admitida pelo CTN* (lei de normas gerais da União) *ou por convênio firmado entre os Municípios reconhecendo a extraterritorialidade* (art. 102, CTN).

6.3 Aplicação da legislação tributária

Aplicação significa uso efetivo da norma jurídica. A Constituição Federal de 88 adota a irretroatividade da lei tributária, ou seja, veda-se cobrar tributo sobre fato gerador ocorrido antes da vigência da lei (art. 150, III, "a", CF/88). Em outras palavras, aplica-se lei vigente ao fato gerador (art. 105, CTN).

O CTN, por sua vez, adota aplicação retroativa a fatos passados em dois casos: lei interpretativa ou lei mais benéfica (art. 106, I e II, CTN), a saber:

Lei interpretativa. Se, num procedimento administrativo fiscal, houver discussão sobre alcance de uma norma e tiver sido editada lei explicitando o sentido da referida norma, essa lei terá efeito retroativo porque se trata de lei interpretativa (art. 106, I, CTN);

Lei mais benéfica. Lei aplica-se a fatos pretéritos (passados) se:
1. *o ato (leia-se: caso) não for definitivamente julgado;*
2. *lei deixa de definir como infração (art. 106, II, "a", CTN).* Ex.: sociedade é autuada pelo Fisco por descumprir obrigação tributária acessória no tocante a fiscalização do ICMS. Antes de decisão administrativa de impugnação, sobrevém lei estadual que extingue tal obrigação tributária acessória. A lei nova de extinção da obrigação tributária acessória é aplicável retroativamente, porque mais benéfica ao contribuinte;
3. *lei comina penalidade (multa) menos severa que a prevista na lei vigente (art. 106, II, "c", CTN).* O art. 106 do CTN não faz distinção entre multa punitiva e multa moratória. Logo, se no curso do procedimento administrativo for editada uma norma reduzindo o valor da multa moratória, essa norma deverá ser aplicada ao sujeito passivo.

Ex. 1: lei municipal estabelecia multa moratória de 60% no caso de atraso no pagamento após vencimento da obrigação. João, cobrado de um débito tributário, discutia administrativamente a incidência da multa. Se, no curso do procedimento administrativo, for publicada nova lei reduzindo o valor da multa moratória, será aplicada a João.

Ex. 2: Fazenda Pública Estadual ajuizou ação de execução fiscal contra Pedro cobrando ICMS em atraso e multa moratória no valor de 200% sobre valor do tributo. No curso do processo de execução, entra em vigor nova lei reduzindo para 100% a multa. Deve-se aplicar a lei nova que entrou em vigor no curso da execução fiscal.

> *Atenção! lei que estabelece redução de alíquota não gera retroatividade da lei benigna. Será aplicada a lei da ocorrência do fato gerador (art. 144, CTN).* Ex.: Contribuinte do ABC deixa de pagar imposto no ano de 2007 quando a alíquota era de 27%. No ano de 2009, a alíquota é reduzida para 25%. Nesse caso, a lei não retroagirá e o contribuinte será obrigado a recolher o tributo com alíquota de 27%, acrescido de multas e juros, conforme o caso (KFOURI, 2010, p. 151).

6.4 Integração e interpretação da legislação tributária

Integração significa preencher as lacunas existentes na legislação tributária. Falta de norma aplicável a determinado caso. Integração pressupõe ausência de norma tributária expressa.

Para integração de norma tributária, a autoridade administrativa competente deve utilizar quatro métodos (art. 108, CTN):

1º. *analogia;*
2º. *princípios gerais de Direito Tributário;*
3º. *princípios gerais de direito;*
4º. *equidade.*

Logo, no julgamento de uma ação tributária, se juiz verificar que não existe norma específica aplicável à questão, deve-se fazer uso, na ordem, de analogia (ao aplicar analogia, o juiz não pode exigir tributo não previsto em lei – art. 108, §1º, CTN), princípios gerais de Direito Tributário, princípios gerais de direito e, por fim, equidade (ao empregar equidade, o juiz não pode dispensar pagamento do tributo – art. 108, §2º, CTN).

Interpretação significa determinar o sentido da norma existente. Interpretação pressupõe existência de norma tributária expressa. *Interpretação literal* (art. 111, CTN) ocorre nos casos de:

a) *suspensão da exigibilidade do crédito tributário;*
b) *exclusão de crédito tributário;*
c) *dispensa de cumprimento de obrigação acessória.*

Em outras palavras, o CTN quer que tais regras sejam interpretadas estritamente nos limites do que foi pretendido pelo legislador, sem possibilidade de ampliações, de integrações.

Interpretação benéfica (art. 112, CTN) ocorre nos casos de lei que define infrações ou comina penalidades. Na dúvida, interpreta-se a lei a favor do acusado. Se a lei trata do próprio tributo (fato gerador, base de cálculo, contribuinte), não há que se falar em interpretação mais favorável.

PARTE II

DA RELAÇÃO JURÍDICO-TRIBUTÁRIA

HIPÓTESE DE INCIDÊNCIA TRIBUTÁRIA E FATO GERADOR

Doutrinadores clássicos como Geraldo Ataliba, Souto Maior Borges, Alfredo Augusto Becker, Amílcar Falcão, Hugo de Brito Machado, Paulo de Barros Carvalho tratam, exaustivamente, de hipótese de incidência e fato gerador em suas obras, no sentido de desfazer alguns vícios de terminologia ainda existentes no ordenamento jurídico.

A descrição hipotética do fato (hipótese de incidência tributária) e o fato concretamente realizado (fato gerador) são duas realidades distintas que não se confundem. São dois momentos lógicos e cronológicos diferentes, pois, inicialmente, a lei descreve abstratamente o fato idôneo a ser tributado e, em seguida, há a realização concreta desse fato descrito na lei.

Não obstante essa diferenciação, como ensina Geraldo Ataliba, a legislação utiliza a expressão "fato gerador" de forma equívoca, referindo-se, ao mesmo tempo, a duas realidades distintas. Serve para designar tanto a descrição legal hipotética do fato (hipótese de incidência tributária) quanto o próprio fato realizado no mundo fenomênico (fato gerador), num completo desrespeito à ciência do Direito Tributário.

É o que ocorre com os artigos 4º e 16 do CTN, em que a expressão "fato gerador" é utilizada no sentido de hipótese de incidência tributária; nos artigos 105 e 113, §1º, do CTN, a expressão fato gerador é utilizada no sentido de fato imponível.

Os doutrinadores buscam desfazer essa ambiguidade, designando a previsão normativa como "hipótese de incidência" e a ocorrência no mundo real como "fato imponível".

Afinal, já dizia Norberto Bobbio que o rigoroso cuidado no uso da terminologia não é exigência ditada pela gramática para beleza do estilo, mas uma exigência fundamental para construir qualquer ciência.

7.1 Hipótese de incidência tributária

Hipótese de incidência ou fato gerador *in abstrato* é a descrição legal abstrata de um fato tributável. É a formulação genérica, hipotética, de um fato realizada pelo legislador. É a imagem conceitual de um fato.

O *legislador escolhe o fato a ser tributado,* como ser proprietário de um imóvel (O czar russo Pedro, o Grande, instituiu, no século XVIII, imposto sobre barbas, para forçar a ocidentalização de seu povo). A hipótese de incidência está no plano da abstração, e não da concretude.

Hipótese de incidência possui um *arquétipo,* um *protótipo* que deve conter cinco critérios ou aspectos identificativos do tributo, a saber: aspecto material, espacial, temporal, pessoal e quantitativo. Vamos ilustrar com o IPTU:

a) *aspecto material* (descreve a conduta ou situação; há verbo + complemento): ser proprietário de imóvel urbano;
b) *aspecto espacial* (descreve o local onde ocorrerá o fato): zona urbana;
c) *aspecto temporal* (descreve o momento em que ocorrerá o fato): 1º dia de cada ano;
d) *aspecto pessoal* (identifica o sujeito ativo e o sujeito passivo, titulares da relação jurídica tributária). Sujeito ativo: Município; sujeito passivo: proprietário de imóvel urbano;
e) *aspecto quantitativo* (identifica base de cálculo e alíquota). Base de cálculo: valor venal do imóvel urbano; alíquota: 10%.

7.2 Fato gerador

Fato gerador ou fato imponível ou fato gerador *in concreto* é a concretização da hipótese de incidência tributária. É a realização concreta do fato descrito na lei. Existe um fato no mundo fenomênico que *coincide* com fato descrito abstratamente na lei. É o acontecimento fático palpável, concreto, material, dimensionável.

No fato imponível há o *fenômeno da subsunção* do fato à norma. O fenômeno da subsunção consiste no quadramento, na adequação, completa e rigorosa, do fato, realizado concretamente, à hipótese legal que descreve esse fato. Ex.: João auferiu renda de 20 mil em 2019.

Qual a consequência do fato gerador? O fato gerador é o acontecimento que tem consequências jurídicas, como o nascimento da obrigação tributária. O fato gerador, como o nome diz, é o fato que *gera,* dá ensejo, promove, faz nascer obrigação tributária.

Momento do fato gerador ocorre com o fenômeno da subsunção, ou seja, da adequação do fato a norma. E no caso das condições suspensivas e resolutórias? O art. 117, CTN dá a resposta. Lembrar-se de que condição é todo evento futuro e incerto.

Condição suspensiva (art. 117, I, CTN) Lembrar-se do "Se"	Condição resolutória (art. 117, II, CTN) Lembrar-se do "Até"
Quando houver condição suspensiva, o fato gerador só ocorrerá com o implemento (cumprimento) da condição.	Fato gerador ocorre imediatamente com a prática do ato ou do negócio jurídico até que a condição se resolva (seja extinta). *Neste caso, como o fato gerador já se fez, a condição resolutória é inteiramente irrelevante!*
Ex.: doação (fato gerador do ITCMD) da casa à filha *se* ela se casar. Aqui, deve-se aguardar o casamento para ocorrer o fato gerador do ITCMD.	Ex.: doação (fato gerador do ITCMD) da casa à filha *até* ela permanecer casada.

7.3 Classificação do fato gerador

1. *Fato gerador in abstrato*: é a hipótese de incidência; *fato gerador in concreto*: é o fato imponível;
2. *Fato gerador situação de fato; fato gerador situação jurídica*

Fato gerador situação de fato (art. 116, I, CTN)	Fato gerador situação jurídica (art. 116, II, CTN)
Para que haja incidência tributária, o fato gerador não depende de forma jurídica determinada pela lei civil. Basta ocorrência fática, de circunstâncias materiais, atos de execução (ICMS, II, etc.).	Para que haja incidência tributária, o fato gerador *depende* de *forma jurídica* determinada pela *lei civil*, isto é, de *ato ou negócio jurídico* (IPTU, ITR, ITCMD, ITBI)
Ex.: para gerar ICMS, basta vender mercadoria; para gerar II basta a entrada efetiva do bem no território nacional; para gerar contribuição de melhoria, basta valorização imobiliária decorrente de obra pública.	Ex.: para gerar ITBI é preciso lavrar escritura de compra e venda (negócio jurídico) no Cartório de Registro de Imóveis.

3. Fato gerador instantâneo; fato gerador complexivo

Fato gerador instantâneo	Fato gerador complexivo
O fato que realiza no mundo fenomênico é instantâneo. Trata-se de evento, uma única ocorrência.	O fato que realiza no mundo fenomênico não é instantâneo. Exige-se um período de tempo.
Ex.: João vendeu mercadoria. Houve circulação de mercadoria. Pronto. Houve fato gerador do ICMS.	Ex.: João auferiu renda em 2019. Fato gerador do IR não é instantâneo; depende do encerramento de período-base para se auferir a renda (até 31/12).

CAPÍTULO 8

PLANEJAMENTO TRIBUTÁRIO

O planejamento tributário, como leciona Leandro Paulsen (2028, p. 207), "é o estabelecimento de estratégias para a realização de atos e negócios ou mesmo de toda uma atividade profissional ou empresarial com vista ao menor pagamento de tributos".

8.1 Evasão fiscal

A evasão fiscal **é** sempre ilícita. Há violação da lei, emprego de fraude. É sinônimo de sonegação fiscal. A conduta do sujeito passivo ocorre *após* o fato gerador do respectivo tributo. Trata-se de mecanismo *ILÍCITO* utilizado pelo sujeito passivo para não pagar o tributo devido. Ex.: Deixo de pagar rendimentos; falsifico nota fiscal. a consequência é infração tributária e crime[53] contra ordem tributária (Lei nº 8.137/90, art. 1º: *deixar de recolher o valor do tributo no prazo legal; deixar de fornecer nota fiscal, reclusão, de 2 a 5 anos e multa)*

---

[53] Não confundir crimes tributários com infrações tributárias.

Crimes tributários	Infrações fiscais
- são ilícitos tributários de natureza penal	- são ilícitos tributários de natureza administrativa
- só podem ser definidos pela União (art. 22, I, CF) – Lei 8137/90	- podem ser definidos pela lei de cada ente político tributante
- pena: reclusão ou detenção cumulada com multa	- pena: multa; apreensão de bens ou mercadorias; cassação de incentivos fiscais

8.2 Elisão fiscal

A elisão fiscal (Lembrar-se da Elisa, amiga, gente boa!). É lícita. Não há violação da lei. Trata-se de *planejamento tributário*. A conduta do sujeito passivo ocorre *antes* do fato gerador do respectivo tributo. Trata-se de mecanismo LÍCITO utilizado pelo sujeito passivo para não pagar tributo ou pagar menos tributo. É a prática de atos *lícitos* que possui o objetivo precípuo de reduzir ou evitar a tributação. Ex. 1: Comprar automóvel em Estado com IPVA menor. Ex. 2: Empresa de serviços muda o seu estabelecimento para determinado Município com ISS menor.

8.3 Planejamento tributário abusivo

Também chamado de elisão fiscal abusiva ou elusão fiscal. É aquele em que há realização de um ato ou *negócio jurídico aparente*, indireto, artificial, porém lícito, com o fim de *ocultar*, esconder, encobrir um *negócio jurídico verdadeiro tributado*.

O contribuinte deseja praticar o negócio "X", mas "X" é fato gerador de um tributo cuja incidência quer evitar. Daí, o contribuinte realiza negócio indireto Y, também lícito, praticado com o fim de "ocultar" o negócio "X" que teria sido fato gerador do tributo que se quis evitar.

Ex. 1: Determinado contribuinte pratica doação com encargo visando dissimular (ocultar) a ocorrência de uma transmissão onerosa de bens, tendo em vista que a alíquota incidente sobre a 1ª operação é inferior à da 2ª.

Ex. 2: Para não pagar ITBI da compra e venda, contribuinte constitui uma sociedade com quem tem o imóvel e depois encerra, em razão da imunidade tributária do ITBI do art. 156, §2º, I, CF/88 (não incide ITBI na extinção de sociedade, *salvo se a atividade preponderante da empresa for compra e venda, locação de bem imóvel ou arrendamento mercantil*). Quem integralizou dinheiro, sai com imóvel e quem integralizou imóvel, sai com dinheiro.[54]

---

[54] *Atenção!* Fulano, sócio de Empresa X, integraliza bem imóvel como sua parte no capital social. Em regra, não recolhe ITBI porque há imunidade tributária. Agora, *se atividade preponderante da Empresa X for compra e venda, locação de bem imóvel ou arrendamento mercantil, Fulano deverá recolher sim o ITBI*, mas sem as alíquotas progressivas. É o que dispõe o art. 156, §2º, I, CF/88 c/c *Súmula nº 656 do STF*, que veda progressividade do ITBI com base no valor do imóvel.

8.4 Norma geral antielisiva[55]

O Fisco repudia o planejamento tributário abusivo. A consequência é a norma geral antielisiva (art. 116, parágrafo único, CTN, acrescido pela LC nº 104/01). Melhor seria a expressão norma antielusão. De acordo com a norma antielisão:
1. autoridade administrativa (e não o juiz) pode;
2. desconsiderar (afastar). Obs.: Não é desconstituir. Desconsidera-se o ato realizado e cobra-se o tributo efetivamente devido, acrescido de juros e multa. Tal norma quer combater condutas disfarçadas do contribuinte;
3. os atos ou negócios praticados com finalidade de dissimular ocorrência do fato gerador do tributo;
4. observados os procedimentos previstos em lei ordinária. A norma geral antielisiva não é autoaplicável. Cada ente tributante deve ter lei ordinária sobre o procedimento da norma antielisiva. Até hoje, não foi elaborada tal lei. Não obstante, os órgãos administrativos fazem uso da norma antielisão, com revisão de lançamentos.

---

[55] Não confundir norma antielisiva com teoria da desconsideração da personalidade jurídica.

Norma geral antielisão	Teoria da desconsideração da personalidade jurídica
Art. 116, parágrafo único, CTN	Art. 50, CC
Autoridade administrativa	Juiz, a requerimento da parte ou do MP
Desconsidera (afasta o negócio jurídico aparente e cobra tributo)	Desconsidera (afasta a pessoa jurídica, responsabilizando pessoalmente os sócios)
Ato ou negócio jurídico dissimulado	Abuso da personalidade jurídica (desvio de finalidade ou confusão patrimonial)
Depende de lei (LO)	Autoaplicável
Ex: constituição e destituição de empresa ao invés de compra e venda, para evitar o pagamento do ITBI	Ex: sócio vai se separar e começa a comprar bens com capital próprio em nome da empresa.

Evasão fiscal	Elisão fiscal
É sempre ilícita.	É lícita.
Ocorre após o fato gerador do respectivo tributo.	Ocorre antes do fato gerador do respectivo tributo.
Mecanismo ilícito utilizado pelo sujeito passivo para não pagar o tributo devido.	Mecanismo lícito utilizado pelo sujeito passivo para não pagar tributo ou pagar menos tributo.
Ex.: Deixo de pagar rendimentos	Ex.: Comprar automóvel em Estado com IPVA menor.
Consequência: infração tributária e crime contra ordem tributária	Consequência: norma geral antielisiva (art. 116, parágrafo único, CTN). A autoridade administrativa pode desconsiderar atos ou negócios praticados para dissimular ocorrência do fato gerador do tributo, conforme procedimento previsto em lei ordinária.

CAPÍTULO 9

OBRIGAÇÃO TRIBUTÁRIA

No Direito Tributário, não vale a regra civilista de que o "acessório segue o principal". A obrigação tributária principal é *autônoma* da obrigação tributária acessória. Em razão da imunidade ou isenção tributária, é possível que não exista obrigação principal. Isso, contudo, não afetará obrigação acessória porque são autônomas. Ex. 1: a livraria, na comercialização de seus livros, é imune ao pagamento do ICMS (obrigação principal) em razão da imunidade cultural, porém está obrigada a emitir Nota Fiscal (obrigação acessória). Ex. 2: aposentado com moléstia grave é isento do pagamento do IR (obrigação principal), conforme *Súmula nº 627 STJ*, mas deve fazer declaração do IR (obrigação acessória).

A respeito da obrigação acessória, ensina Leandro Paulsen (2014, p. 29) que "o dever de colaborar é originário e independe da existência de uma obrigação de pagamento específica, tem caráter autônomo, não se cuidando de mero desdobramento ou complemento do dever fundamental de pagar tributo".

Importante notar que as obrigações, no Direito Tributário, são *ex lege* porque surgem de lei, independentemente da vontade da pessoa obrigada.

9.1 Obrigação tributária principal (art. 113, §1º, CTN)

É obrigação de dar (de pagar o tributo ou pagar a multa). Há cunho pecuniário. Decorre de lei. Inobservância gera infração fiscal: cobrança do valor do tributo e da multa (penalidade pecuniária). Ex.: pagar IR ou pagar multa.

9.2 Obrigação tributária acessória (ou dever instrumental ou formal) (art. 113, §§2º e 3º, CTN)

É obrigação de fazer ou não fazer algo no interesse do Fisco. Não há cunho pecuniário. É "dever de colaboração com a administração tributária". Existe para facilitar fiscalização do pagamento do tributo. Decorre de legislação tributária (art. 96 CTN[56]). Inobservância gera infração fiscal: cobrança do valor da multa (obrigação de pagar). Nesse momento, ocorre a *conversão da obrigação acessória em obrigação principal*, porque a multa é penalidade pecuniária e, portanto, obrigação principal.

Exemplo de *obrigação de fazer*: emitir nota fiscal; fazer declaração de renda, preencher guia de recolhimento de tributo; elaborar e manter livros fiscais com comprovantes de lançamentos até que ocorra prescrição dos créditos tributários neles mencionados (art. 195, parágrafo único, CTN); fazer cadastro fiscal de contribuintes antes do início de operações de venda ou serviços; prestar informações (art. 197,[57] CTN); entidade assistencial deve apresentar escrituração de receitas e despesas (art. 14, CTN).

Exemplo de *obrigação de não fazer*: não impedir fiscalização tributária dos livros contábeis do contribuinte pessoa jurídica.

---

[56] Legislação tributária é expressão mais abrangente que lei tributária. Compreende leis, tratados e convenções internacionais, decretos e normas complementares que versem sobre tributos (CTN, art. 96 c/c art. 100).

[57] Tabeliães, instituições financeiras, corretores, inventariantes, por exemplo, mediante intimação, têm o dever de prestar informações às autoridades administrativas a respeito de bens, negócios e atividades de terceiros (leia-se: contribuintes). A IN nº 341/SRF institui a Declaração de Operação com Cartões de Crédito (Decred) em que as administradoras de cartões de crédito devem prestar informações sobre operações efetuadas com cartão, compreendendo a identificação dos usuários de seus serviços e os montantes globais mensalmente movimentados.

Obrigação Tributária Principal (CTN, art. 113, §1º)	Obrigação Tributária Acessória (ou dever instrumental ou formal) (CTN, art. 113, §§2º e 3º)
É obrigação de dar (de pagar o tributo ou pagar a multa). Há cunho pecuniário.	É obrigação de fazer ou não fazer algo no interesse do Fisco. Não há cunho pecuniário.
Inobservância gera cobrança do valor do tributo e da multa.	Inobservância gera cobrança do valor da multa (obrigação de pagar). Nesse momento, ocorre a *conversão da obrigação acessória em obrigação principal*.
Decorre de lei.	Decorre de legislação tributária
Ex.: pagar IR ou pagar multa.	Ex.: emitir nota fiscal; fazer declaração de renda, não impedir fiscalização tributária dos livros contábeis do contribuinte pessoa jurídica
Fato Gerador: qualquer situação que configure obrigação de pagar.	Fato Gerador: qualquer situação que impõe prática ou abstenção de ato que não configure obrigação principal.
Sujeito passivo da obrigação principal: pessoa obrigada ao pagamento de tributo ou de penalidade pecuniária (CTN, art. 121).	Sujeito passivo da obrigação acessória: pessoa obrigada à prestação (CTN, art. 122). *Pergunta-se: a lei poderia determinar como sujeito passivo de obrigação acessória uma pessoa que não seja contribuinte nem responsável?* Sim. É o que ocorre com as *operadoras de cartão de crédito*, que têm o dever de informar ao Fisco federal dados sobre a movimentação financeira da conta de seus clientes.

CAPÍTULO 10

SUJEITO ATIVO E PASSIVO

Os personagens que protagonizam a relação jurídico-tributária e que compõem o aspecto pessoal da hipótese de incidência tributária são o sujeito ativo, que possui o direito de exigir o tributo, e o sujeito passivo, que possui o dever de pagar o tributo.

10.1 Sujeito ativo

Sujeito ativo é aquele que tem *direito* de *cobrar*, concretamente, em juízo, o cumprimento da obrigação tributária (art. 119, CTN). Pode mover execução fiscal, por exemplo. O sujeito ativo tem capacidade tributária ativa.

De acordo com art. 119 c/c 7º do CTN, só pode ser sujeito ativo a *pessoa jurídica de direito público* (União, Estados, Municípios, DF, autarquias e fundações públicas). Em regra, é a *pessoa política tributante* (União, Estados, Municípios e DF). Afinal, quem tem competência tributária tem capacidade tributária ativa. A cobrança é realizada pelos órgãos públicos especializados da pessoa política tributante, como Secretaria da Receita Federal, Secretaria da Fazenda Pública Estadual, Secretaria da Fazenda Pública Municipal.

Admite-se, contudo, a *delegação* da capacidade tributária ativa para outra pessoa jurídica de direito público, que fica com 100% do produto da arrecadação. Trata-se da *parafiscalidade*.

Parafiscalidade é o fenômeno em que um ente diferente do ente que institui o tributo arrecada e fica com 100% do produto da arrecadação. Quando há parafiscalidade, o ente parafiscal se torna sujeito ativo da obrigação tributária, figurando, inclusive, no *polo passivo* de ação tributária. Ex.: União é competente para instituir a contribuição anuidade do CRM (art. 149 CF/88), porém delega ao CRM (autarquia federal – pessoa jurídica de direito público) a função de arrecadar da categoria profissional dos médicos.

Com a delegação, CRM (autarquia federal) torna-se sujeito ativo da obrigação tributária e, como tal, passa a figurar no polo passivo de ações judiciais.

> *Sujeito ativo direto*: ente político tributante com poder para instituir o tributo;
> *Sujeito ativo indireto:* ente parafiscal com poder para arrecadar e fiscalizar o tributo e ficar com 100% da arrecadação.

A *pessoa jurídica de direito privado NÃO pode ser sujeito ativo. Não pode propor execução fiscal.*

O art. 119 c/c 7º do CTN exige que o sujeito ativo seja pessoa jurídica de direito público. Logo, as pessoas jurídicas de direito privado podem ser *"destinatárias do produto da arrecadação"*, mas jamais ser sujeito ativo, integrar a relação jurídico-tributária. É o que ocorre com as contribuições de terceiros devidas ao SENAC, por exemplo, em que o SENAC é destinatário do produto da arrecadação e a União, o sujeito ativo.

Essa discussão surgiu por conta da Súmula nº 396 do STJ, que afirma que a Confederação Nacional de Agricultura, que é pessoa jurídica de direito privado, tem legitimidade para cobrança de contribuição sindical rural. Para Leandro Paulsen (2018, p. 210), "essa súmula pressupõe visão mais larga e que nos parece equivocada – das possibilidades de delegação a que se refere o art. 7º do CTN".

> *Pergunta-se: no caso de desmembramento de pessoa política tributante (parte de um Município se desmembra para dar origem a outro Município), quem cobrará os proprietários de bens imóveis no município desmembrado?* A *nova pessoa política* se *sub-roga* (substitui) no direito da pessoa política anterior, *salvo disposição de lei em contrário.* Logo, o novo Município pode cobrar IPTU dos seus proprietários de bens imóveis (CTN, art. 120). E se a lei do IPTU do Município novo não entrou em vigor? Aplica-se legislação tributária do Município desmembrado.

10.2 Sujeito passivo

Sujeito passivo é aquele que, *por lei*, tem o *dever* de *pagar o tributo* ou penalidade pecuniária ou de fazer ou deixar de fazer (arts. 121 e 122 CTN). É o contribuinte ou o responsável tributário.

Contribuinte (sujeito passivo direto): possui relação direta e pessoal com fato gerador (art. 121, parágrafo único, I, CTN). É a pessoa que pratica o fato gerador. É o protagonista da obrigação tributária. Tem, portanto, o dever de pagar o tributo (Ex.: João aufere renda de 200 mil. É contribuinte do IR).

Responsável (sujeito passivo indireto): não é o contribuinte. Não tem relação direta e pessoal com o fato gerador. É um *terceiro* determinado por *lei* para assumir o *dever de pagar o tributo* (art. 121, parágrafo único, II, CTN). Além de previsão legal, o responsável deve estar *minimamente vinculado ao fato gerador da respectiva obrigação,* conforme art. 128, CTN (Ex.: com a venda de bem imóvel, o *adquirente*, por lei, torna-se responsável pelo pagamento dos tributos em atraso referentes ao bem imóvel, como IPTU em atraso – art. 130, CTN).

10.3 Convenções particulares

A sujeição passiva independe de convenções particulares, *salvo disposição de lei em contrário* (art. 123, CTN). As convenções particulares que modificam a sujeição passiva, mesmo que firmada por escritura pública, são *inoponíveis* perante o Fisco.

Imagine um contrato de locação em que fica acordado que o locatário (inquilino) pagará IPTU. Se o locatário não pagar, o Município vai cobrar do contribuinte o IPTU, que é o locador (proprietário do imóvel urbano), porque o contrato de locação só vale entre as partes na esfera civil, e não perante o Fisco. O proprietário do bem imóvel deverá pagar o IPTU e depois, na esfera privada, poderá cobrar do locatário o cumprimento do contrato.

Inclusive, o STJ já decidiu que o locatário não possui legitimidade para discutir IPTU. O locatário não é contribuinte e se paga a maior o IPTU, não poderá propor perante o Fisco a ação de repetição de indébito do IPTU. Nesse sentido, tem-se *a Súmula nº 614 do STJ: o locatário não possui legitimidade ativa para discutir a relação jurídico-tributária de IPTU e taxas referentes ao imóvel alugado nem para repetir indébito desses tributos.*

10.4 Capacidade tributária passiva

Capacidade tributária passiva é aptidão para ser sujeito passivo da obrigação tributária.

Regras (art. 126, CTN): a capacidade tributária passiva independe:
a) *da capacidade civil* (Ex.: nenê herda casa dos pais, tornando-se proprietário. Deve pagar IPTU. Se este imóvel for alugado, deve pagar, inclusive, IR sobre rendimentos. A capacidade civil é restrição para atos da vida civil e não tributária);
b) *de privação ou limitação do exercício de atividades* (Ex.: juiz, impedido de exercer a advocacia, abre escritório de advocacia em outro Estado. Deve pagar ISS; preso, proprietário de imóvel rural, deve pagar ITR; médico com registro cassado deve pagar IR se continua exercendo atividade profissional);
c) *de constituição regular da pessoa jurídica.* Essa regra é dirigida à sociedade de fato ou irregular que, na prática, não recolhe tributo porque não possui CNPJ. Como não tem personalidade jurídica, a cobrança do tributo será dirigida geralmente à pessoa dos sócios, porque não há diferença entre patrimônio da sociedade e o patrimônio dos sócios (Ex.: pessoa vende carros usados no fundo da casa, sem constituir pessoa jurídica. Deve pagar ICMS).

10.5 Solidariedade

Em Direito Tributário, só se admite a solidariedade passiva, que ocorre, normalmente, quando duas pessoas são coproprietárias de um imóvel. Não se fala em solidariedade ativa (entre entes políticos tributantes) para fins de evitar bitributação.

Requisitos:
1. *Solidariedade passiva legal* (art. 124, II, CTN): aquela em que a *lei* designa quem são os solidários. Como observa Regina Helena Costa (2009, p. 193), esse inciso pode parecer inócuo, porque solidariedade sempre decorre de lei. O que o dispositivo estabelece é que a lei poderá apontar pessoas que, mesmo não sendo partícipes da situação fática, respondam solidariamente pelo débito. Ex.: herdeiros são responsáveis pelo pagamento de tributos não pagos pelo espólio até a data da partilha (art. 131, II, CTN); legislação aduaneira prevê que o importador

e o encomendante da mercadoria importada são solidários no pagamento do II (imposto de importação).
2. *Solidariedade passiva de fato/natural* (art. 124, I, CTN): aquela em que os solidários têm *interesse comum* na situação que gera o fato gerador. É caso de propriedade em condomínio. Ex.: na copropriedade de um bem imóvel, há interesse comum dos vários proprietários no fato gerador do IPTU, logo todos podem ser cobrados pela integralidade da dívida do IPTU.

*Quando há solidariedade passiva, o Fisco pode cobrar a dívida **toda** de qualquer um dos devedores solidários, sejam contribuintes ou responsáveis.* Os devedores ficam em condição de igualdade. ***Não há benefício de ordem***, ou seja, não há uma ordem de preferência na cobrança da dívida.

Efeitos da solidariedade passiva (Lembrar-se de que na solidariedade passiva os devedores solidários são um só: o que afeta um, afeta outro):
1. *O pagamento efetuado por um aproveita a todos.* É como se a dívida fosse indivisível. Ex.: A, B e C são coproprietários de uma casa e devem IPTU no valor de R$900,00. A pagou R$900,00 para o Fisco, extinguindo o pagamento do IPTU para todos os devedores solidários. O pagamento de dívida tributária feito por um dos devedores solidários extingue crédito tributário para todos, porém este terá direito de regresso contra os demais devedores. E se A pagasse só R$300,00 para Fisco? Subsistiria solidariedade de 600 *para os três*. Em síntese, se houver pagamento integral, há extinção da dívida para todos; se houver pagamento parcial, a diferença será cobrada de qualquer devedor solidário, incluindo o que pagou parte dela.
2. *Isenção ou remissão de crédito a um exonera a todos, salvo em caráter pessoal, subsistindo solidariedade em relação ao saldo.* Ex.: A, B e C são coproprietários de casa de 60 metros quadrados e devem IPTU no valor de R$300,00. A lei municipal prevê isenção de IPTU para imóveis de área inferior a 70 metros quadrados. Trata-se de *isenção objetiva* que exonera todos coproprietários dessa casa. A lei municipal prevê isenção de IPTU para os maiores de 70 anos. B tem 75 anos. Trata-se de *isenção subjetiva*, em caráter pessoal, de R$100,00 para B. Logo, A e C continuarão devedores solidários pelo saldo de R$200;
3. *Interrupção da prescrição favorece* (Ex.: ação de repetição de indébito) *ou prejudica* (Ex.: execução fiscal) *os demais obrigados.*

Os casos de interrupção da prescrição do parágrafo único do art. 174, CTN, são verificados contra todos devedores solidários, mesmo que o juiz ordene citação de apenas um deles.

10.6 Domicílio tributário

É o local onde o sujeito passivo (contribuinte/responsável) cumpre sua obrigação tributária (paga tributo, faz sua declaração de renda, etc.). Em outras palavras, lugar onde recebe notificações de lançamento, auto de infração, intimações, comunicações do Fisco, que consta nos registros cadastrais. Enfim, é o local onde contribuinte deverá ser cobrado, fiscalizado ou executado.

Não existe possibilidade de o sujeito passivo não ter domicílio tributário. As regras do domicílio tributário estão no art. 127, CTN, a saber:

Regra geral: domicílio eleito. Geralmente, elege-se o domicílio na declaração de rendimentos (se pessoa física) ou no ato de inscrição no CNPJ (se pessoa jurídica). Admite-se eleição de vários domicílios se o sujeito passivo possui vários imóveis em cidades diferentes (IPTU, por exemplo) ou se sujeito passivo elege domicílio para efeito do IR e outro para IPTU, caso o imóvel se localize em cidade distinta.[58]

Regras subsidiárias (não havendo domicílio eleito, aplicar-se-ão tais regras, subsidiariamente). As regras subsidiárias referem-se às *pessoas*:
   a) se o sujeito passivo for *pessoa natural* (art. 127, I, CTN), na *residência habitual* ou, no caso de LINS (lugar incerto e não sabido), o *centro habitual de atividades*. Ex.: ambulante vende mercadorias no centro da cidade. Não há domicílio eleito, nem se sabe onde ele mora. Será notificado no centro habitual de suas atividades (centro da cidade);
   b) se sujeito passivo for *pessoa jurídica de direito privado* (art. 127, II, CTN), na *sede da empresa* ou, no caso de pluralidade de estabelecimentos, em *cada estabelecimento*[59] para cada ato/fato que gerou obrigação tributária. Ex.: ICMS, IPTU serão cobrados de cada estabelecimento empresarial. IR, contudo, será cobrado sempre na sede, porque se relaciona à pessoa

---

[58] Há leis que excluem a faculdade de escolher o domicílio tributário, como a lei do ITR (Lei nº 9.393/96, art. 4º, parágrafo único). O domicílio tributário do sujeito passivo do ITR é o Município da localização do imóvel, vedada eleição de qualquer outro.

[59] Cada estabelecimento tem um CNPJ e responde por seus tributos, conforme princípio da autonomia dos estabelecimentos.

jurídica como um todo, independentemente do número de estabelecimentos.
c) se sujeito passivo for *pessoa jurídica de direito público* (art. 127, III, CTN), na *repartição*. Ex.: taxa de lixo municipal será cobrada na repartição da prefeitura do ente tributante.

Regra subsidiária da subsidiária (no caso de ser impossível regra geral e regras subsidiárias – art. 127, §1º, CTN). Se não houver domicílio eleito, nem residência habitual e nem centro habitual de atividades, será considerado domicílio tributário o *local da situação do bem ou local da ocorrência do fato*. Ex.: circense que não tem domicílio eleito nem centro habitual de atividade, a cobrança do ISS será feita no local onde presta o serviço. É o que ocorre com os andarilhos e artistas de rua.

Pergunta-se: autoridade fiscal pode recusar o domicílio tributário eleito? Sim, no caso de a eleição impossibilitar ou dificultar a arrecadação ou fiscalização (CTN, art. 127, §2º). Importante que a autoridade administrativa recuse com a devida *motivação* e *fixe domicílio de ofício*. Ex.: resido em Fortaleza/CE e tenho bem imóvel em São José do Rio Preto/SP. Elejo como domicílio tributário Fortaleza/CE, local da minha residência. Ora, como o município de São José do Rio Preto vai cobrar o IPTU em Fortaleza? Recusa-se o domicílio eleito e aplica-se a regra do §1º do art. 127, CTN (regra subsidiária da subsidiária: local da situação do bem ou da ocorrência do fato gerador).

Atenção! A modificação do domicílio tributário sem comunicação à autoridade competente pressupõe dissolução irregular de sociedade e gera responsabilização do sócio-gerente *(Súmula nº 435 STJ)*.

Exercícios de relação jurídico-tributária[60]

1. Locador e locatário de um imóvel pactuaram que o segundo teria a obrigação de pagar todos os tributos incidentes em razão desse imóvel. Porém, o locatário, por medo de ficar inadimplente para com a Fazenda Pública, contratou uma empresa administradora de imóveis para que administrasse e pagasse tais tributos. O contrato de aluguel foi assinado em novembro de 2012. Nesse caso, deve a Fazenda Pública municipal:

---

[60] *Respostas:* 1. c; 2. e; 3. b; 4. b; 5. a; 6. c; 7. a

a) cobrar o IPTU, referente ao exercício de 2013, da empresa administradora contratada;
b) cobrar o IPTU, referente ao exercício de 2013, do locatário;
c) cobrar o IPTU, referente ao exercício de 2013, do proprietário;
d) cobrar o IPTU, referente ao exercício de 2013, da empresa administradora contratada e, subsequentemente, se esta não puder pagar, do locatário, tendo em vista sua responsabilidade subsidiária;
e) cobrar o IPTU, referente ao exercício de 2012, do proprietário e, referente ao exercício de 2013, conforme for mais conveniente para a Fazenda Pública.

2. Foi concedida por lei estadual isenção de ITCMD, na transmissão *causa mortis*, para contribuintes com mais de 65 anos de idade. Medusa, Meriva e Minerva são herdeiras necessárias de Brutus. O único bem objeto de transmissão é uma casa. O valor do imposto a ser recolhido é de mil e duzentos reais. Medusa e Meriva são maiores de 65 anos e, portanto, isentas do ITCMD. Diante disso:
a) Minerva deverá pagar a integralidade do ITCMD, já que as outras herdeiras são isentas, pois existe, nesse caso, solidariedade passiva;
b) Medusa, Meriva e Minerva deverão arcar com a integralidade do ITCMD, já que nesse caso existe solidariedade passiva, que afasta isenção em caráter pessoal;
c) Medusa, Meriva e Minerva estão exoneradas da obrigação de pagar o ITCMD já que, por existir solidariedade, isenção alcança todos os codevedores;
d) Medusa, Meriva e Minerva deverão pagar apenas um terço do valor do ITCMD devido, correspondente ao saldo não alcançado pela isenção, em razão da solidariedade.
e) Minerva deverá pagar apenas 1/3 do valor do ITCMD devido, correspondente a sua quota parte, porque isenção em caráter pessoal exonerou Medusa e Meriva da obrigação de pagar.

3. Avalie as seguintes afirmações sobre domicílio tributário e depois assinale quantas afirmações estão corretas:
I. as pessoas físicas têm como domicílio aquele que tiverem elegido, mesmo que sua residência habitual seja em lugar diverso;
II. a autoridade administrativa competente pode recusar o domicílio eleito pelo sujeito passivo quando dificulte a fiscalização do tributo, caso em que será considerado como domicílio tributário o lugar da situação do bem ou ocorrência dos atos que deram origem a obrigação tributária;

III. certa pessoa dedicada ao comércio ambulante, sem endereço fixo, somente encontrado junto a sua banca, poderá ser considerada pela autoridade fiscalizadora como sem domicílio fiscal;
IV. no caso de pessoa natural, domicílio será residência habitual, ou, sendo esta incerta ou desconhecida, aquela que a autoridade administrativa assim eleger.
a) 1;
b) 2;
c) 3;
d) 4.

4. Sobre obrigação tributária principal e acessória, assinale a opção correta:
a) segundo o Código Tributário Nacional, a obrigação de pagar multas e juros tributários constitui-se como obrigação acessória;
b) a obrigação acessória, quando não observada, converte-se em obrigação principal somente em relação à penalidade pecuniária;
c) a existência de obrigação tributária acessória pressupõe a existência de obrigação tributária principal;
d) a instituição de obrigação acessória, com a finalidade de dar cumprimento à obrigação principal, deve atenção ao princípio da estrita legalidade;
e) no sistema tributário nacional, admite-se que a obrigação de fazer, em situações específicas, seja considerada obrigação tributária principal.

5. Sobre obrigação tributária, é correto afirmar:
a) emissão de nota fiscal para controle do ICMS a ser recolhido é objeto de obrigação acessória;
b) o pagamento de multa pela não declaração do imposto de renda é objeto de obrigação acessória;
c) o pagamento de imposto de renda é objeto de obrigação acessória;
d) o preenchimento de guia de recolhimento do tributo é objeto de obrigação principal;
e) a declaração de isento do imposto de renda é objeto de obrigação principal.

6. A lei federal que criou o Adicional de Indenização do Trabalhador Portuário (AITP) enunciou como sujeito passivo desse tributo, de forma genérica, o operador portuário. A União, por meio de decreto do Presidente da República, equiparou a operador portuário

os importadores, exportadores e consignatários de mercadorias importadas do exterior. Tal equiparação é:
a) legal, pois ocorreu apenas adequação a um conceito previamente definido em lei;
b) legal, vez caber aos decretos especificações dos conceitos definidos em lei;
c) ilegal, portanto, a definição de sujeito passivo é privativa da lei;
d) ilegal em razão de não competir ao Presidente da República, mas ao Ministro de Transporte, a definição de operador portuário;
e) ilegal, em razão de não competir ao Presidente da República, mas ao Ministro do Comércio Exterior, a definição de operador portuário.

7. O médico João da Silva está há 4 (quatro) anos sem pagar a anuidade cobrada pelo Conselho Regional de Medicina (CRM). Diante desse cenário, o CRM poderá
a) inscrever o débito em dívida ativa de natureza tributária, depois promovendo a competente ação de execução fiscal, regida pela Lei nº 6.830/80, para cobrança.
b) promover a competente ação de execução fiscal regida pela Lei nº 6.830/80, sem necessidade de inscrição em dívida ativa, por serem as certidões de inadimplemento de anuidades expedidas pelos conselhos profissionais dotadas de natureza de título executivo extrajudicial.
c) promover a competente ação de cobrança das anuidades, regida pelo Código de Processo Civil, a partir da comprovação do não pagamento das anuidades em atraso.
d) promover a competente ação de execução das anuidades, regida pelo Código de Processo Civil, por serem as certidões de inadimplemento de anuidades expedidas pelos conselhos profissionais dotadas de natureza de título executivo extrajudicial.

CAPÍTULO 11

RESPONSABILIDADE TRIBUTÁRIA

Como bem salienta Paulo Oviedo (2019, p. 544-545), o tema responsabilidade tributária é um dos mais instigantes em Direito Tributário. A admissão da possibilidade de sujeição por responsabilidade não significa liberdade de constituição de responsáveis sem critério ou pelo mero capricho da simplificação do Fisco. Trata-se de um regime muito gravoso para quem assume, de tal modo que deve estar claramente justificado. Tal como o contribuinte, o responsável deve estar protegido de abusos e de regimes discriminatórios.

11.1 Responsável tributário

Não se deve confundir contribuinte com responsável tributário. O *contribuinte* (sujeito passivo direto) tem relação direta e pessoal com o fato gerador. É o protagonista da obrigação tributária. Tem, portanto, o dever de pagar o tributo. Ex.: João adquire um apartamento, logo é contribuinte de IPTU. O *responsável tributário* (sujeito passivo indireto), por sua vez, não é o contribuinte. Não tem relação direta e pessoal com o fato gerador. É um *terceiro* determinado por *lei* para assumir o *dever de pagar o tributo*. Apesar de não ter relação direta, o responsável tributário deve ter um *nexo mínimo* com o fato gerador. A responsabilidade tributária não é presumida; decorre de lei. É o que dispõe o art. 128, CTN.

A matéria responsabilidade tributária deve ser tratada por lei ordinária ou lei complementar?

O art. 146, III, "b", da CF/88 determina que as normas gerais sobre crédito tributário, obrigação tributária, lançamento, prescrição, decadência, etc. são veiculadas por *lei complementar*. Para o STF (RE nº 562276, 2010), normas gerais sobre responsabilidade tributária também são matéria reservada à *lei complementar*. Nesse sentido, se uma lei ordinária dispõe sobre responsabilidade solidária dos sócios quanto a débitos junto à seguridade social, deve ser declarada inconstitucional, porque responsabilidade tributária é assunto de lei complementar, conforme *art. 146, III, "b", CF/88*.

11.2 Classificação da responsabilidade tributária: por substituição ou por transferência

Responsabilidade por substituição. O dever de pagar o tributo *nasce, originalmente e exclusivamente* para o *responsável* por determinação da lei. Desde o início, o responsável é obrigado a pagar o tributo. Nas lições de Leandro Paulsen (2014, p. 78), "o substituto tributário é a pessoa a quem a lei determina, em caráter originário, que efetue o pagamento de determinado tributo em lugar do contribuinte". É caso da Substituição tributária pra trás; Substituição tributária pra frente e Substituição tributária concomitante.

Responsabilidade por transferência. O dever de pagar o tributo *nasce* para o *contribuinte*, mas por um *evento posterior*, definido por lei, é *transferido* para *responsável*. É o caso da Responsabilidade por sucessão; Responsabilidade de terceiros e Responsabilidade por infração.

Responsabilidade por substituição	Responsabilidade por transferência
O dever de pagar o tributo *nasce, originalmente e exclusivamente* para o *responsável* por determinação da lei.	O dever de pagar o tributo *nasce* para o *contribuinte*, mas por um *evento posterior*, definido por lei, é *transferido* para *responsável*.
• Substituição tributária pra trás • Substituição tributária pra frente • Substituição tributária concomitante	• Responsabilidade por sucessão • Responsabilidade de terceiros • Responsabilidade por infração

11.3 Substituição tributária: para trás e para frente

A diferença está no momento da ocorrência do *fato gerador*. Na substituição tributária pra trás, o fato gerador ocorre *antes* da substituição determinada por lei; na substituição tributária pra frente, o fato gerador ocorre *depois* da substituição determinada por lei.

Os casos de substituição estão ligados ao princípio da *praticidade*, visando facilitar a fiscalização e otimizar a cobrança para o Fisco; ocorrem com mais frequência na Lei do ICMS (LCF nº 87/96).

1. Substituição tributária pra trás ou regressiva

Tem o nome de substituição tributária para trás porque primeiro ocorre o fato gerador, depois, a substituição.

Imagine a existência de inúmeros fornecedores de produtos (algodão, leite, soja, laranja, etc.) a uma indústria agropecuária. A lei determina, por *praticidade*, que um participante da cadeia (dono da indústria) seja responsável tributário para pagar o ICMS devido pelos inúmeros fornecedores (produtores/vendedores), muitas vezes, de pequeno porte, dispersos, sem estabelecimento e escrituração contábil.

Praticidade significa facilidade na fiscalização, porque, normalmente, na substituição tributária pra trás, há inúmeros fornecedores. Para o Fisco, é preferível fiscalizar e cobrar uma indústria a inúmeros fornecedores. Como observa Paulo Oviedo (2019, p. 545), "é mais simples e prático cobrar de um agente econômico do que cobrar de milhares de pequenos agentes econômicos que estão dispersos e desorganizados".

A substituição tributária para trás gera *diferimento* do tributo a pagar, ou seja, o pagamento do ICMS devido pelos inúmeros fornecedores é diferido (adiado) para operação seguinte. Vale dizer: o Fisco receberá o valor do tributo num momento posterior porque houve diferimento do pagamento. O Fisco difere (adia) a cobrança para momento em que a indústria promover a saída da mercadoria. Nota-se que a obrigação de recolher o montante devido, que seria do vendedor, é transferida, por lei, ao adquirente.

A indústria agropecuária, por exemplo, recolhe ICMS como contribuinte da venda de *sua* mercadoria a outro estabelecimento e, *em separado*, recolhe ICMS como responsável tributário da venda da mercadoria realizada pelos inúmeros fornecedores (ICMS-ST).

Os substituídos (aqueles que deixam de recolher imposto porque tal obrigação é repassada ao responsável tributário) emitem *Nota Fiscal sem destaque do imposto*, informando "livre de cobrança do ICMS".[61]

Não há maiores questionamentos na substituição tributária pra trás, porque há simples postergação do pagamento do tributo para um contribuinte que vem a seguir na cadeia de comercialização da mercadoria.

O fato gerador do ICMS ocorre com a saída da mercadoria, e a base de cálculo é a venda da mercadoria (aquela estampada na NF emitida pelo vendedor).

---

[61] Na prática, como a maioria dos produtores moram em propriedades rurais distantes da cidade, não emitem Nota Fiscal. O dono da indústria, na verdade, é quem emite Nota Fiscal de Compra ao produtor, uma vez ao mês, no ato da compra.

Fica preservado o princípio da não cumulatividade.

São exemplos de substitutos tributários determinados por lei: fábrica de laticínios (em relação ao produtor de leite cru); usina de cana (em relação ao produtor de cana); frigorífico (em relação ao produtor de carne de animal de corte); indústria que utiliza sucata (em relação ao sucateiro); montadora de automóvel (em relação às peças compradas de terceiros).

2. Substituição tributária para frente ou progressiva

Previsão no art. 150, §7º, CF/88: *A lei poderá atribuir a sujeito passivo de obrigação tributária a condição de responsável pelo pagamento de **imposto ou contribuição**, cujo fato gerador deva ocorrer posteriormente, assegurada a imediata e preferencial restituição da quantia paga, caso não se realize o fato gerador presumido.*

Tem-se nome de substituição tributária pra frente porque primeiro ocorre a substituição, depois, o fato gerador presumido.

Abrange apenas impostos e contribuições, conforme art. 150, §7º, CF/88, porque são tributos não vinculados a uma atividade estatal.

Imagine a *cobrança antecipada* do ICMS de operações subsequentes que nem se realizaram a inúmeros clientes-consumidores (fato gerador presumido ou vendas presumidas).

A lei determina, por *praticidade*, que um participante da cadeia (dono da indústria de refrigerantes, por exemplo) seja responsável tributário pelo pagamento antecipado do ICMS devido nas operações posteriores que nem se realizaram. Não se conhece, portanto, o último fato gerador do ICMS, daí presume a base de cálculo da última operação, aquela em que a mercadoria chegará até o consumidor final.

O dono da indústria de refrigerantes recolherá ICMS como contribuinte, pela venda da mercadoria ao varejista (supermercado) e recolherá, em separado e antecipadamente, ICMS como responsável pela venda da mercadoria *a ser realizada* em operações subsequentes (pelo varejista aos inúmeros clientes-consumidores – ICMS-ST[62]).

O ICMS-ST é calculado com base no preço que se presume da venda ao consumidor final.

---

[62] Na explicação de Claudio Borba, como o industrial não tem como saber por qual preço o varejista irá vender, a lei que cria a substituição tributária atribui a cada produto a chamada *MVA* (margem de valor agregado), estabelecendo índices que o industrial acrescentará ao seu próprio preço de venda, criando a presunção de que este resultado é o preço da venda do varejista. Em outras palavras, na substituição tributária pra frente há uma técnica de pagamento antecipado, cuja base de cálculo será um valor agregado.

O pagamento antecipado feito pelo responsável tributário é definitivo e gera *direito de reembolso* do tributo, preferencial e imediato, caso o fato gerador presumido não ocorrer (supermercado pegou fogo), por expressa disposição do art. 150, §7º, CF/88.

O direito de reembolso na substituição tributária pra frente ocorre para o substituto ou substituído?

De acordo com STF, na ADI nº 1.851, de 2002, no caso de o *fato gerador presumido não ocorrer* (vendas futuras não foram realizadas porque o supermercado pegou fogo ou o estoque de bebidas está vencido), há direito de reembolso, ou seja, devolução imediata e preferencial da quantia paga ao *substituído* (supermercado varejista) porque é ele quem sofre o ônus tributário, por expressa disposição do art. 10 da LC nº 87/96.

E se o fato gerador presumido ocorrer (vendas futuras são realizadas), mas a menor (valor menor ao presumido)? (supermercado faz promoção na venda de refrigerantes). Imagine a empresa de refrigerante que pagou antecipadamente 100 de ICMS em substituição tributária pra frente, porém quando da ocorrência do fato gerador presumido (ocorrência de vendas futuras) percebe-se que era devido apenas 70 de ICMS, ou seja, empresa, na condição de responsável tributário, pagou ICMS a maior.

Em 2016, STF, no RE nº 593848, firmou entendimento de que é devida restituição do ICMS pago antecipadamente a maior também ao *substituído* (supermercado), sob pena de enriquecimento sem causa, a saber: "É devida restituição da diferença do ICMS pago a mais no regime de substituição tributária pra frente, se a base de cálculo efetiva da operação for inferior à presumida". É também o que dispõe art. 10 da LC nº 87/96.

São exemplos de substitutos tributários determinados por lei indústria de cigarros, refrigerantes, bebidas, remédios, refinaria de combustível e[63] montadoras de automóveis.

Quando há substituição tributária para frente, nota-se que no cupom fiscal do varejista (supermercado) não constará o percentual do tributo, porque o ICMS foi recolhido antecipadamente pela indústria e embutido no preço.

Pode-se afirmar que a substituição tributária para frente é caso de *obrigação tributária sem fato gerador.*

---

[63] Refinaria de combustível, responsável tributário, faz a cobrança antecipada do ICMS relativa às operações subsequentes (distribuidoras, postos e consumidores). Se a carreta, que saiu da refinaria, transportando 30 mil litros de gasolina explode ou se posteriormente se verifica ICMS pago a maior, os postos (substituídos) têm direito ao ressarcimento do ICMS pago antecipadamente pela refinaria, porque o fato gerador presumido não ocorreu ou ocorreu a menor.

Substituição tributária para trás (porque o FG ocorre antes da substituição)	Substituição tributária para frente (porque o FG ocorre depois da substituição) (CF/88, art. 150, §7º)
- Há *diferimento*.	Há pagamento antecipado de operações subsequentes e *direito de reembolso* para o substituído se o fato gerador presumido não ocorrer ou ocorrer a menor.
Ex.: Industrial adquire mercadorias de inúmeros produtores de pequeno porte, sem efetivo estabelecimento. É responsável tributário escolhido por lei para pagar o tributo devido pelos substituídos.	Ex.: Na venda de refrigerantes, o fabricante calcula e recolhe o seu imposto normalmente. Em separado, o fabricante calcula o valor do imposto que seria devido até a venda final ao consumidor e recolhe o imposto antecipadamente como responsável, cobrando tal valor no preço ao adquirente do refrigerante (supermercado, loja, restaurante, etc.).

Atenção! Substituição tributária concomitante. Denomina-se concomitante porque o fato gerador ocorre junto com a substituição tributária. É o caso do IR retido na Fonte. Quando ocorre o fato gerador do IR do empregado (pagamento do salário), a fonte pagadora (empregador ou empresa) é, por lei, indicada como responsável tributária pela retenção (pagamento) do IR de seu empregado, descontando da respectiva remuneração. Se a fonte pagadora deixar de reter o IRPF, o Fisco deverá se voltar contra ela (responsável tributário), porque o empregado, nesse caso, foi excluído da relação jurídico-tributária.

O art. 45, parágrafo único, do CTN refere-se à retenção e recolhimento pela fonte pagadora por ocasião do pagamento da remuneração.

11.4 Responsabilidade por sucessão

Na responsabilidade por sucessão, o dever de pagar o tributo nasce para o contribuinte, mas, por um evento sucessório, é transferido a terceiro. Evento sucessório pode ser: *imobiliário* (aquisição de bem imóvel), *pessoal* (evento *causa mortis*) e *empresarial* (reorganização de sociedades; extinção de pessoa jurídica de direito privado e aquisição de estabelecimento ou fundo de comércio).

1. *Sucessão imobiliária* (art. 130 e parágrafo único do CTN). *Dica*: *tributo sempre segue o bem!* O Fisco fica de olho em quem está com o bem.

Em regra, com a venda de um bem imóvel, o *adquirente*, por lei, torna-se responsável tributário pelos débitos devidos e não pagos pelo anterior proprietário (impostos, *taxas de serviços* e contribuições de melhoria relativas ao imóvel), *salvo* se houver cláusula contratual de quitação de débito tributário.

Note que o adquirente do bem imóvel não é responsável pelo pagamento da taxa de inspeção sanitária, porque é taxa de polícia que não se relaciona diretamente com imóvel e sim com atividade desempenhada no imóvel.

Ex.: Em 2017, João adquire de Antônio um imóvel urbano. É cobrado pelo não pagamento da taxa de coleta de lixo relativa ao ano de 2016 referente ao imóvel. Por lei, é responsável tributário (art. 130, CTN) pelo pagamento da taxa de serviço (taxa de coleta de lixo) se no título de transmissão da propriedade (escritura pública) não consta prova de seu pagamento.

Exceções. Não haverá responsabilidade tributária para adquirente de bens imóveis em dois casos:

a) *contrato exige prova de quitação dos tributos em atraso* (art. 130, *caput, in fine*, CTN). Essa prova é feita com certidão negativa de débito tributário – CND, obtida perante as Fazendas Públicas. A certidão de quitação impede o Fisco de cobrar os tributos em atraso do responsável tributário (adquirente), mas não o impede de cobrar do contribuinte.

b) *arrematante em hasta pública* (parágrafo único do art. 130, CTN). O adquirente de bem imóvel em hasta pública é denominado arrematante. Não é responsável pelo pagamento dos tributos em atraso do bem imóvel adquirido, porque a arrematação é considerada modo de aquisição *originária* de propriedade. O arrematante adquire o bem *imóvel limpo*, livre, desembaraçado dos encargos tributários. Nota-se que o arrematante não pagará valor algum ao Fisco, salvo o ofertado na arrematação. Importante destacar que o arrematante tem, portanto, direito à CND (art. 205, CTN).

O Fisco não pode cobrar do arrematante; cobrará, então, do preço pago. Daí falar que a *responsabilidade do arrematante sub-roga-se no preço*. A sub-rogação é *real* porque incide sobre o preço. Ex.: o arrematante, em hasta pública, adquiriu uma casa por 200 mil; se as dívidas fiscais em atraso forem de 100 mil, Fisco cobra 100 mil do preço da arrematação, e o credor receberá apenas 100 mil.

> Note-se que o CTN, art. 131, I, trata do adquirente ou remitente[64] de *bens móveis* como responsáveis tributários pelos débitos devidos e não pagos pelo anterior proprietário, *porém não há ressalva da cláusula contratual de quitação de débitos tributários*.

2. Sucessão causa mortis (art. 131, II e III, CTN)

Com evento morte, tem-se abertura da sucessão e o surgimento do espólio. Espólio é despersonalizado. Constitui a universalidade de bens, direitos e obrigações do falecido. O encerramento do espólio se dá com a partilha, que ocorre ao final do inventário.

Se houver fiscalização do Fisco após o evento morte, quem responde pelos tributos devidos pelo *de cujus* e não pagos até a abertura da sucessão? É o *espólio* como responsável tributário (art. 131, III, CTN). Logo, se na execução fiscal, o devedor morre, a execução continua contra o espólio porque é responsável tributário.

Se houver fiscalização do Fisco após a partilha e se verificar que o espólio não saldou a dívida tributária, quem responde pelos tributos não pagos pelo espólio *até a data da partilha*? É o *herdeiro ou cônjuge meeiro* como responsável tributário, nos limites de seus quinhões (art. 131, II, CTN). Ex.: após a partilha pela morte de seu pai, Tício e Mévio receberam notificação para pagamento do IR por ele devido quando ainda estava vivo. Esta exigência fiscal está correta porque os sucessores são responsáveis pelos tributos devidos, desde que não operada decadência ou prescrição.

> *Obs. 1*: Como explica Regina Helena Costa (2009, p. 200-201), "no mais das vezes, é o espólio que arca com o pagamento dos tributos devidos pelo falecido, uma vez que a partilha ou adjudicação somente são julgadas mediante apresentação de certidão negativa de débito fiscal".
> *Obs. 2*: Durante a abertura da sucessão até a partilha, espólio responde como contribuinte pelos tributos normalmente devidos (inventariante tem responsabilidade subsidiária do CTN, art. 134, IV); *após* a partilha, sucessores respondem como contribuintes pelos tributos normalmente devidos.

---

[64] Remitente é quem resgata o bem, paga uma dívida. Remição é o direito conferido ao cônjuge, descendente ou ascendente do devedor de resgatar bens penhorados no curso da execução mediante depósito de preço não inferior ao da avaliação.

> *Obs. 3:* O CTN, art. 131 não menciona o inventariante. Pode-se afirmar que o inventariante não tem responsabilidade tributária pelo pagamento de tributos devidos pelo *de cujus*. Só será responsável tributário se descumprir o dever de zelo com espólio e se for impossível exigir cumprimento da obrigação pelo espólio (CTN, art. 134) ou agir com excesso de poder ou infração à lei (CTN, art. 135).

3. *Sucessão empresarial*
3.1. *Reorganização de empresa* (art. 132, CTN)

A *pessoa jurídica que resultar de fusão, transformação* ou *incorporação* de outra ou em outra será responsável pelas dívidas anteriores *até a data do ato* (do evento empresarial – fusão, etc.). O desaparecimento de uma gera responsabilidade da que suceder. Logo, *empresas sucessoras* são responsáveis tributárias.

No caso de *transformação*, em que há apenas mudança de tipo societário, a nova empresa, por lei, é responsável exclusivamente pelo pagamento de tributos anteriores da empresa transformada *até a data do ato*. Ex.: Empresa Ltda. que é transformada em S/A. Após transformação, surgem débitos. Empresa nova é responsável tributária.

No caso de *incorporação*, a empresa incorporadora, por lei, é responsável exclusivamente pelo pagamento de tributos anteriores das empresas incorporadas *até a data do ato*. Ex.: Empresa A é incorporada à Empresa B. Após incorporação, surgem débitos da empresa incorporada (A). Empresa incorporadora (B) é responsável tributária.

No caso de *fusão*, a nova empresa, por lei, é responsável exclusivamente pelo pagamento de tributos anteriores das empresas fusionadas *até a data do ato*. Ex.: Empresa A é fundida com Empresa B. Após fusão, surgem débitos das empresas A e B. Empresa nova é responsável tributária.

Atenção! A cisão não foi mencionada no art. 132 do CTN porque normatizada somente pela Lei de S/A (Lei nº 6404/76), isto é, posteriormente ao CTN, que é de 66. Interpretar como se fosse espécie de "transformação". Ex.: Empresa A foi cindida dando origem a empresa B e empresa C. Após a cisão, surgem débitos da Empresa A. Essas novas empresas responderão *solidariamente* pelos tributos devidos pela empresa A até a data da cisão.

3.2. *Extinção de empresa* (art. 132, parágrafo único, CTN)

Por determinação legal, o *sócio remanescente* que continua no mesmo ramo de atividade econômica da sociedade extinta (continuador) é responsável pelo pagamento de tributo não pago da sociedade extinta até a data do ato. A *ratio* da norma é dificultar a extinção de sociedades com débitos fiscais. Note que não ocorrerá responsabilidade por sucessão se adquirente não continuar ou iniciar atividade diversa.[65]

Ex.: João e Pedro são sócios da JP Pneus. Posteriormente, resolvem desfazer sociedade, sendo que João, ao receber sua parcela, aposenta-se; Pedro, ao contrário, soma seus recursos ao seu filho José e constituem nova empresa no mesmo segmento PN Pneus. A nova empresa PN Pneus deverá assumir a responsabilidade pelas obrigações tributárias da antiga empresa porque é continuador.

3.3. Aquisição de fundo de comércio (art. 133, CTN)

Fundo de comércio ou estabelecimento comercial é conjunto de bens materiais e imateriais que o empresário utiliza para exercício de suas atividades (universalidade de bens), como ponto, clientela, nome comercial, prateleiras, etc.

No caso de aquisição de fundo de comércio ou estabelecimento comercial, o ônus do encargo tributário é do *adquirente continuador*. Por vezes, a responsabilidade do adquirente continuador será integral ou subsidiária. Para haver responsabilidade tributária, contudo, o adquirente deve ser continuador do mesmo ramo de atividade econômica do alienante. Se o adquirente não continuar explorando a mesma atividade, não é responsável tributário.

Responsabilidade integral do adquirente

Se o alienante encerra atividade comercial (vende estabelecimento comercial) e não inicia qualquer nova atividade dentro de 6 meses da alienação, o adquirente, por lei, é responsável *integralmente* pelo pagamento dos tributos até a data do ato (até o trespasse, a alienação) se prossegue na mesma atividade comercial. É mais fácil para Fisco cobrar do adquirente que está com o estabelecimento.

---

[65] A extinção de uma empresa, por exemplo, ocorre independente de regularidade de obrigações tributárias. É o que dispõe art. 9º da LC nº 123/06: "O registro dos atos constitutivos, de suas alterações e extinções (baixas), referentes a empresários e pessoas jurídicas em qualquer órgão dos 3 (três) âmbitos de governo ocorrerá independentemente da regularidade de obrigações tributárias, previdenciárias ou trabalhistas, principais ou acessórias, do empresário, da sociedade, dos sócios, dos administradores ou de empresas de que participem, sem prejuízo das responsabilidades do empresário, dos titulares, dos sócios ou dos administradores por tais obrigações, apuradas antes ou após o ato de extinção".

Ex.: Sou dono de duas padarias; vendo uma para A e outra para B e saio do comércio. Os adquirentes continuam no exercício da atividade comercial, porém A com padaria e B com sorveteria. A, por lei, é responsável integral pelo pagamento dos tributos relativos àquela unidade comercial adquirida (e não por todos os tributos devidos pelo alienante), porque é continuador da mesma atividade comercial do alienante.

Responsabilidade subsidiária do adquirente
Se o alienante encerra atividade comercial e volta a exercê-la *dentro de seis meses*, contados da alienação, ainda que em outro ramo ou prossegue na mesma exploração, o adquirente, por lei, é responsável *subsidiário* pelo pagamento dos tributos até a data do ato (até o trespasse) se prossegue na mesma atividade comercial. Aqui há o *benefício de ordem*: primeiro, cobra-se do alienante e, se inadimplente, do adquirente.

Ex.: Sou dono de duas padarias; vendo uma delas. O adquirente continua com padaria e eu abro uma sorveteria dentro de seis meses. O adquirente é responsável tributário subsidiário pelos tributos não pagos pela padaria adquirida porque o Fisco deve, primeiramente, cobrar o alienante e, se não tiver bens, o adquirente.

Em síntese: O adquirente de fundo de comércio só será responsável (integral ou subsidiariamente) se ele continuar na mesma atividade comercial do alienante. Responsabilidade do adquirente será *integral* se o alienante vende e sai do comércio; será *subsidiária* se o alienante vende e volta ao comércio dentro de 6 meses, ainda que em outro ramo ou continua com algum estabelecimento comercial. Em ambos os casos, o adquirente é o continuador.

Na sucessão empresarial há a *Súmula nº 554 do STJ*, que determina que a empresa sucessora é responsável tributária pelo pagamento de tributos e de multa (qualquer multa).

O art. 133, §§1º e 4º, CTN, traz *regra de incentivo em alienação judicial de estabelecimentos comerciais em recuperação judicial ou falência*: os adquirentes não são responsáveis tributários, salvo se sócio da sociedade falida ou recuperação judicial; parente em linha reta ou colateral até 4º grau ou agente de sócio.

Nesses casos, serão responsáveis para evitar fraude. Pode-se falar que a regra da sucessão empresarial do art. 133, CTN, não se aplica quando alienação de estabelecimento comercial ocorre em processo de falência ou recuperação judicial e o adquirente não é próprio sócio ou parente de sócio.

Responsabilidade por sucessão

Sucessão imobiliária (CTN, art. 130 e parágrafo único)	Sucessão causa mortis (CTN, art. 131, II e III)	Alterações empresariais (CTN, art. 132, *caput*)	Extinção de empresa (CTN, art. 132, parágrafo único)	Aquisição de Fundo de comércio (CTN, art. 133)
Responsável é *adquirente de bens imóveis*, salvo 1) se título de transferência exigir a prova de quitação dos débitos tributários; 2) arrematante de bens imóveis.	Responsável é o *espólio* pelos tributos devidos pelo *de cujus* até a data da morte (abertura da sucessão); *herdeiros ou cônjuge meeiro*, pelos tributos devidos pelo *de cujus* não pagos pelo espólio até a data da partilha ou devidos pelo *de cujus* quando ainda estava vivo.	A *pessoa jurídica que resultar de fusão, cisão, transformação ou incorporação* será responsável pelas dívidas anteriores até a data do ato.	Responsabilidade do *sócio remanescente* que continua na mesma exploração da atividade econômica do alienante	Responsabilidade será *integral* ou *subsidiária do adquirente* que continua na mesma exploração da atividade econômica do alienante.

11.5 Responsabilidade de terceiros

Responsabilidade de terceiros pode ser: subsidiária ou pessoal (arts. 134 e 135, CTN).

1. *Responsabilidade subsidiária* (art. 134 CTN)

O artigo 134 fala de *culpa* do terceiro. Aqui, os responsáveis não são adquirentes patrimoniais, nem de bens imóveis, nem de fundo de comércio, mas pessoas que tinham o *dever de zelar* pelo pagamento do tributo de determinadas pessoas (incapazes, entes sem personalidade, por exemplo) e não fizeram. Houve falha no dever de bem administrar os bens do contribuinte.

Embora o artigo 134, CTN, fale, impropriamente, em responsabilidade solidária, trata-se, na verdade, de responsabilidade **subsidiária**, porque *há benefício de ordem:* primeiro o Fisco cobra do contribuinte e, diante da *impossibilidade de exigência,* cobra-se do responsável que tinha o dever de zelar pelo patrimônio de incapazes ou entes sem personalidade e não o fez; ao contrário, colaborou para o não pagamento do tributo pelo contribuinte. O responsável tributário responderá com seus próprios bens.

Quem são os terceiros previstos no art. 134, CTN, com "dever de zelar"? Pais, tutores, curadores, administrador de bens de terceiros, inventariante, tabelião, etc. Exemplos:

1. Antônio, de três anos, herda apartamento, devidamente registrado em seu nome. Ao receber a primeira notificação de pagamento do IPTU do imóvel, os pais de Antônio deixam de efetuar o pagamento por entender que a cobrança era improcedente em razão da incapacidade civil do filho. O Fisco cobrará IPTU dos pais, porque são responsáveis tributários pelo tributo devido pelo filho menor;
2. Maria é tabeliã do cartório de registro de imóveis e ao efetuar um registro deixou de fiscalizar o recolhimento do ITBI pelo contribuinte, ao qual estava legalmente obrigada. Maria será considerada responsável subsidiária, devendo recolher o ITBI caso o contribuinte não possa fazê-lo;
3. administrador de bens de terceiros, com procuração plena, deixa de recolher, por negligência, o IPTU relativo ao imóvel de seu cliente, poderá ser responsabilizado subsidiariamente se o contribuinte não adimplir;
4. espólio, após a abertura da sucessão, deixa de pagar os tributos relativos aos bens deixados pelo *de cujus,* o inventariante é responsável tributário subsidiário se o Fisco não tem como receber do espólio.

O terceiro do art. 134 do CTN também é responsável pelo pagamento de multas? De acordo com *parágrafo único do art. 134, CTN,* só é responsável pelo pagamento das *multas moratórias.*

2. Responsabilidade pessoal (art. 135 CTN)

O artigo 135 fala de *dolo* do terceiro. Aqui, os responsáveis praticaram, *dolosamente,* atos com *excesso de poder* ou *infração à lei, contrato social ou estatuto.* O terceiro age de forma irregular (vontade de lesionar o contribuinte). Trata-se de situação grave, de ilícito. Nota-se que a responsabilidade pessoal e exclusiva dos indicados no art. 135, CTN, implica a exoneração de qualquer responsabilidade da pessoa jurídica.

A *dissolução irregular* da sociedade é considerada infração à lei e enseja responsabilidade pessoal do sócio-gerente, conforme *Súmula nº 435, STJ (Presume-se dissolvida irregularmente a empresa que deixar de funcionar no seu domicílio fiscal, sem comunicação aos órgãos competentes, legitimando o redirecionamento da execução fiscal para o sócio-gerente).*

É o caso da empresa que encerra atividades sem dar baixa nos órgãos competentes. "O sócio-gerente tem o dever de manter atualizados os registros empresariais e comerciais, em especial quanto a localização da empresa e sua dissolução. Ocorre aí uma presunção da ocorrência de ilícito. Este ilícito é justamente a não obediência ao rito próprio para dissolução empresarial" (STJ, Resp nº 1371128).

O mero inadimplemento da sociedade, por si, não gera responsabilidade do sócio-gerente, porque não caracteriza infração à lei. É o que dispõe a *Súmula nº 430 do STJ (O inadimplemento da obrigação tributária pela sociedade não gera, por si só, a responsabilidade solidária do sócio-gerente).* Essa situação diz respeito à atuação normal da empresa.

"A falência não constitui ato ilícito, não podendo de modo algum ser invocada pelo Fisco para incidência do 135, III, CTN" (PAULSEN, 2008, p. 224). Na falência, a empresa encerra suas atividades com débitos que não consegue saldar. Logo, o contribuinte é a massa falida.

Quem são os terceiros previstos no art. 135, CTN, que agem com dolo? Pessoas do art. 134, CTN; empregados; sócio-gerente. Exemplos:
1. diretor de sociedade que adquire bem imóvel sabendo, pelo estatuto social, que estava impedido de fazê-lo sem anuência de todos os sócios, será o responsável pessoal pela dívida do ITBI;
2. sócio-gerente dissolve irregularmente a sociedade, deixando débitos tributários pendentes, será responsável pelo pagamento deles;
3. caixa de supermercado que vende mercadorias furtadas do supermercado será responsável pelo pagamento de ICMS.

Para Leandro Paulsen (2008, p. 223), é situação típica do art. 135, III, CTN quando a empresa retém tributos devidos, mas os seus sócios-gerentes não cumprem a obrigação de repassar os respectivos valores aos cofres públicos.

Nota-se aqui que o SÓCIO, por si, NÃO É RESPONSÁVEL TRIBUTÁRIO. Para o art. 135, III, CTN, é responsável diretor, gerente, representante, ou seja, *quem pratica atos de administração da sociedade*, e sócio não o faz. O sócio-gerente deve se encontrar na direção da empresa na data do cumprimento da obrigação tributária, com poderes de decisão em relação ao recolhimento do tributo.

Terceiros que ferem "dever de zelo" para com patrimônio de incapazes ou entes sem personalidade (CTN, art. 134)	Terceiros que, com dolo, agem com excesso de poder, infração à lei, contrato social ou estatuto social (CTN, art. 135)
Responsabilidade *subsidiária* (CTN fala equivocadamente em responsabilidade solidária) I – os pais, pelos tributos devidos por seus filhos menores; II – os tutores e curadores, pelos tributos devidos por seus tutelados ou curatelados; III – os administradores de bens de terceiros, pelos tributos devidos por estes; IV – o inventariante, pelos tributos devidos pelo espólio; V – o ~~síndico e o comissário~~ (administrador judicial), pelos tributos devidos pela massa falida ou pelo ~~concordatário~~ (empresa em recuperação judicial); VI – os tabeliães, escrivães e demais serventuários de ofício, pelos tributos devidos sobre os atos praticados por eles, ou perante eles, em razão do seu ofício; VII – os sócios, no caso de liquidação de sociedade de pessoas (em desuso)	Responsabilidade *pessoal*. *(DICA: na maioria das vezes, essa é situação da responsabilidade do sócio-gerente).* I – das pessoas referidas no Art. 134, contra aquelas por quem respondem; II – dos mandatários, prepostos ou empregados, contra seus mandantes, preponentes ou empregadores; III – dos diretores, gerentes ou representantes de pessoas jurídicas de direito privado, contra esta

O *art. 208, CTN*, traz a responsabilidade pessoal do emissor da certidão negativa de débitos em caso de fraude ou dolo. É o caso do servidor fazendário (SEFAZ) que emite CND com conteúdo inverídico. Será responsável pessoalmente pelo pagamento da diferença que não consta da certidão, além de responsabilidade administrativa e responsabilidade penal (crime de prevaricação).

Nem sempre haverá a responsabilidade de terceiro. "Assim é que, se o diretor ou representante de pessoa jurídica for diligente e agir com retidão na sua gestão fiscal, não restará responsabilizado por dívidas da empresa. Se o funcionário agir com correção na expedição da certidão, não empregando dolo ou fraude para favorecer o devedor, não restará pessoalmente responsabilizado por eventual crédito tributário. Se tabelião exigir os documentos comprobatórios do pagamento dos tributos inerentes à operação perante ele formalizada, nada terá de suportar" (PAULSEN, 2008, p. 86-87).

Quando ocorre o redirecionamento da execução fiscal? Quando o crédito tributário for impossível de ser satisfeito por quem figura na CDA e, geralmente, o redirecionamento é realizado nas hipóteses dos artigos 134 e 135 do CTN.

11.6 Responsabilidade por infração

Leia-se: Responsabilidade pelo pagamento de *multa tributária*.[66]

Na verdade, a responsabilidade por infração aplica-se ao sujeito passivo (contribuinte e responsável tributário) que cometer infração à legislação tributária. Ex.: sociedade empresária que deixa de pagar ICMS e de emitir nota fiscal; contribuinte que não entrega declaração de renda na data prevista.

Responsabilidade objetiva. De acordo com art. 136, CTN, a responsabilidade por infração é *objetiva*, isto é, independe de prova do elemento subjetivo, salvo disposição de lei em contrário. O sujeito passivo descumpriu obrigação tributária? Há infração punível com multa, independentemente da intenção do infrator.[67]

Responsabilidade pessoal do infrator. Em regra, as punições por infrações recaem no sujeito passivo da obrigação tributária não cumprida. Se não apresentar declaração de IR na data prevista, multa ao contribuinte; se não emite NF, multa à empresa contribuinte.

Contudo, o art. 137, CTN, traz responsabilidade *pessoal* para o pagamento de multas para determinadas pessoas, afastando os contribuintes. Essas pessoas são os *executores materiais da infração* e, nesse caso, será importante o *elemento subjetivo*. A ideia é responsabilizar aquele que, ao arrepio do contribuinte, age *dolosamente*. Fala-se em *dolo específico*.

É o caso da pessoa que pratica infração grave qualificada como crime ou que pratica infração prejudicando a entidade/pessoa que representa. Contudo, se essa pessoa executa aquilo que determina o contribuinte, não há responsabilidade para ela.

---

[66] Multa tributária é penalidade pecuniária pelo não cumprimento de obrigação tributária principal ou acessória.

[67] Para Edvaldo Nilo (2011, p. 265), "autoridade administrativa competente não precisa investigar se o infrator (contribuinte ou responsável tributário) atuou com dolo ou culpa, dispensando-se o elemento da vontade do infrator". Logo, se não declaro nem pago IR, fisco exigirá valor do tributo e multa, independente de prova de dolo ou culpa.

Ex. 1: Empregado de empresa, dolosamente, no intuito de desviar mercadorias para proveito pessoal, carrega um caminhão e, sem o documento fiscal, vende produtos a terceiros. Em sendo a pessoa jurídica fiscalizada e descoberto que não há nota fiscal emitida nessa operação, em razão do ato doloso e criminoso de desvio de mercadorias do empregado, a multa fiscal recairá sobre o empregado, estando excluída a responsabilidade da pessoa jurídica. A responsabilidade é pessoal do empregado.

Ex. 2: Empresa é multada por não apresentar NF relativa a venda de mercadorias. Alega que não tinha NF porque o diretor havia furtado, sendo, inclusive, condenado por furto com sentença transitada em julgado. A responsabilidade é pessoal do diretor da empresa.

Responsabilidade por infração (CTN, art. 137)
Responsabilidade *pessoal* *a*) das pessoas referidas no art. 134, contra aquelas por quem respondem; *b*) dos mandatários, prepostos ou empregados, contra seus mandantes, preponentes ou empregadores; *c*) dos diretores, gerentes ou representantes de pessoas jurídicas de direito privado, contra esta

Não confundir responsabilidade por infração (art. 137, CTN) com responsabilidade de terceiro (art. 135, CTN):

Ex: sócio-gerente que dissolve irregularmente sociedade ou compra bem imóvel sem concordância dos sócios é responsável tributário pessoalmente pelo pagamento dos *tributos* decorrentes de seus atos (responsabilidade de terceiro – art. 135, III, CTN) e é responsável pessoalmente pelo pagamento de *multa* em razão de descumprimento de obrigação tributária principal (responsabilidade por infração – art. 137, III, "c", CTN).

CTN, art. 135, III	CTN, art. 137, III, "c"
Responsabilidade pessoal do sócio-gerente que *dolosamente* age com *excesso de poder, infração à lei, contrato ou estatuto social*	Responsabilidade pessoal do sócio-gerente que, com *dolo específico*, praticou infração por descumprir obrigação tributária
Sócio-gerente deverá pagar pessoalmente pelos *tributos* decorrentes de seus atos (IPTU, ITBI)	Sócio-gerente deverá pagar pessoalmente pelas *multas* decorrentes de seus atos
Responsabilidade de terceiro	Responsabilidade por infração

11.7 Denúncia espontânea

A denúncia espontânea é um favor legal que afasta a responsabilidade pelo pagamento da multa (art. 138, CTN).

Segundo Leandro Paulsen (2018, p. 237), o objetivo da norma é estimular o contribuinte infrator a colocar-se em situação de regularidade, resgatando as pendências deixadas e ainda desconhecidas por parte do Fisco, com o que este recebe o que lhe deveria ter sido pago e cuja satisfação, não fosse a iniciativa do contribuinte, talvez jamais ocorresse. Incentiva o "arrependimento fiscal".

Para doutrina e jurisprudência, na denúncia espontânea há *exclusão* da aplicação de *qualquer multa* (moratória e punitiva). O art. 138, CTN, não faz distinção entre multa moratória e punitiva. Para o STJ, no Resp nº 957036, de 2007, na denúncia espontânea, há extinção de punibilidade para multas punitivas quanto moratórias, a saber: "A expressão multa punitiva é até pleonástica já que toda multa tem objetivo de punir, seja em razão de mora, seja por outra circunstância, desde que prevista em lei. Daí jurisprudência do STJ ter-se alinhado no sentido de que a denúncia espontânea exclui a incidência de qualquer multa".

Requisitos:
1. *o infrator deve apresentar-se à repartição fiscal e confessar pessoal e espontaneamente infração à obrigação tributária;*
2. *desconhecimento do Fisco.* A confissão deve ser realizada antes do início de qualquer procedimento administrativo ou medida de fiscalização (antes do termo de início de fiscalização, antes da notificação para pedido de esclarecimento, antes do lançamento do tributo – auto de infração). Se o sujeito passivo foi autuado ou notificado para esclarecimentos ou se o agente fiscal adentrou no estabelecimento do contribuinte, não cabe denúncia espontânea (art. 138, parágrafo único c/c art. 196, CTN);
3. *deve pagar integralmente o valor do tributo, juros de mora e correção monetária.*

Para STJ, no Resp nº 284189/SP, 2002, o *parcelamento* não é pagamento integral, então, na denúncia espontânea, o pagamento não pode ser feito em parcelas, a saber: "O parcelamento, pois, não é pagamento, e a este não substitui, mesmo porque não há a presunção de que, pagas algumas parcelas, as demais igualmente serão adimplidas, nos termos do art. 158, I, do mencionado Códex". O pagamento integral não significa *depósito do montante integral* do art. 151, II, CTN, porque o depósito pressupõe cobrança do tributo.

Não se admite denúncia espontânea nos tributos lançados por homologação em que se faz declaração, mas pago a destempo (*Súmula nº 360, STJ*). Se contribuinte declara e não paga, não tem direito a denúncia espontânea, porque a declaração é confissão de dívida e constitui crédito tributário, dispensada outra providência por parte do Fisco, como o lançamento. É o que dispõe a *Súmula nº 436, STJ*.

Para o contribuinte que declara e não paga, inclusive, é legítima a recusa de CND (certidão negativa de débitos) e CPEN (certidão positiva com efeito negativo), conforme *Súmula nº 446, STJ*.

Por outro lado, se o contribuinte não declara nem paga, tem direito à denúncia espontânea.

Súmula nº 360 do STJ: Denúncia espontânea não alcança tributos sujeitos a lançamento por homologação. O benefício da denúncia espontânea não se aplica aos tributos sujeitos a lançamento por homologação regularmente declarados, mas pagos a destempo.

Súmula nº 436 do STJ: A entrega de declaração pelo contribuinte, reconhecendo o débito fiscal, constitui o crédito tributário, dispensada qualquer outra providencia por parte do Fisco.

Súmula nº 446 do STJ: Declarado e não pago o débito tributário pelo contribuinte, é legítima a recusa de expedição de certidão negativa ou positiva com efeito de negativa.

Não cabe denúncia espontânea no caso de descumprimento de obrigação acessória. Para STJ, no REsp nº 669851, de 2005, não cabe denúncia espontânea para obrigação acessória porque é autônoma e não está vinculada ao fato gerador; o não cumprimento da obrigação acessória gera multa isolada. Logo, o sujeito passivo que não entrega declaração (GIA, DCTF), por ser ato puramente formal, fica sujeito a multa isolada.

Quadro das responsabilidades

Substituição tributária	Responsabilidade por sucessão	Responsabilidade de terceiros	Responsabilidade por infração
Terceiro é escolhido, desde o início, por lei, para pagar o tributo para fins de praticidade.	Há um evento (imobiliário, *mortis causa* ou empresarial) que transfere dever de pagar tributo para terceiro.	Terceiro age contra os interesses do contribuinte (3º age com culpa ou com dolo). Responsabilidade é subsidiária ou pessoal.	Terceiro é responsável pelo pagamento da *multa* em razão de uma infração cometida ao arrepio do contribuinte (dolo específico). Responsabilidade é pessoal.

Exercícios de responsabilidade tributária[68]

1. Determinada pessoa, havendo arrematado imóvel em leilão judicial ocorrido em processo de execução fiscal para cobrança do IPTU, vem a sofrer a exigência pelo saldo devedor da execução não coberto pelo preço da arrematação. Essa exigência é:
a) legal, pois o arrematante é sucessor do executado em relação ao imóvel, e em sua pessoa fiscal ficam sub-rogados os créditos dos tributos incidentes sobre o mesmo imóvel;
b) ilegal, pois o crédito do exequente se sub-roga sobre o preço da arrematação, exonerando o arrematante quanto ao saldo devedor;
c) legal, pois o valor pago pelo arrematante não foi suficiente para a cobertura da execução;
d) legal, pois a arrematação não pode causar prejuízo ao Fisco.

2. O gerente administrativo de uma sociedade de pessoas pratica dolosamente conduta descrita como crime ao deixar de pagar os tributos devidos sem aquiescência dos sócios-proprietários. Acerca dessa situação, assinale alternativa correta:
a) O gerente não será responsável pelo pagamento do tributo devido pela sociedade, mas responderá pelo crime tributário.
b) Os sócios-proprietários respondem pelo pagamento da dívida tributária não paga pelo gerente administrativo.

---

[68] *Respostas:* 1. b; 2. e; 3. d; 4. a; 5. a; 6. b; 7. a; 8. c

c) Os sócios-proprietários e o gerente responderão de forma solidária pelo ônus de pagamento dos tributos.
d) Os sócios são pessoalmente responsáveis pelo ilícito tributário praticado pelo gerente, mas poderão acioná-lo na justiça para ressarcimento do dano.
e) O gerente administrativo será responsabilizado pessoalmente pelo crédito correspondente à obrigação tributária resultante da infração à lei praticada de forma dolosa.

3. A indústria Milho Bom S/A adquiria milho de pequenos produtores localizados no DF e no entorno e, após submetê-lo a processo de industrialização, enlatava-o e vendia-o para distribuidores, que os revendiam para comercialização em supermercados e quitandas da região. O ICMS era recolhido aos cofres do DF pela indústria, tanto o incidente na aquisição quanto na alienação. O primeiro era calculado e cobrado do produtor pelo preço do milho adquirido e, na saída da mercadoria industrializada, era retido e calculado com base no preço que se presumiu ser praticado na venda ao consumidor final. Em face dessa situação hipotética, assinale alternativa correta.
a) O ICMS é tributo não cumulativo e, por isso, incidente em cada fase da circulação de mercadoria, em razão do que a apuração não pode ser realizada antes que tal ocorra.
b) A existência do convênio estabelecendo tal forma de apuração de tributo torna lícita apuração.
c) O cálculo do ICMS, quando da alienação, foi efetivado com base no instituto do diferimento, já que considerou todas as fases de circulação de mercadoria.
d) A apuração do ICMS tomou por base a substituição tributária para trás e para frente.
e) O ICMS não pode ser calculado e exigido da indústria como foi feito, máxime porque não se sabe se a circulação de mercadoria ocorrerá, em face das perdas decorrentes de fatores supervenientes, tais como vencimento do prazo de validade do produto e avarias durante o transporte.

4. Em nosso sistema tributário, a característica mais marcante da substituição progressiva decorre:
a) da presunção da ocorrência do fato gerador;
b) da ruptura do nexo causal de solidariedade entre contribuinte e substituto;
c) da inexistência do lançamento tributário;

d) dos efeitos cumulativos do pagamento do tributo;
e) da progressividade da alíquota.

5. Assinale a opção correta. A lei poderá atribuir a sujeito passivo de obrigação tributária a condição de responsável pelo pagamento de imposto ou contribuição, cujo fato gerador deva ocorrer posteriormente, assegurada a imediata e preferencial restituição da quantia paga, caso não se realize o fato gerador presumido. O dispositivo referido veicula:
a) instituto da substituição tributária para frente;
b) lançamento por homologação;
c) um privilégio do crédito tributário;
d) hipótese de responsabilidade por sucessão;
e) sujeição passiva extraordinária.

6. A pessoa jurídica XXX é devedora de Contribuição Social sobre o Lucro Líquido (CSLL), além de multa de ofício e de juros moratórios (taxa Selic), relativamente ao exercício de 2014. O referido crédito tributário foi devidamente constituído por meio de lançamento de ofício, e sua exigibilidade se encontra suspensa por força de recurso administrativo. No ano de 2015, a pessoa jurídica XXX foi incorporada pela pessoa jurídica ZZZ. Sobre a responsabilidade tributária da pessoa jurídica ZZZ, no tocante ao crédito tributário constituído contra XXX, assinale a afirmativa correta.
a) A incorporadora ZZZ é responsável apenas pelo pagamento da CSLL e dos juros moratórios (taxa Selic).
b) A incorporadora ZZZ é integralmente responsável tanto pelo pagamento da CSLL quanto pelo pagamento da multa e dos juros moratórios.
c) A incorporadora ZZZ é responsável apenas pelo tributo, uma vez que, em razão da suspensão da exigibilidade, não é responsável pelo pagamento das multas e dos demais acréscimos legais.
d) A incorporadora ZZZ é responsável apenas pela CSLL e pela multa, não sendo responsável pelo pagamento dos juros moratórios.

7. A pessoa jurídica Sigma teve lavrado contra si um auto de infração. A autuação fiscal lhe impôs multa pela falta de exibição de notas fiscais durante um determinado período. Após ser citada em sede de execução fiscal, a pessoa jurídica Sigma alegou, em embargos à execução, que não apresentou as notas fiscais porque elas haviam sido furtadas por seu antigo gerente geral, que, com elas, praticara

ilícito criminal, tendo sido, por isso, condenado na esfera penal por sonegação fiscal e furto daquelas notas. Com base nessa narrativa, no que tange ao pagamento da multa tributária, assinale a afirmativa correta.
a) A responsabilidade é pessoal do antigo gerente por ter cometido infração conceituada na lei como crime.
b) A empresa deve arcar com o pagamento da multa, sendo possível, posteriormente, uma ação de regresso em face do antigo gerente geral.
c) O antigo gerente não pode ser responsabilizado na esfera cível/tributária, por já ter sido condenado na esfera penal.
d) O caso é de responsabilidade solidária, por ter a empresa nomeado o antigo gerente para cargo de tamanha confiança.

8. Pedro tem três anos de idade e é proprietário de um apartamento. Em janeiro deste ano, o Fisco notificou Pedro para o pagamento do Imposto Predial e Territorial Urbano (IPTU), por meio do envio do carnê de cobrança ao seu endereço. Os pais de Pedro, recebendo a correspondência, decidiram não pagar o tributo, mesmo possuindo recursos suficientes para tanto. Diante da impossibilidade de cumprimento da obrigação por Pedro, assinale a afirmativa correta.
a) Os pais de Pedro devem pagar o tributo, na qualidade de substitutos tributários.
b) O Fisco deverá aguardar Pedro completar 18 anos para iniciar o processo de execução da dívida.
c) Os pais de Pedro responderão pelo pagamento do tributo, uma vez que são responsáveis tributários na condição de terceiros.
d) O Fisco deve cobrar o tributo dos pais de Pedro, já que são contribuintes do IPTU.

PARTE III

DO CRÉDITO TRIBUTÁRIO

CAPÍTULO 12

CRÉDITO TRIBUTÁRIO E LANÇAMENTO

Na lição de Paulo Oviedo (2019, p, 616), o lançamento é muito mais que uma mera operação matemática singela, como aparentemente demonstra ser. Este é a base da pretensão do Fisco, sem o qual não pode ser exigível a dívida tributária do contribuinte.

12.1 Crédito tributário

Crédito tributário é o direito subjetivo conferido ao sujeito ativo de cobrar, de exigir do sujeito passivo (contribuinte ou responsável tributário) o pagamento do valor devido a título de tributo.

Quando o crédito tributário nasce? (art. 139, CTN). Com o lançamento. Não é com a obrigação tributária. Daí o artigo 139 do CTN falar que o crédito tributário *decorre* (é consequência) da obrigação tributária principal, da existência de um tributo, porque o *nascimento* ocorre mesmo com o lançamento (*Art. 139. O crédito tributário decorre da obrigação principal e tem a mesma natureza desta*).

Crédito tributário é autônomo da obrigação tributária (art. 140, CTN). De fato, crédito tributário não deve ser confundido com obrigação tributária. Enquanto crédito tributário nasce do lançamento; obrigação tributária nasce do fato gerador.

12.2 Lançamento tributário

De acordo com o conceito legal, lançamento tributário é o procedimento administrativo, vinculado e obrigatório, realizado pela autoridade administrativa para constituir o crédito tributário (art. 142, CTN).

Lançamento é procedimento ou ato administrativo? Há polêmica. Embora o art. 142 do CTN trata o lançamento como procedimento, na doutrina, é pacífico tratá-lo como ato administrativo, ou seja, ato singular da autoridade fazendária, caracterizado normalmente sob a forma de auto de infração ou de notificação de lançamento.

Para Eduardo Sabbag (2016, p. 852), "há irrelevância na sequência de atos conducentes à realização do ato final, sendo importante, tão somente, o clímax do procedimento, isto é, momento em que se individualiza o crédito, o que se dá em um ato propriamente dito". Para Regina Costa Helena (2009, p. 218), "ainda que, em determinada hipótese, seja necessária prática de uma série de atos para indicação do sujeito passivo e apuração do valor do tributo a pagar, por vezes tal resultado é alcançado pela expedição de um único ato administrativo".

É *vinculado* e *obrigatório* (e não discricionário), porque a autoridade administrativa só pode excluir, modificar e suspender a exigibilidade do crédito tributário nas hipóteses previstas no CTN, sob pena de responsabilidade funcional.[69]

Quem é autoridade administrativa competente?

Tributos	Autoridade administrativa competente
Tributos federais	Auditor fiscal da receita federal
Tributos estaduais	Agente fiscal de tributos estaduais
Tributos municipais	Auditor fiscal do município

É possível haver constituição de crédito tributário sem lançamento? Sim. Nas hipóteses de lançamento por homologação, se o sujeito passivo *declara* o débito (GIA – guia de informação e apuração do ICMS, declaração de rendimentos, declaração de compensação, de parcelamento, por exemplo) e não paga antecipadamente, isso equivale a uma *confissão de dívida*. O lançamento não se faz necessário porque a certeza e a liquidez do crédito já estão definidas em documento produzido pelo próprio contribuinte, numa confissão de dívida. Há, portanto, constituição definitiva do crédito tributário com dispensa de qualquer providência por parte do Fisco (sem lançamento).

---

[69] Art. 316, §1º, CP prevê crime de *excesso de exação* (funcionário público exige tributo que sabe indevido ou se devido, emprega meio vexatório ou gravoso que a lei não autoriza; reclusão de 3 a 8 anos e multa).

Vide a *Súmula nº 436 STJ* (*A entrega de declaração pelo contribuinte reconhecendo débito fiscal constitui crédito tributário, dispensando qualquer outra providência por parte do Fisco*).

Conclui-se que, conforme art. 142 do CTN, o lançamento constitui o crédito tributário, mas o crédito tributário pode ser constituído também por declaração produzida pelo próprio sujeito passivo, conforme Súmula nº 436 do STJ.

Além disso, como os créditos declarados e não pagos são incontroversos, exigíveis, não se admite expedição de CNP e CPEN para o interessado. Logo, se autoridade fiscal verificar uma divergência entre a declaração apresentada e o pagamento realizado (a menor), é legítima recusa de CND e CPEN.

Vide a *Súmula nº 446 STJ* (*Declarado e não pago o débito tributário pelo contribuinte, é legítima a recusa de expedição de certidão negativa ou positiva com efeito de negativa*).

Natureza jurídica do lançamento. É declaratório ou constitutivo? Na verdade, é *dúplice*. Tem efeito meramente declaratório da obrigação tributária, mas constitutivo do crédito tributário. Para Edvaldo Nilo (2011, p. 278), "lançamento tributário é ato documental de cobrança do tributo por meio do qual se declara a obrigação tributária que surge com o fato gerador *in concreto* e se constitui o crédito tributário".

Notificação do lançamento. É uma *formalidade* exigida para cobrança do crédito tributário. Com a notificação, tem-se a constituição definitiva do crédito tributário. O lançamento é *vertido em linguagem comum*, conferindo *publicidade* ao procedimento administrativo. Num papel, autoridade administrativa identifica o sujeito passivo, apura o valor do tributo, aplica penalidade, se for o caso. *Com lançamento, o crédito tributário se torna líquido (valor) e certo (existe)*.

A notificação é tão importante que, caso autoridade fiscal realize o lançamento, mas não notifique o sujeito passivo, não há de se falar em constituição do crédito tributário.

Atenção! No caso do IPTU, a remessa, ao endereço do contribuinte, do carnê do IPTU é ato suficiente para notificação do lançamento tributário (*Súmula nº 397 STJ*). No caso do IPVA, notificação é diferente. Os proprietários de veículo automotor registrados no Estado de São Paulo, em razão da alteração na Lei nº 13296/08, deverão aguardar publicação do "calendário de pagamento" na internet.

Quando o crédito tributário se torna exigível? Após o lançamento, abre-se prazo para sujeito passivo pagar. Se vencido o prazo e o sujeito passivo não pagar, o crédito tributário se torna exigível, isto é, *passível de cobrança* e a autoridade administrativa poderá valer-se dos meios coercitivos de cobrança. *Atenção:* o crédito tributário só se torna *exequível* (executável) com a inscrição em dívida ativa.

12.3 Legislação aplicável ao lançamento

Qual a lei aplicável ao lançamento? (art. 144, CTN). Importante verificar três situações distintas:

Aspectos materiais do lançamento (tributo)	*Lei vigente à época do fato gerador.* O lançamento tem natureza declaratória, logo declara o fato gerador, daí aplicar lei vigente ao fato gerador (CTN, art. 144, caput).
Penalidade	*Lei mais benéfica ao sujeito passivo* (CTN, art. 106, III, "c").
Aspectos formais do lançamento	*Lei vigente ao lançamento* (CTN, art. 144, parágrafo único).

Então, no lançamento para cobrança do tributo, aplica-se a lei vigente ao tempo do fato gerador, ainda que posteriormente modificada ou revogada (princípio da ultratividade: lei tributária continua produzindo efeitos mesmo depois de revogada); para cobrança da multa, aplica-se lei mais benigna ao sujeito passivo entre a data do fato gerador e data do lançamento; para aspectos formais (Ex.: novos critérios de apuração ou de fiscalização que ampliam os poderes de investigação das autoridades administrativas), aplica-se lei vigente ao lançamento (princípio da contemporaneidade do lançamento).

> Nos anos de 2012 e 2013, leis vigentes estabeleciam:
> (i) alíquota de 18% para ICMS;
> (ii) penalidade pelo não pagamento do ICMS: 40% do valor da operação e
> (iii) procedimento de fiscalização deve ser feito por três fiscais.
> Em 2014, leis foram revogadas por outras, que estabelecem:
> i) alíquota de 17% para ICMS;
> (ii) penalidade pelo não pagamento do ICMS: 30% do valor da operação e
> (iii) procedimento de fiscalização deve ser feito por 2 fiscais.

Em 2015, sob vigência dessas leis, contribuinte foi fiscalizado e autoridade fiscal quer exigir quantias devidas e não pagas em 2013. Então, para o lançamento, quanto ao tributo, será aplicada lei vigente ao fato gerador (18%); quanto à penalidade, lei mais benéfica (30%) e quanto aos aspectos formais do lançamento, lei vigente em 2015 (dois fiscais).

12.4 Modalidades de lançamento: de ofício, por declaração e por homologação (quanto à colaboração do sujeito passivo: nenhum, maior ou total)

Lançamento de ofício/direto/ unilateral (CTN, art. 149)	Lançamento por declaração/ misto (CTN, arts. 147-148)	Lançamento por homologação/autolan- çamento (CTN, art. 150)
1. Fisco lança	1. informações do contribuinte 2. Fisco lança	1. pagamento antecipado 2. Fisco homologa *a posteriori* o pagamento
Ex.: IPVA, IPTU, taxas, CIP, contribuição de melhoria, contribuição corporativa, *auto de infração*	Ex.: ITBI	Ex.: demais
X	X	E se o Fisco não homologar expressamente? *Homologação tácita no prazo de 5 anos, contados do fato gerador (art. 150, §4º, CTN),* salvo no caso de dolo, fraude ou simulação
Nenhuma colaboração do sujeito passivo no lançamento	Maior colaboração do sujeito passivo no lançamento	Total colaboração do sujeito passivo no lançamento

O *lançamento de ofício*, como o próprio nome diz, é o realizado pela própria autoridade fiscal, sem participação do sujeito passivo. O Fisco possui os elementos necessários para o lançamento do tributo. A administração tributária dispõe de todas as informações necessárias para lançar porque possui cadastro de bens e respectivos proprietários. É o que ocorre com IPVA, IPTU, taxas, CIP, contribuição corporativa, *auto de infração*.

O *artigo 149 do CTN possui vários incisos*. O inciso I fala do lançamento de ofício propriamente dito, ou seja, quando a lei assim o determina; os demais falam de correção de lançamentos já realizados, em razão de irregularidades verificadas.

Então, o lançamento de ofício é possível:
1. no *lançamento por homologação*, se verificar irregularidades (quando se paga o tributo com imprecisão. *Atenção*: se declara e não paga o tributo, há inscrição automática em dívida ativa, sem lançamento de ofício, porque declaração é confissão de dívida, conforme Súmula nº 436 STJ;
2. no *lançamento por declaração*, quando o sujeito passivo presta declaração de forma insatisfatória;
3. *no próprio lançamento de ofício*, se ocorreu com fraude, por exemplo.

No *lançamento por declaração*, autoridade fiscal, para lançar, precisa de declarações, ou seja, de informações prestadas pelo contribuinte sobre *matéria de fato*, indispensáveis para o lançamento. O Fisco não possui os elementos necessários para o lançamento do tributo, precisa do auxílio do contribuinte. Não há tantos exemplos: ITBI[70] (informações ao Fisco sobre identidade do sujeito passivo, dados do imóvel, o valor do imóvel adquirido).

---

[70] Conforme leciona Murillo Lo Visco, em aula, para efetuar pagamento do ITBI, o adquirente deve se dirigir à repartição municipal, prestar informações sobre negócio realizado e aguardar realização do lançamento. Nesse caso, cabe ao contribuinte fornecer sua identificação, os dados do imóvel, o valor do negócio e outras informações pertinentes. Trata-se apenas de matéria de fato. Por sua vez, cabe à Administração municipal verificar se existe direito a algum benefício fiscal, aplicável em razão das características das pessoas, do imóvel ou mesmo negócio. Cabe também à Administração Municipal determinar a matéria tributável, a alíquota aplicável e calcular o tributo devido. Perceba, então, que o servidor municipal irá aplicar o direito sobre a matéria de fato oferecida pelo contribuinte. Essa é a essência do lançamento misto.

> Obs.: O *imposto de importação sobre bagagem acompanhada* era lançado por declaração. Bastava preencher uma declaração de bagagem acompanhada (DBA) para, depois, o Fisco lançar.[71] Agora, esse imposto é lançado por homologação. DBA (declaração de bagagem acompanhada) foi substituída pela e-DBV (declaração eletrônica de bens do viajante). Conforme IN nº 1.385/13, viajante preenche no site da Receita Federal, na internet ou por aplicativo em celular, a declaração de bens trazidos e faz recolhimento de pagamento antecipado do imposto de importação. Solicita o registro de declaração e o comprovante do pagamento antecipado. Na alfândega de entrada no país, a autoridade fiscal dará despacho dos bens declarados na e-DBV, podendo liberar sem conferência dos bens. É o desembaraço ou atividade homologatória.

O contribuinte pode retificar a declaração já realizada para reduzir ou excluir o tributo? Pode, desde que: 1. comprove *erro* na declaração e 2. antes da notificação do lançamento (art. 147, §1º, CTN). Se a autoridade administrativa fiscal verificar irregularidade na declaração, realiza lançamento de ofício (art. 147, §2º, CTN).

No *lançamento por homologação ou autolançamento,*[72] o lançamento é feito com total colaboração do sujeito passivo, que possui o *dever jurídico* de realizar pagamento antecipado do tributo, com posterior homologação por parte do Fisco (do pagamento antecipado). Em outras palavras, é o lançamento realizado pelo sujeito passivo sem interferência do Fisco. Cabe ao contribuinte determinar o valor do tributo a pagar, determinando a alíquota, o valor de parcela isenta e, ao Fisco, cabe apenas concordar ou não com pagamento antecipado do contribuinte.

Não obstante a expressão autolançamento, o lançamento é, de fato, realizado pelo Fisco no momento em que homologa o pagamento antecipado. Esse procedimento simplificou a vida do Fisco porque não se exige providência estatal. É o que ocorre com a *maioria dos tributos*: IR, ITR, IPI, ICMS, etc.

---

[71] Quando valor das compras no exterior excedia determinado valor da cota, a SRF emitia um DARF e o passageiro era obrigado a procurar um banco no aeroporto, fazer pagamento do imposto sobre importação sobre bagagens para retomar suas bagagens.

[72] A expressão "autolançamento" não é apropriada porque dá ideia do contribuinte cobrar dele mesmo, ou seja, de lançar contra ele mesmo, o que não é o caso.

> *Exemplos de lançamento por homologação:* 1. Em abril, há obrigação de fazer a declaração do IR e de pagá-lo antecipadamente (DARF – Documento de Arrecadação de Receitas Federais), independente de qualquer providência estatal, como notificação; 2. Todo mês, o dono de estabelecimento comercial tem o dever de apurar o ICMS (GIA – Guia de Informação e Apuração) e pagá-lo antecipadamente (GARE nº – Guia de Arrecadação de Receitas Estaduais), independentemente de qualquer providência estatal, como notificação.

Homologação é ato estatal. É ato administrativo em que a autoridade administrativa atesta, confirma, confere a exatidão do tributo recolhido. Homologa-se, portanto, os *documentos comprobatórios* do pagamento antecipado realizado pelo sujeito passivo. Por exemplo, no caso do ICMS, homologa-se a GIA e a GARE.

A homologação pode ser *expressa* ou *tácita*. *Homologação expressa:* aquela que ocorre quando a autoridade administrativa expressamente se manifesta. Geralmente ocorre quando há fiscalizações, como no caso do ICMS. O Fisco tem 5 anos para se manifestar, a contar do fato gerador. *Homologação tácita:* aquela que ocorre com decurso de tempo para homologação expressa, como no caso do IR. Há inércia do Fisco. Se transcorrer 5 anos da ocorrência do fato gerador sem que haja homologação expressa, o pagamento é homologado tacitamente. Com isso, quer-se evitar que a homologação se perpetue no tempo. Por exemplo: em 2009, auferi renda (FG); em 2010, fiz declaração e paguei IR. O Fisco não homologou expressamente até hoje. Em 2014, ter-se-á a homologação tácita (5 anos contados do FG) e, portanto, a extinção do crédito tributário.

> *Obs. 1:* o pagamento antecipado extingue o crédito tributário, *sob condição resolutória* de posterior homologação (CTN, art. 150, §1º).
> *Obs. 2:* se dentro do prazo decadencial de 5 anos o Fisco verificar imprecisão no pagamento antecipado (sujeito passivo *pagou a menor*), poderá lançar de ofício a diferença apurada (CTN, art. 149, V). O Fisco leva em consideração o valor já recolhido e cobra apenas a diferença. Sobre esse saldo, aplica-se a multa (CTN, art. 150, §3º).
> *Obs. 3:* no caso de tributo sujeito a lançamento por homologação em que o sujeito passivo declara, apura o débito, *mas não paga,* isso equivale à *confissão de dívida* e a consequência é drástica: há constituição do crédito tributário e inscrição em dívida ativa, dispensando qualquer providência por parte do Fisco, como o lançamento (*Súmula nº 436 STJ*).

Arbitramento do valor tributável (art. 148, CTN). Não se trata de modalidade de lançamento. É o *mecanismo utilizado pela autoridade fiscal* para fins de *apurar o valor* que servirá de base de cálculo para o tributo a ser lançado de ofício, nos casos em que *contribuinte omite informações relevantes ao lançamento ou faz declaração de valor incompatível com a realidade*. Murillo Lo Visco apresenta um exemplo ilustrativo: no desembarque de uma viagem internacional, o passageiro de retorno ao país, declara que traz em sua bagagem um equipamento eletrônico adquirido no exterior por 800 dólares. O auditor que recebe a declaração verifica que esse mesmo equipamento não poderia ter sido adquirido por menos de 2 mil dólares. Logo, lança de ofício o tributo sobre a base de cálculo arbitrada.

12.5 Alteração do lançamento

É possível alterar lançamento? (art. 145, CTN). Em regra, com a notificação do lançamento, o crédito tributário é definitivamente constituído e o lançamento não pode mais ser alterado. Trata-se do *princípio da imutabilidade do lançamento*. Há, contudo, três exceções:
   1. impugnação;
   2. iniciativa de ofício do Fisco nas hipóteses do art. 149, CTN;
   3. recurso de ofício ou remessa necessária ou reexame necessário.

Impugnação. Meio de defesa do sujeito passivo nos casos de vícios formais ou materiais no lançamento (de ofício ou por declaração). São formas de impugnação: *reclamação* (questiona legalidade do lançamento) e *recurso administrativo* (impugnação da decisão administrativa). Ex.: fui autuado em 50 mil por não pagar IR/2008. Impugnação: 1º) Reclamação perante Delegacia da Receita Federal de Julgamento do próprio órgão. Se decisão for contrária, 2º) Recurso administrativo para CARF (Conselho Administrativo de Recursos Fiscais). Se decisão for contrária, via judicial.

Iniciativa de ofício do Fisco nas hipóteses do art. 149, CTN. Ocorre quando a própria autoridade fiscal corrige lançamento em razão de uma irregularidade verificada (revisão de ofício). Está ligada ao *princípio da autotutela*, que admite correção dos próprios atos. Ex.: No lançamento de ofício o Fisco descobre erro no cálculo do valor venal do imóvel. Fisco corrige e realiza o lançamento de ofício.[73]

---

[73] Admite-se alteração do lançamento por iniciativa de ofício no caso de impugnação intempestiva do sujeito passivo. Na lição de Ricardo Alexandre (2020, p. 467), "são casos em que o interessado oferece impugnação fora do prazo – o que, em tese, levaria ao não conhecimento dos argumentos do contribuinte –, mas a administração, percebendo que

Recurso de ofício.[74] Ocorre quando a autoridade fiscal acolhe impugnação do sujeito passivo (decisão contra o Fisco) e há reexame obrigatório dessa decisão para órgão administrativo de hierarquia superior. É o recurso da autoridade julgadora contra a sua própria decisão. Ex.: Delegacia da Receita Federal de Julgamento acolhe impugnação do sujeito passivo; reexame necessário para CARF.

Impugnação	Iniciativa de ofício do Fisco nas hipóteses do art. 149, CTN	Recurso de ofício[75]
Meio de defesa do sujeito passivo nos casos de vícios no lançamento	Ocorre quando a própria autoridade fiscal corrige lançamento em razão de irregularidade verificada	Ocorre quando a autoridade fiscal acolhe impugnação do sujeito passivo (decisão contra o Fisco) e há reexame obrigatório dessa decisão para órgão administrativo de hierarquia superior.

O Fisco realiza o lançamento para *evitar a decadência* (perda do direito do Fisco de lançar), ainda que o crédito esteja com exigibilidade suspensa.

Exercícios de crédito tributário[76]

1. O crédito tributário é constituído:
a) pela materialização da hipótese de incidência;
b) pelo surgimento da obrigação principal;

---

impugnante tem manifesta razão, altera o lançamento". Neste caso, a alteração do lançamento ocorre não com base no art. 145, I, CTN porque a impugnação não é reconhecida, mas nos termos do art. 145, III, CTN, de ofício.

[74] De acordo com o art. 70 do Decreto nº 7.574/11, autoridade de primeira instância recorrerá de ofício sempre que a decisão exonerar o sujeito passivo do pagamento de tributo e encargos de multa de *valor total*, do lançamento principal e decorrentes. *De acordo com o art. 71 do Decreto 7574/11*, não cabe recurso de ofício das decisões prolatadas em processos de restituição e compensação de tributos administrados pela SRF.

[75] De acordo com o art. 70 do Decreto nº 7.574/11, autoridade de primeira instância recorrerá de ofício sempre que a decisão exonerar o sujeito passivo do pagamento de tributo e encargos de multa de *valor total*, do lançamento principal e decorrentes. *De acordo com o art. 71 do Decreto nº 7.574/11*, não cabe recurso de ofício das decisões prolatadas em processos de restituição e compensação de tributos administrados pela SRF.

[76] *Respostas:* 1. d; 2. c; 3. a; 4. e; 5. b; 6. d; 7. a

c) pela inscrição na dívida ativa;
d) pela ocorrência do lançamento

2. O Fisco estadual, após ter verificado inconsistência nas informações remetidas por um contribuinte, foi ao referido estabelecimento e, em auditoria, comprovou a omissão do sujeito passivo que justificava a aplicação de penalidade pecuniária, lavrando auto de infração impondo a cobrança do tributo que deveria ter sido pago, com juros e penalidade de 200% sobre o principal corrigido. O auto de infração foi assinado pelo contribuinte, onde ficou constando prazo para pagamento ou impugnação do ato administrativo. A respeito dessa situação hipotética, assinale alternativa correta:
a) A constituição do crédito tributário dar-se-á sempre após ultrapassado prazo para impugnação do auto de infração.
b) O fato gerador da obrigação tributária foi a auditoria tributária levada a efeito no estabelecimento.
c) A constituição do crédito tributário deu-se pelo lançamento de ofício.
d) Supondo que haja extinção de crédito tributário pela impugnação, isso não terá efeito sobre obrigação tributária.
e) As circunstâncias que modificam a constituição do crédito pela impugnação do auto de infração afetam a obrigação tributária.

3. Após ocorrência do fato gerador, nova lei foi publicada aumentando alíquotas do tributo. Nesse caso, o lançamento será regido pela lei em vigor na data:
a) da ocorrência do fato gerador;
b) da feitura do lançamento;
c) do pagamento do tributo;
d) da cobrança do tributo;
e) escolhida pelo sujeito passivo.

4. O ato ou procedimento administrativo do lançamento tem as finalidades abaixo, exceto:
a) identificar o sujeito passivo da obrigação tributária;
b) determinar matéria tributável;
c) quantificar montante do tributo devido;
d) verificar ocorrência do fato gerador da obrigação tributária;
e) ensejar nascimento da obrigação tributária.

5. Lançamento por homologação é aquele efetuado:
a) de ofício;
b) pelo contribuinte;
c) pela repartição fiscal;
d) pelo sujeito passivo, com prévio exame da autoridade fiscal;
e) por presunção do agente fiscal.

6. Preencha a lacuna com a expressão oferecida entre as cinco opções abaixo. Se a lei atribui ao contribuinte o dever de prestar declaração de imposto de renda e de efetuar pagamento sem prévio exame da autoridade, o lançamento é por_____
a) declaração;
b) direto;
c) arbitramento;
d) homologação;
e) misto

7. Um contribuinte foi submetido a fiscalização que lavrou auto de infração e notificação por falta de pagamento do IPI no montante de 100.000, aplicando-se, ainda, a multa de 50% do valor do tributo. Nesse caso, a modalidade de lançamento utilizado foi:
a) de ofício;
b) por declaração;
c) autolançamento;
d) por homologação

SUSPENSÃO DA EXIGIBILIDADE DO CRÉDITO TRIBUTÁRIO

Como visto, crédito tributário constitui direito do Fisco de cobrar do sujeito passivo o valor devido a título de tributo. É constituído pelo lançamento. Após o lançamento, abre-se prazo para o sujeito passivo realizar o pagamento. Se vencido esse prazo, o crédito tributário se torna exigível, líquido e certo e a autoridade administrativa poderá se valer dos meios coercitivos de cobrança.

13.1 Considerações gerais

Há determinadas hipóteses previstas no art. 151 do CTN que ocasionam a *suspensão da cobrança do crédito tributário*. Em outras palavras, ainda que vencido o prazo para pagamento, o Fisco *não* poderá cobrar o crédito tributário, isto é, inscrever o *quantum* em dívida ativa (IDA) bem como mover uma execução fiscal. Vale destacar: se a execução for movida enquanto houver uma causa de suspensão de exigibilidade, a execução deverá ser extinta; se suspensão for superveniente à execução fiscal, daí a execução fica suspensa.

São seis hipóteses de suspensão da exigibilidade do crédito tributário previstas no art. 151 do CTN. Para memorizar, lembrar-se do *LIMPARREDE*: LI – liminares; M – moratória; PA – parcelamento; RRE – reclamação e recursos administrativos; DE – depósito do montante integral.

São *causas por manifestação do sujeito passivo*: reclamações e recursos administrativos; depósito do montante integral, concessão de liminar ou tutela antecipada. São *causas por manifestação do Fisco*: moratória e parcelamento, porque dependem de lei.

Para doutrina majoritária, o rol do art. 151, CTN, é *exaustivo* (art. 141, CTN). Inclusive, exige-se interpretação literal (art. 111, I, CTN). Logo, uma *Portaria da Secretaria do Estado* não pode suspender exigibilidade de tributo estadual porque não consta do rol do art. 151, CTN.

As causas de suspensão de exigibilidade do crédito tributário são *causas de suspensão de prazo prescricional*.

> CTN, Art. 151. Suspendem a exigibilidade do crédito tributário:
> I – *moratória*;
> II – *depósito do montante integral*;
> III – *reclamações e recursos, nos termos das leis reguladoras do processo tributário administrativo*;
> IV – *concessão de medida liminar em mandado de segurança*;
> V – *concessão de liminar ou tutela antecipada, em outras espécies de ação judicial*;
> VI – *parcelamento*.
> *Obs.*: Os itens IV e V não estão juntos por uma questão cronológica, isto é, os itens I, II, III e IV foram incluídos no Código Tributário Nacional em 1966 e os últimos, com a LC nº 104/01.

Certidão de regularidade fiscal. Na prática, o contribuinte deve pedir *certidão positiva com efeito de negativa ou certidão de regularidade fiscal* para o crédito tributário cuja exigibilidade foi suspensa (art. 206, CTN). O que isso significa? O Fisco reconhece a existência de crédito tributário vencido e não pago, mas, por estar suspenso, o contribuinte não fica inadimplente com o Estado. Importante tal certidão para as empresas que participam de licitação pública, que celebram contratos e realizam empréstimos junto ao Poder Público, porque vale como prova de regularidade fiscal. A expedição de referida certidão fica condicionada à existência de causa de suspensão de exigibilidade do crédito tributário.

A suspensão da exigibilidade não impede o Fisco de lançar para evitar a decadência. *Impede apenas o Fisco de cobrar*. Então, nos casos do artigo 151 do CTN, continua a fluir o prazo decadencial para o Fisco lançar, mesmo porque prazo decadencial não se suspende nem se interrompe. Ex.: empresa ABC ingressou com medida judicial destinada a questionar a incidência da CSLL. Em sede de exame liminar, o juiz concedeu medida liminar para que a empresa não recolhesse a contribuição. Durante vigência da medida liminar, a Receita Federal iniciou procedimento de fiscalização visando à cobrança da CSLL não recolhida naquele período. A receita federal pode lavrar auto de infração, mas somente com a exigibilidade suspensa, para prevenir a decadência.

A suspensão da exigibilidade do crédito tributário não implica suspensão do cumprimento de obrigação acessória. Então, se o contribuinte obteve liminar em mandado de segurança para não pagar IR, isso não implica deixar de entregar a declaração de IR, porque se trata de obrigação acessória, que é autônoma da obrigação principal.

Diferença entre obrigação tributária principal e acessória

Obrigação Tributária Principal (CTN, art. 113, §1º)	Obrigação Tributária Acessória (= Dever instrumental ou formal) (CTN, art. 113, §3º)
É obrigação de dar (de pagar tributo ou multa). Há cunho pecuniário.	É obrigação de fazer ou não fazer. Não há cunho pecuniário.
Inobservância gera infração: dever de pagar tributo e a multa (penalidade pecuniária).	Inobservância gera infração: dever de pagar multa. *Daí conversão em obrigação principa*l porque a multa é penalidade pecuniária e, portanto, obrigação principal.
Decorre de lei.	Decorre de legislação tributária (art. 96 CTN).
Ex.: não pagar IR ou multa.	Ex.: não emitir nota fiscal, não fazer declaração de renda.

Qual o momento para suspensão da exigibilidade do crédito tributário? A qualquer momento é possível utilizar uma das hipóteses do art. 151 do CTN para não ser cobrado do pagamento do tributo.

Algumas causas ocorrem *antes* da constituição do crédito tributário. É o que se dá com a concessão de liminar em mandado de segurança preventivo ou concessão de TA na ação declaratória de inexistência da relação jurídico tributária. Ocorre nos casos em que o sujeito passivo entende ser ilegal a hipótese de incidência (lei tributária) e se antecipa ao lançamento fiscal. É mais comum que causas ocorram *após* a constituição do crédito tributário.

13.2 Moratória (arts. 152-155, CTN)

- Ideia de calamidade pública.
- Exige-se lei da pessoa política tributante competente para instituir o tributo.
- Proibido nos casos de dolo, fraude e simulação.

Moratória **é** a dilação, prorrogação de prazo para pagamento de tributo devido *sem* juros e multas. Trata-se de um favor legal para o contribuinte que terá novo prazo para pagar o tributo, em cota única ou prorrogada. A moratória só ocorre nos casos excepcionais de calamidade pública, daí ser possível concedê-la para: 1. determinada *região* da pessoa política tributante; 2. determinada *categoria* de contribuintes (art. 152, parágrafo único, CTN).

Exemplos: 1. Há enchente em determinada área do Município de São Paulo. Ninguém consegue sair de casa para pagar o IPTU. O Município, por lei, pode determinar a moratória do IPTU para essa área; 2. Determinada categoria de contribuintes (fazendeiros) é atingida pela geada. União, por lei, pode determinar moratória do ITR para esses fazendeiros. Moratória pode ser paga em parcela única ou em várias parcelas (admite-se, portanto, o parcelamento).

Moratória heterônoma. A moratória, em regra, é autônoma ou autonômica: é a concedida por *lei* (não precisa ser lei específica, *ex vi* do art. 150, §6º, CF/88, porque moratória não está elencada no seu rol) da pessoa política tributante competente para instituir o tributo (moratória do IPTU, concedida pelo Município; moratória do IPVA, pelo Estado). Contudo, há a regra do art. 152, I, "b", do CTN, que prevê a *moratória heterônoma*, em que a União é competente para conceder moratória geral de tributos de outras pessoas políticas, *desde que conceda moratória de seus tributos federais + das obrigações de direito privado* (aluguéis). Ex.: União elabora lei federal concedendo moratória geral ao Município de São Paulo de tributos federais, municipais e de alugueis (ampliação de prazo para pagamento dos tributos e do aluguel).

Moratória heterônoma é inconstitucional? Apesar de continuar vigente no CTN, para doutrina majoritária, sim, porque fere princípio da autonomia dos entes federativos. Para Leandro Paulsen, moratória heterônoma não teria sido recepcionada pela Constituição Federal de 88 porque mitiga autonomia dos entes políticos em matéria tributária e, portanto, viola pacto federativo, aplicando na espécie o artigo 151, III, CRFB, que veda isenção de tributos de competências dos Estados, DF e Municípios.

Não há moratória nos casos de fraude, dolo e simulação (art. 154, parágrafo único, CTN). Imagine um contribuinte que sempre emitiu notas fiscais fraudadas, deixando de recolher ICMS das mercadorias que vende. Foi lavrado auto de infração. Ele jamais terá direito à moratória do ICMS. Terá de pagar ICMS + juros, se vencido o prazo para pagamento + multa. É uma penalização ao sujeito passivo.

Moratória concedida em caráter geral ou individual. A diferença está na exigência ou não do despacho da autoridade administrativa.

Moratória em caráter geral (art. 152, I, "a" e "b", CTN). Contribuinte fará jus à moratória prevista em lei. Ex.: Governador do RJ, por lei estadual, prorrogou prazo para pagamento do ICMS e do IPVA para contribuintes dos Municípios fluminenses (São Fidelis, Campos dos Goytacazes, Miracema, Itaperuna e outros) atingidos pela chuva no início de 2012. ICMS com vencimento entre 10 de janeiro e 31 de março pode ser quitado até 31 de julho; IPVA, pagamento para 7 de maio de 2012.

Moratória em caráter individual (art. 152, II, CTN). Contribuinte fará jus à moratória desde que: 1. prevista em lei + 2. *despacho da autoridade administrativa* certificando que cumpre os requisitos da moratória previstos na lei. Essa moratória leva em consideração os aspectos pessoais do contribuinte. Logo, ele terá que *postular* a moratória perante autoridade fiscal, que, atendidos os requisitos da lei, concederá o despacho. *Não gera direito adquirido, podendo ser revogada[77] de ofício* caso sujeito passivo não cumpra requisitos previstos em lei para sua concessão, *cobrando sempre o valor do tributo + juros moratórios* contados da data da concessão do favor fiscal. Não se concede favor legal da moratória para quem age com dolo, fraude ou simulação.

Na moratória em caráter individual, cobra-se multa apenas se sujeito passivo agiu com fraude, dolo ou simulação (art. 155, CTN). Ex.: João pede moratória à Secretaria da Receita Federal (SRF) amparado numa lei federal que a concede a quem provar ser *doente*. Caso 1: João não era doente e enganou a SRF com atestado falso. Se SRF descobrir, exigirá de João o valor do tributo + juros + multa (art. 155, I, CTN). Caso 2: O médico disse que João estava doente. Médico trocou exames e João não sabia disso. Se SRF descobrir, exigirá de João apenas o valor do tributo + juros. Não se aplica penalidade pecuniária porque João agiu de boa-fé (art. 155, II, CTN).

Moratória em caráter geral (CTN, art. 152, I, "a" e "b")	Moratória em caráter individual (CTN, art. 152, II)
Exige lei.	Exige lei e *despacho da autoridade administrativa*.
X	Não gera direito adquirido, podendo ser revogada a qualquer momento, no caso de o sujeito passivo agir com dolo, fraude ou simulação.
Ex.: Governador do RJ, por lei estadual, prorroga prazo para pagamento do ICMS e do IPVA para contribuintes dos Municípios fluminenses atingidos pela chuva.	Ex.: Governador do RJ, por lei estadual, prorroga prazo para pagamento do ICMS e do IPVA apenas para contribuintes *doentes* dos Municípios fluminenses atingidos pela chuva.

---

[77] Expressão "revogada" é equívoca porque o despacho concessivo da autoridade administrativa competente tem *natureza vinculada*, sendo objeto de "anulação" e não de revogação.

13.3 Parcelamento (instituído pela LC nº 104/01[78] – art. 155-A, CTN)

Conceito: é pagamento fracionado, parcelado do tributo já vencido (já lançado, inclusive inscrito em dívida ativa), *com cobrança de juros e multa, salvo disposição de lei em contrário.*[79] Para Leandro Paulsen (2018, p. 259), "o parcelamento é espécie de moratória através da qual se permite o pagamento do debito tributário em diversas prestações, de modo que, a cada mês, só seja exigível uma parcela, e não tudo".

No parcelamento, há um *comportamento comissivo do contribuinte* que se dispõe a pagar o tributo vencido, porém em parcelas. Ex.: O DF edita lei que permite aos devedores o pagamento de determinado tributo em parcelas mensais e fixas.

Exige-se *lei específica* (*O parcelamento será concedido na forma e condição estabelecidas em lei específica*). O que significa lei específica? É a lei editada por cada ente político tributante que especificará a forma e a condição para concessão do parcelamento. Com isso, o legislador quer evitar a prática de inserir no bojo de qualquer lei ou de ato infralegal (portaria, por exemplo) um artigo sobre parcelamento. STJ, no Resp nº 1739641, 2018, firmou o seguinte entendimento: "*as condições para concessão de parcelamento devem estrita observância ao princípio da legalidade. Logo, não é possível que atos infralegais imponham condições não previstas na lei de regência do benefício*".

Ex.: Lei nº 13.014/08 instituiu o programa de parcelamento de débitos (PPD) no Estado de São Paulo.

Adesão ao parcelamento implica o preenchimento de uma *declaração* com descrição do débito a ser parcelado. Parcelamento é, portanto, uma *confissão irretratável de dívida perante o Fisco* (Súmula nº

---

[78] Antes da LC nº 104/01, que introduziu o parcelamento, a moratória era forma mais comum de parcelamento do crédito tributário, porque o sujeito passivo pagava de maneira prorrogada em cota única ou parcelada.

[79] Refis (Programa de Recuperação Fiscal) pode conceder parcelamento ao contribuinte (pessoa física ou empresa) com benefícios, como deixar de cobrar juros e multas (Lei federal nº 11.941/09, por exemplo).

436 do STJ). Exige, inclusive, que o *devedor desista do processo judicial sobre o débito a ser parcelado*.

Uma vez realizado o parcelamento, se o contribuinte não pagar a 1ª parcela, por exemplo, ficará impedido de usufruir do programa de parcelamento para essa 1ª parcela, daí se cobra o crédito da 1ª parcela com juros moratórios e multa. Em outras palavras, se o beneficiário descumprir uma das condições estabelecidas (por exemplo, descumprir uma das parcelas) será excluído do programa (para essa parcela), e o Fisco poderá dar ciência da exclusão por meio eletrônico (internet) ou publicação no DO.

No parcelamento, as *regras da moratória serão aplicadas subsidiariamente* (§2º do art. 155-A, CTN). Então, pode-se dizer que, diante da omissão na lei de parcelamento, é proibido parcelamento nos casos de dolo, fraude ou simulação, regra essa da moratória (parágrafo único do art. 154, CTN).

Há duas espécies de parcelamento: ordinário e extraordinário. O primeiro não possui prazo para adesão, cabendo ao contribuinte observar os requisitos previstos na lei. O segundo, por sua vez, possui prazo para adesão e vem acompanhado de perdão fiscal (Refis).

O parcelamento impede *denúncia espontânea* do art. 138 do CTN já que este último exige pagamento integral.

Parcelamento de dívidas de empresas em recuperação judicial (art. 144-A, §§3º e 4º do CTN). Em razão do princípio da continuidade da empresa, é possível parcelamento de dívidas tributárias de empresas em recuperação judicial por *lei específica*. Essa lei específica é diferente da lei geral de parcelamento, porque é específica para parcelamento de débitos tributários do devedor em recuperação judicial. No caso de não haver lei específica, deve-se observar *lei geral de parcelamento*. Se houver lei federal específica com prazo maior, aplica-se o *prazo mais benéfico*.

Imagine que o Município X tenha uma lei geral de parcelamento, que estabelece, inclusive, prazo de 60 meses (5 anos) para parcelamento de débitos tributários municipais. Se o Município X não editou lei específica para situação de devedores tributários em recuperação judicial, aplicar-se-á lei geral de parcelamento.

E se houver lei federal específica que estabelece prazo de 96 meses para parcelamento? O devedor de tributos municipais do Município X em recuperação judicial deverá requerer, então, o parcelamento de suas dívidas com base na lei geral de parcelamento do Município X (já que não existe lei específica), considerando, contudo, o prazo de 96 meses previsto em lei federal específica, porque mais benéfico.

Em síntese, sociedade empresária em recuperação judicial requer, perante SEFAZ do Estado X, parcelamento de dívidas do ICMS. O Estado X, contudo, não tem lei específica de parcelamento para devedores em recuperação judicial. Tem apenas lei geral de parcelamento. Nesse caso, o parcelamento da sociedade empresária em recuperação judicial será feito com base na lei geral, porém o prazo de parcelamento não pode ser inferior ao concedido em lei federal específica de parcelamento de devedor em recuperação judicial.

Diferença entre moratória e parcelamento

Parcelamento	Moratória
Medida rotineira (recuperação de créditos vencidos)	Medida excepcional
Pagamento *parcelado* do tributo já vencido	Dilação do prazo para pagar o tributo de forma *integral* ou *parcelada*
Pagamento *com* cobrança de *juros e multas*, salvo disposição de lei em contrário	Pagamento *sem* cobrança de juros e multas
Por lei específica	Por lei do ente tributante; Moratória heterônoma

13.4 Depósito do montante integral

É mais comum que ocorra depósito do montante integral no âmbito judicial porque, na esfera administrativa, há recursos e reclamações administrativas que já suspendem a exigibilidade do crédito tributário. Por exemplo, se negada tutela de urgência (TA ou Liminar) em ações judiciais, o sujeito passivo pode suspender a exigibilidade do crédito tributário com depósito do montante integral.

Trata-se de *direito subjetivo* do contribuinte optar pelo depósito de montante integral. Prescinde de autorização judicial, de liminar, etc. O depósito pode ser feito em qualquer fase do processo, inclusive em fase recursal. O juiz não deve indeferir, nem a Fazenda Pública questionar. Como explica Leandro Paulsen (2018, p. 258), o depósito constitui direito do contribuinte e pode ser efetuado nos próprios autos da ação principal. Não há necessidade sequer de a parte peticionar pedindo ao juiz autorização para realização do depósito. Pode e deve fazê-lo de pronto, informando nos autos.

Qual, então, a vantagem de se realizar na via administrativa? O depósito do montante integral terá o único efeito de desobrigar o contribuinte dos juros, multa e correção monetária do valor devido se, ao final do litígio administrativo, vier a ser vencido.

A mera propositura da ação judicial contra o Fisco (ação anulatória de débito fiscal, por exemplo) não suspende a exigibilidade do crédito tributário. A autoridade administrativa pode continuar a cobrar o tributo, isto é, mover execução fiscal.

O que suspende a exigibilidade do crédito tributário?
1. *depósito integral*. Por montante integral, entende-se: *valor exigido pelo Fisco* e não o valor que o contribuinte considera devido;
2. *depósito em dinheiro*. É o que dispõe a *Súmula nº 112 do STJ*.[80] Então, o depósito integral na ação anulatória de débito fiscal suspende a cobrança do crédito tributário. O depósito fica bloqueado até decisão judicial final.

E se o depósito for insuficiente? O Juiz intima o sujeito passivo a completar o montante; caso contrário, a autoridade administrativa providenciará o lançamento complementar para evitar a decadência.

Se a decisão final for favorável ao sujeito passivo, o *levantamento* do depósito *atualizado* só ocorrerá *após o trânsito em julgado* (enquanto isso, o depósito fica em juízo, numa conta bancária). Os depósitos em

---

[80] O depósito somente suspende a exigibilidade do crédito tributário se for integral e em dinheiro.

âmbito federal são atualizados com base na SELIC; os depósitos em âmbito estadual só serão atualizados com base na SELIC se houver lei autorizando uso da Selic (Súmula nº 523 STJ).

Se a decisão final for desfavorável, há *conversão do depósito em renda*, sem fluência de juros e atualização (art. 156, VI, CTN), que também só ocorrerá *após o trânsito em julgado* (art. 32, §2º, LEF – Lei nº 6.839/90).

13.5 Reclamações e recursos administrativos

Nem todos os recursos e as reclamações administrativas podem suspender a exigibilidade do crédito tributário; caso contrário, o contribuinte ficaria questionando a todo momento e a autoridade administrativa nunca poderia cobrar. Exige-se previsão das reclamações e recursos administrativos nos termos da lei de cada pessoa política tributante que regula PAT (processo administrativo tributário). Em âmbito federal, são os Decretos nºs 70.235/72 e 7.574/11.

Reclamações e recursos administrativos suspendem exigibilidade do crédito tributário se e quando *tempestivos* (STJ, REsp nº 1313765, 2012). A mera *apresentação* das reclamações e recursos administrativos já suspende a exigibilidade do crédito tributário até decisão administrativa definitiva.

Pressupõe lançamento. Deve ser conferido o contraditório e a ampla defesa. Não exigem garantias (desnecessidade de depósito de algum valor), nos termos da Súmula Vinculante nº 21 e Súmula nº 373 STJ.

A vantagem de propor reclamações e recursos administrativos é que não impõem ao litigante a incidência das custas judiciais e dispensa representação de advogado.

Caso a decisão administrativa irreformável do recurso administrativo seja *favorável ao Fisco*, restabelece-se a exigibilidade, abre-se prazo para contribuinte pagar, sob pena de o Fisco ajuizar execução fiscal; caso seja *desfavorável ao Fisco*, tem-se extinção do crédito tributário (art. 156, IX, CTN).

Reclamações ou impugnações (arts. 14, 15 e 16 do Decreto nº 70.235/72 e arts. 56 e 57 do Decreto nº 7.574/11). Na expressão de

Leandro Paulsen, é o "primeiro petitório do sujeito passivo na via administrativa". É a primeira defesa do sujeito passivo. Visa questionar *a legalidade do lançamento*.[81] Quando o sujeito passivo é autuado pela autoridade administrativa, há lançamento de ofício. Abre-se prazo para pagar ou para apresentar a impugnação. Prazo para propor reclamação é de 30 dias da notificação do lançamento (art. 15, Decreto nº 70.235/72 ou art. 56, Decreto nº 7.574/11). Dica: reclamações são comparáveis à "contestação".

Recursos administrativos ou Recursos voluntários (art. 33 do Decreto nº 70.235/72 e arts 73 e 74 do Decreto nº 7.574/11). Visa impugnar decisão administrativa desfavorável ao sujeito passivo. Prazo para propor o recurso administrativo é de 30 dias da ciência da decisão administrativa (art. 33, Decreto nº 70.235/72 ou art. 73 e 74, Decreto nº 7.574/11). Dica: recursos administrativos são comparáveis à "apelação".

A interposição de recurso administrativo fica condicionada ao depósito administrativo do valor (integral ou em parte)? Não. É que em segunda instância administrativa federal, havia divergência, exigindo-se depósito de 30% do valor cobrado como admissibilidade do recurso administrativo (depósito recursal). Hoje, não. De acordo com a *Súmula nº 373 do STJ*, "é ilegítima a exigência de depósito prévio para admissibilidade do recurso"; *Súmula vinculante 21*: "é inconstitucional a exigência de *depósito ou arrolamento prévios de dinheiro ou bens para admissibilidade de recurso administrativo*".[82]

E no caso de admissibilidade de ação judicial tributária, fica condicionada ao depósito de valor? Não. O art. 38 da Lei nº 8.630/80 (LEF), que exige depósito como condição específica da ação anulatória tributária, já foi afastado pela jurisprudência, por violar princípio do livre acesso ao Poder Judiciário (art. 5º, inc. XXXV, CF/88). Há, inclusive, a *Súmula*

---

[81] Reclamação que questiona a legalidade do ato que exclui o sujeito passivo do programa de parcelamento (Refis) não suspende a exigibilidade porque não se trata de questionamento de legalidade de lançamento.

[82] EMENTA: (...) A exigência de depósito ou arrolamento prévio de bens e direitos como condição de admissibilidade de recurso administrativo constitui obstáculo sério (e intransponível, para consideráveis parcelas da população) ao exercício do direito de petição (CF, art. 5º, XXXIV), além de caracterizar ofensa ao princípio do contraditório (CF, art. 5º, LV).

vinculante nº 28: "é inconstitucional a exigência do depósito prévio como requisito de admissibilidade da ação judicial na qual se pretende discutir a exigibilidade do crédito tributário".

Reclamações ou Impugnações	Recursos administrativos ou Recursos voluntários
Visa questionar legalidade do lançamento.	Visa impugnar decisão administrativa desfavorável ao sujeito passivo.
Prazo para propor reclamação é de 30 dias da notificação do lançamento.	Prazo para propor o recurso administrativo é de 30 dias da ciência da decisão administrativa.
Ex.: Fui autuada em 50 mil por não pagar IR/2008. Impugnação: 1º) Reclamação perante Delegacia da Receita Federal de Julgamento. Se decisão for contrária, 2º) Recurso administrativo para CARF (Conselho Administrativo de Recursos Federais).	

13.6 Liminares e Antecipação de Tutela

Nem toda propositura de ação com pedido de liminar pelo juiz a favor do sujeito passivo suspende a cobrança do crédito tributário.

Pela literalidade do art. 151, CTN, só a *concessão da liminar* no Mandado de Segurança e da Tutela antecipada de urgência ou evidência em outras ações judiciais suspendem a cobrança do tributo. Efeito da decisão concessiva da liminar é que o Fisco não pode cobrar o tributo. Isso não o impede de realizar o lançamento, pelo menos para prevenir a decadência. Todavia, se a decisão final for contra o contribuinte, esse deverá pagar o tributo, acrescido de juros de mora e correção monetária.

Liminar em Mandado de Segurança (natureza assecuratória) e Tutela Antecipada (natureza satisfativa) são *tutelas de urgência,* que buscam evitar dano irreparável com a demora da sentença.

Causas de suspensão da exigibilidade do crédito tributário

Moratória	Parcelamento	Reclamação ou Recurso administrativo	Depósito do montante integral	Concessão de Liminar em Mandado de Segurança e Tutela Antecipada em ações judiciais
Via administrativa	Via administrativa	Via administrativa	Via administrativa ou judicial	Via judicial
Dilação do prazo para pagamento do tributo sem juros (e multa)	Pagamento fracionado do valor do tributo com juros (e multa)	Meios de impugnação do lançamento	Depósito do valor indicado pelo Fisco em dinheiro	Tutela de urgência
Calamidade pública X		X	X	X
Lei da pessoa política tributante + Moratória heterônoma	Lei específica	Lei do processo tributário administrativo da pessoa política tributante	X	X
Veda-se expressamente nos casos de dolo, fraude ou simulação	Aplicação subsidiária das regras da moratória	X	X	X

Exercícios da suspensão da exigibilidade do crédito tributário[83]

1. Em relação a débito de tributo ainda não objeto de lançamento, o contribuinte pode:
I. conseguir uma liminar em mandado de segurança;
II. obter parcelamento;

---

[83] *Respostas:* 1. e; 2. c; 3. d; 4. d; 5. a; 6. a; 7. d; 8. b; 9. c; 10. c; 11. d; 12. d.

III. vê-lo abrangido pela decadência;
IV. alcançar êxito em ação de consignação de pagamento;
Em tais hipóteses, o crédito tributário, respectivamente, terá sido objeto de:
a) extinção, suspensão de exigibilidade, suspensão de exigibilidade, extinção;
b) suspensão de exigibilidade, exclusão, extinção e suspensão de exigibilidade;
c) exclusão, suspensão de exigibilidade, extinção e exclusão;
d) suspensão de exigibilidade, suspensão de exigibilidade; exclusão e extinção;
e) suspensão de exigibilidade, suspensão de exigibilidade, extinção e extinção.

2. A moratória em caráter geral somente pode ser concedida:
a) pela União;
b) pela União e pelos Estados;
c) pela pessoa jurídica de direito público competente para instituir tributo a que se refira e pela União;
d) pelo Presidente da República, governadores de Estado e prefeitos municipais.

3. A moratória que somente pode ser concedida por despacho da autoridade administrativa, desde que autorizada por lei nas condições estipuladas pelo CTN, chama-se:
a) geral;
b) especial;
c) determinada;
d) individual.

4. A concessão de liminar em mandado de segurança impetrado pelo contribuinte suspende a exigibilidade do crédito tributário:
a) e impede a instauração do procedimento constitutivo do crédito tributário até decisão de 1ª instância;
b) e impede a instauração do procedimento constitutivo do crédito tributário até trânsito em julgado da decisão judicial;
c) e somente admite a lavratura do auto de infração para prevenir a decadência;
d) sem obstar o andamento regular do procedimento de ofício até o desfecho de segurança;
e) impede a cominação da multa por infração.

5. Segundo o CTN, o parcelamento de crédito tributário:
a) não aproveita casos de dolo, fraude ou simulação do sujeito passivo ou de terceiro em benefício daquele;
b) não deve ser concedido a devedor em recuperação judicial;
c) deve ser concedido na forma e na condição estabelecida em lei complementar da União;
d) não exclui, em nenhuma hipótese, incidência de juros e multas.

6. A concessão da tutela antecipada
a) suspende a exigibilidade do crédito tributário, mas não impede lançamento fiscal destinado a prevenir a decadência;
b) não suspende a exigibilidade do crédito tributário;
c) suspende a exigibilidade do crédito tributário e o curso do prazo decadencial;
d) suspende a exigibilidade do crédito tributário e dispensa cumprimento de obrigação acessória;
e) suspende a exigibilidade do crédito tributário, mas não a cobrança do crédito tributário.

7. É caso de suspensão da exigibilidade do crédito tributário:
a) isenção;
b) compensação;
c) transação;
d) depósito do montante integral;
e) conversão de depósito em renda.

8. A União, por intermédio de lei federal, concedeu moratória em caráter geral, relativamente a um tributo, circunscrevendo seus efeitos a determinada região do território nacional, estabelecendo ainda critérios e condições para que o referido favor seja estendido individualmente por despacho da autoridade administrativa aos que não possuam domicílio na aludida região. Com base na legislação tributária aplicável e tendo a situação hipotética acima como referência, assinale a opção correta:
a) Não havendo disposição legal em contrário, presume-se que a concessão da moratória abrange todos os créditos tributários, constituídos ou não à data da edição da referida lei federal.
b) A concessão da moratória em caráter individual não gera direito adquirido.
c) A concessão da moratória não interrompe prazo prescricional do direito à cobrança do crédito tributário, mesmo que, posteriormente,

o despacho concessivo do favor seja anulado em virtude de ter sido constatada a existência de dolo ou simulação do benefício.
d) A moratória não pode ser concedida em favor de determinada classe ou categoria de sujeitos passivos.
e) A lei que conceda moratória em caráter geral não pode estabelecer como requisitos o prazo de duração do favor.

9. Sobre o instituto da moratória, é correto afirmar:
a) Não poderá ser concedida em razão de condições específicas a serem demonstradas pelo contribuinte por violar o princípio constitucional da isonomia ou igualdade, que prevê que todos devem receber o mesmo tratamento tributário.
b) É causa de exclusão do crédito tributário, ao lado da isenção, somente podendo ser instituída mediante lei e revogada no mesmo exercício financeiro em que foi instituída.
c) Quando é concedida em caráter individual, mediante despacho da autoridade administrativa competente, desde que autorizada por lei, só pode ser revogada quando sujeito passivo não tem ou deixa de preencher requisitos legais para sua concessão.
d) É causa de extinção do crédito tributário, podendo ser concedida em caráter geral, individual ou regional através da lei da pessoa jurídica competente para instituir tributo a que se refira.
e) A revogação da moratória em caráter geral só pode ser feita através de lei, hipótese sem que será cobrado o crédito acrescido de juros de mora e de penalidade cabível nos casos de dolo ou simulação do beneficiado ou de terceiro em benefício daquele.

10. Os deveres de pagar multa por infração à legislação tributária e de fazer declaração de ajuste anual do imposto de renda classificam-se como obrigação:
a) principais, ambas, mas só a segunda instrumental;
b) principal e acessória, respectivamente;
c) acessória e principal, respectivamente;
d) acessória, ambas.

11. Determinado contribuinte, devedor de tributo, obtém o seu parcelamento e vem efetuando o pagamento conforme deferido. Apesar disso, sofre processo de execução fiscal para cobrança de referido tributo. Nos embargos do devedor, contribuinte poderá alegar:
a) carência de execução fiscal em face da novação da dívida que teria perdido a sua natureza tributária pelo parcelamento;

b) improcedência da execução fiscal por iliquidez do título exequendo, pelo fato de que a parte da dívida já foi paga;
c) reconhecimento do direito apenas parcial à execução fiscal por parte do Fisco, em face da existência de saldo devedor do parcelamento;
d) carência da execução fiscal em face da suspensão da exigibilidade do crédito tributário.

12. Assinale a opção que, a teor do disposto no Código Tributário Nacional, não constitui hipótese de suspensão da exigibilidade do crédito tributário.
a) Recurso interposto ao Conselho Administrativo de Recursos Fiscais.
b) Adesão, por parte do contribuinte, a parcelamento.
c) Depósito de montante integral para garantia do juízo.
d) Consignação em pagamento.
e) Concessão de antecipação de tutela em ação judicial.

CAPÍTULO 14

EXTINÇÃO DO CRÉDITO TRIBUTÁRIO

Com relação ao rol do art. 156 do CTN, que prevê várias modalidades de extinção do crédito tributário, sintetiza Leandro Paulsen (2018, p. 265), "há causas em que o crédito tributário é satisfeito (pagamento, pagamento seguido de homologação, compensação, conversão em renda de valores depositados ou consignados, dação em pagamento de bens imóveis e transação), desconstituído (decisão administrativa ou judicial), perdoado (remissão) ou precluso o direito do fisco lançar ou obrar judicialmente (decadência e prescrição)".

14.1 Considerações gerais

Crédito tributário nasce com lançamento e é extinto mediante várias modalidades do art. 156, CTN (11):
- pagamento;
- consignação em pagamento;
- dação em pagamento de bens imóveis, na forma e condições estabelecidas em lei;
- pagamento antecipado e homologação de lançamento;
- compensação;
- transação;
- remissão;
- prescrição e decadência;
- conversão de depósito em renda;
- decisão administrativa irreformável;
- decisão judicial transitada em julgado.

O rol do art. 156, CTN é taxativo? Para a doutrina majoritária e o STF, o rol é taxativo. O STF, na ADI nº 1.917. DF, 2007, declarou inconstitucional a dação em pagamento de bens móveis, por ofender o art. 37, XXI,

CF/88 (dever de licitar) e o *art. 146, III, "b", da CF/88*, que prevê caber a lei complementar o estabelecimento de normas gerais em matéria tributária, como crédito tributário, criando, indevidamente, por lei ordinária, uma nova causa de extinção do crédito tributário.

Inclusive, há o *art. 141, CTN*, que diz que o crédito tributário só se modifica ou extingue ou tem sua exigibilidade suspensa ou excluída nos casos previstos na lei, que é o CTN (O CTN tem *status* de lei complementar). Conclui-se que para acrescer outra causa de extinção do crédito tributário, só por meio de lei complementar.[84]

A *extinção do crédito tributário causa extinção da obrigação tributária principal?* Depende. Se o crédito tributário for extinto numa *decisão administrativa irreformável ou decisão judicial transitada em julgado* com base em *vício material no lançamento*, há extinção da obrigação tributária principal; se extinto com base em *vícios formais do lançamento*, o vício afetará apenas o lançamento, e não a obrigação tributária principal.

Imagine o lançamento do IPTU com erro no valor do tributo por equívoco de digitação ou inexistência de assinatura da autoridade fiscal no auto de infração. O sujeito passivo deve buscar anular o lançamento por *vício formal*, por meio da impugnação do lançamento, o que não afetará a obrigação tributária principal, isto é, o dever de pagar o IPTU. Com anulação do lançamento por vício formal, o Fisco tem direito de efetuar novo lançamento dentro do prazo decadencial de 5 anos (art. 173, II, CTN).

Por outro lado, se houver lançamento do IPVA para quem é proprietário de bicicleta (hipótese de não incidência do IPVA), a anulação do lançamento por *vício material* afetará por completo a obrigação tributária principal, não sendo possível novo lançamento.

---

[84] Para a doutrina minoritária, o rol é exemplificativo. Haveria outras modalidades de extinção do crédito tributário, como a *confusão*. Tem-se confusão (art. 381, CC) quando, numa mesma pessoa, confundem-se as qualidades de credor e devedor. Há uma mistura. A consequência é a extinção da obrigação (cobrar de quem?). A confusão no direito tributário ocorre quando o Município desapropria bem imóvel com débito do IPTU. O Município torna-se credor e devedor da obrigação tributária do IPTU, que ficará extinta. Para o STJ, no Resp nº 1668058/2017, contudo, *não há extinção do crédito tributário pela confusão*, a saber: "o ente desapropriante não responde por tributos incidentes sobre imóvel desapropriado". Não há que se falar em cobrança do IPTU porque a desapropriação é forma de aquisição originária de propriedade. Logo, o Município adquire o imóvel limpo.

14.2 Pagamento (art. 157 e ss, CTN)

Conceito. Pagamento é modalidade clássica de extinção do crédito tributário. Há a satisfação voluntária da obrigação tributária principal. Com o pagamento, o sujeito passivo satisfaz o Fisco. Há o cumprimento (adimplemento) voluntário do sujeito passivo da obrigação tributária principal.

Regras para pagamento (2):

1ª. *Cumulatividade das multas* (art. 157, CTN). A imposição da penalidade não ilide (no sentido de "elide": dispensa) o pagamento do tributo (art. 157, CTN).

O contribuinte que vende mercadorias sem emissão de notas fiscais e sem recolher ICMS é multado, e o pagamento da multa não o exime de pagar o tributo. Às vezes, o valor da multa pode superar o próprio valor do tributo. Contudo, ambos deverão ser pagos cumulativamente, exceto no caso de falência, em que o pagamento do valor do tributo prefere ao da multa tributária (art. 186, parágrafo único, I e III, CTN).

2ª. *Não há presunção de pagamento no Direito Tributário* (art. 158, CTN[85]). Significa dizer que o pagamento integral ou em parcelas de um tributo num determinado exercício financeiro não implica pagamento integral ou em parcelas de outros. Note que em alguns boletos bancários, é possível verificar a seguinte expressão: "o pagamento desta parcela não quita débitos anteriores".

Ex. 1: Se paguei integralmente o IPTU/18 não se presume que paguei integralmente o IPTU/17. Se autoridade administrativa exigir comprovação do pagamento do IPTU/17, tenho que comprovar. Ex. 2: Se paguei a última parcela do IR/18 não se presume que paguei as parcelas anteriores. Em outras palavras, o fato de um contribuinte provar que pagou a última parcela de IR em determinado exercício não faz presumir que tenha pago as demais parcelas. Nem o fato de haver pago o IR de determinado exercício importa presunção de haver pago o de outros, nem de outro tributo qualquer.

O sujeito passivo deve manter comprovante de pagamento de todas as quotas ou prestações de tributos até que se verifique a prescrição (art. 195, parágrafo único do CTN).

---

[85] Na prática, verifica-se que a expedição de licenciamento é condicionada ao pagamento do IPVA. Contudo, por decisão do STJ (Resp nº 511480, 2003), o pagamento do IPVA, por foça do art. 158 do CTN, não está condicionado ao licenciamento, até porque é um certificado lavrado por terceiro estranho à relação jurídico-tributária.

Local do pagamento. O art. 159 CTN fala em repartição competente do domicílio do sujeito passivo, se legislação nada dispuser. Hoje, todos os tributos não são mais recolhidos nas repartições competentes, mas em *rede bancária*. O banco arrecada o tributo por meio das guias DARF, GARE e, depois, repassa à repartição competente. Há convênio firmado entre a Fazenda Pública e a agência bancária. Cobra-se tarifa pelo serviço prestado pela agência bancária de recolhimento do tributo.

Prazo do pagamento. Previsão na legislação tributária. Se a legislação tributária[86] nada dispuser, o prazo do pagamento é de 30 dias, contados da notificação do lançamento. O art. 160, CTN, é norma supletiva. Significa dizer: só se a legislação tributária nada dispuser, o prazo para pagamento será de 30 dias.

Essa regra do art. 160, CTN, não é aplicada para os *tributos lançados por homologação*, pois o pagamento é feito antecipadamente pelo sujeito passivo e não há notificação de lançamento. Nesse caso, a *legislação tributária* deverá estabelecer prazo para pagamento, não se aplicando o art. 160, CTN.

Crítica ao parágrafo único do art. 160, CTN. De acordo com parágrafo único do art. 160, CTN, a concessão de desconto pelo pagamento antecipado deve ser prevista em legislação tributária, o que não deve prosperar, porque desconto (transação) depende de *lei*.

O prazo de pagamento é situação que não se submete ao princípio da legalidade tributária, podendo ser previsto em norma infralegal (art. 160 c/c art. 96, CTN). Um decreto, por exemplo, pode estipular prazo diferente de 30 dias para pagamento de um tributo. Também não se sujeita ao princípio da anterioridade nem noventena (Súmula Vinculante nº 50).

Efeitos da mora. Vencido o prazo para pagamento do débito tributário e não pago ou pago extemporaneamente, qual a consequência?

O crédito tributário se torna exigível e começam a fluir, *automaticamente* (mora *ex re*), os *juros moratórios*, sem prejuízo das penalidades pecuniárias, como a *multa moratória* (art. 161, CTN). Note que os efeitos da mora são automáticos (mora *ex re*), dispensando por parte do Fisco a constituição do devedor em mora.

---

[86] Legislação tributária é expressão mais abrangente do que lei tributária. Compreende leis, tratados e convenções internacionais, decretos e normas complementares que versem sobre tributos (art. 96, CTN). As normas complementares são atos normativos, porém de hierarquia inferior aos decretos e regulamentos, como portarias, instruções, decisões de órgãos singulares ou coletivos de jurisdição administrativa com eficácia normativa; práticas reiteradas observadas por autoridade administrativa (art. 100, CTN).

Há *correção monetária*, que é a atualização da dívida em razão da inflação e sempre depende da lei que a preveja. *Para correção monetária e juros moratórios dos tributos federais, aplica-se o mesmo índice, o da taxa Selic* (art. 61, §3º, Lei nº 9.430/96 e art. 35 da Lei nº 8.212/91). *Para atualização de tributos estaduais, utiliza-se a taxa Selic apenas e tão somente se houver previsão em legislação local, vedando-se cumular com juros moratórios (Súmula nº 523 STJ*[87]*).*

No caso de inexistência de lei que estabeleça juros moratórios, aplica-se o §1º do art. 161 do CTN (norma supletiva): 1% ao mês.

Formas de pagamento. O art. 162, CTN, prevê várias formas de pagamento do tributo como moeda e cheque e algumas em desuso, como vale postal, papel selado e processo mecânico. O art. 156, XI, CTN, acrescentado pela LC nº 104/01, prevê a dação em pagamento de bens imóveis (ver item 1.2).

14.3 Consulta tributária (art. 161, §2º, CTN; art. 88 do Decreto nº 7.574/11 e art. 46 do Decreto nº 70.235/72)

Trata-se de procedimento administrativo, não litigioso, realizado pelo sujeito passivo junto ao Fisco, para *esclarecimento* de uma *dúvida* sobre a *legislação tributária* no *caso concreto*.

Não cabe consulta sobre lei em tese. A dúvida é sobre a aplicação da legislação tributária no caso concreto (dúvida sobre situação fática).

Na consulta, o sujeito passivo (consulente) não é inadimplente. Se a consulta for realizada *dentro do prazo para pagamento do tributo*, ela produz o efeito de *suspender o lançamento com os encargos da mora*. Logo, durante a consulta, não pode o consulente sofrer auto de infração (lançamento) para cobrar o tributo.

Após a consulta, paga-se o tributo com correção monetária, porém *sem* juros moratórios nem multas moratórias.

Ex.: empresa foi notificada para pagamento do IPVA de seus veículos flex, mas tem sérias dúvidas sobre alíquota aplicada para

---

[87] Súmula nº 523 do STJ: *A taxa de juros de mora incidente na repetição de indébito de tributos estaduais deve corresponder à utilizada para cobrança do tributo pago em atraso, sendo legítima a incidência da taxa Selic, em ambas as hipóteses, quando prevista na legislação local, vedada sua cumulação com quaisquer outros índices.*

veículos flex. Há omissão na legislação estadual. Dentro do prazo para pagamento do IPVA, a empresa formula consulta à Secretaria da Fazenda Estadual (SEFAZ) e, a partir do protocolo, não há mais cobrança de juros, nem de multa. Depois de seis meses, vem a resposta. Empresa pagará o IPVA com correção monetária, porém sem incidência de juros de mora, nem de penalidades.

Consulta tributária não significa suspensão da exigibilidade do crédito tributário do art. 151 do CTN. Na consulta, o Fisco não pode lançar; na suspensão de exigibilidade do crédito tributário, o Fisco não pode executar, mas pode lançar.

Como esclarece Anis Kfouri Jr (2010, p. 210), a legislação confere ao contribuinte, na consulta, o "direito de não ser autuado em relação à questão formulada, desde seu protocolo junto ao órgão fazendário competente até determinado prazo legal posterior ao recebimento da proposta, concedendo-se, portanto, um prazo para adequação do contribuinte. Trata-se de instituto diverso da suspensão da exigibilidade, pois, enquanto neste (consulta) o Fisco não pode sequer autuar o contribuinte (lançar o tributo), naquele (suspensão) o tributo já está lançado e a suspensão é apenas de sua exigibilidade e não do lançamento tributário".

14.4 Imputação de pagamento e preferências tributárias

1. Preferências tributárias (art. 187, parágrafo único, CTN)

De acordo com art. 186, CTN, o crédito tributário prefere aos demais créditos, exceto créditos trabalhistas e créditos decorrentes de acidente de trabalho.

No caso de o sujeito passivo possuir diversos débitos fiscais vencidos de *diferentes entes políticos tributantes*, como se dará a quitação? Imagine diversas execuções fiscais cobrando do mesmo contribuinte ITR, IPVA e IPTU ou uma empresa que faliu com diversos débitos fiscais com as Fazendas Públicas federal e estadual, qual valor será pago em primeiro lugar? Deve-se obedecer ao concurso de preferências do art. 187, parágrafo único, do CTN (e a posição do STJ, que inclui as autarquias).

Paga-se:
1º. *União e de suas autarquias;*
2º. *Estados, DF e suas autarquias (em conjunto e pro rata);*
3º. *Municípios e suas autarquias (em conjunto e pro rata).*

O que significa em conjunto e *pro rata*? Significa que o saldo remanescente será distribuído entre tais entes, em conjunto e partes iguais.

2. *Imputação de pagamento* (art. 163, CTN)

No caso do sujeito passivo possuir diversos débitos fiscais vencidos do *mesmo ente político tributante*, como se dará a quitação? Deve-se obedecer a ordem de quitação do art. 163, CTN.

Paga-se:
1º. *débitos por obrigação própria (contribuinte); depois, os decorrentes de responsabilidade tributária* (imagine empresa que recolha ICMS como contribuinte e como responsável tributário no caso de substituição tributária para frente. Deve-se pagar, em 1º lugar, o crédito como contribuinte; depois, como responsável tributário);
2º. *contribuição de melhoria, taxas e impostos* (imagine contribuinte que deve para o Município o IPTU e a taxa de lixo municipal, deve pagar, em 1º lugar, a taxa);
3º. *ordem crescente de prazos de prescrição* (pagam-se créditos tributários mais próximos de serem extintos. Imagine ITR de 2009 e IRPJ de 2010, deve-se pagar, em 1º lugar, o ITR de 2009);
4º. *ordem decrescente dos montantes* (pagam-se créditos tributários de maior valor. Imagine contribuinte com dívida tributária de ITR, no valor de R$1000 e IRPF no valor de R$800, deve-se pagar, em 1º lugar, o ITR).

Leandro Paulsen (2018, p. 267) faz uma síntese da aplicação do art. 163, CTN: "primeiro aos débitos por obrigação própria, nos tributos contraprestacionais como contribuição de melhoria e taxas, nos débitos mais antigos e nos débitos maiores".

> *Exemplo envolvendo ordem de preferência e imputação de pagamento.*
> João passou por muitas dificuldades em sua vida na condição de trabalhador autônomo, porém sempre conquistou arduamente os bens materiais para o conforto de sua família. Entretanto, num determinado período, as oportunidades de trabalho ficaram escassas, e ele se viu devedor de tributos vários, entre eles o ITR, o ITCMD e a taxa municipal de lixo.
> Verificada a pluralidade de penhora sobre o mesmo imóvel em executivos fiscais ajuizados por diferentes sujeitos ativos, em que ordem se dará a extinção das dívidas?
> Paga-se a União (ITR), depois Estados (ITCMD) e, por fim, Municípios (taxa municipal de lixo), conforme ordem de preferência do art. 187, parágrafo único, CTN.
> Se João tivesse apenas dívidas federais: ITR (2018), no valor de R$1.000,00; IRPF (2018), no valor de R$800,00 e taxa federal (2017), no montante de R$200,00, como esses pagamentos seriam imputados ao devedor?
> Como João está na condição de contribuinte, paga-se em primeiro lugar a taxa federal. No tocante aos impostos ITR e IRPF, como prescreverão na mesma data, paga-se o valor maior, isto é, o ITR.

14.5 Repetição do indébito tributário (art. 165, CTN c/c art. 168, CTN)

Conceito: É o *direito* que o *sujeito passivo* tem de ter restituição ou devolução do *pagamento* realizado indevidamente ou a maior. Veda-se enriquecimento sem causa para o Fisco. Pode ser feito administrativamente (pedido administrativo de restituição[88]) ou judicialmente (ação de repetição de indébito).

Repetição de indébito pressupõe existência de um *pagamento* indevido ou a maior.

É preciso fazer prova do erro ou protesto? Não. De acordo com art. 165, CTN, para restituição do indébito, dispensa-se prova do erro ou protesto do sujeito passivo no momento do pagamento. Basta apresentação da guia de recolhimento autenticada (por exemplo, cópia

---

[88] PER significa Pedido Eletrônico de Restituição. A restituição ocorrerá mediante depósito em conta corrente do contribuinte.

autenticada da DARF). O art. 165, I, CTN é autoaplicável (não se exige lei autorizativa).

Atenção! Se o sujeito passivo ingressar com pedido de restituição e também com ação de repetição de indébito pressupõe *renúncia à via administrativa* (art. 38, parágrafo único da LEF).

Prazo: o prazo para pedido administrativo de restituição ou ação de repetição de indébito é de 5 anos, a contar de 2 momentos distintos (art. 168, I e II, CTN): a) hipótese com litígio; b) hipótese sem litígio.

Não há mais divergência sobre o prazo do art. 168 do CTN para restituição se decadencial ou prescricional. É prescricional por força da *Súmula nº 625 do STJ*, que se posicionou pela prescrição.

Lançamento de ofício sem litígio (art. 168, I, CTN): 5 anos contados da extinção do crédito tributário (pagamento indevido ou a maior).

Ex.: Auto de infração de IPTU em 2015. *Não há impugnação.* Pago indevidamente em 2015. Tenho 5 anos contados do pagamento para pedir restituição ou ingressar com ação de restituição (de 2015 até 2020).

Lançamento de ofício com litígio (art. 168, II, CTN): 5 anos contados da decisão administrativa irreformável ou da decisão judicial transitada em julgado que anula/revoga/reforma decisão condenatória anterior.

Ex. 1: Auto de infração de IPTU em 2015. *Impugnação* (reclamação). Decisão condenatória. Pago indevidamente. *Recurso administrativo.* Decisão administrativa irreformável que anula decisão condenatória anterior em 2016. Tenho 5 anos contados do trânsito em julgado dessa *decisão administrativa anulatória* para pedir restituição ou ingressar com ação de restituição (de 2016 até 2021)

Ex. 2: Auto de infração de IPTU em 2015. Impugnação (reclamação). Decisão condenatória. Pago indevidamente. *Ação anulatória.* Decisão judicial transitada em julgado que anula decisão condenatória anterior em 2016. Tenho 5 anos contados do trânsito em julgado dessa *decisão judicial anulatória* para pedir restituição ou ingressar com ação de restituição (de 2016 até 2021).

Lançamento por homologação (art. 168, I, CTN). Com a vigência da LC nº 118/05 (art. 3º), aplica-se *"tese dos 5":* 5 anos contados do *pagamento antecipado.*[89] O art. 168, I, CTN teve nova interpretação conforme art.

---

[89] Antes da vigência da LC nº 118/05, aplicava-se 'tese dos 5 +5'. Na ausência da homologação expressa, prazo de cinco anos para restituição passava a ser contado após homologação tácita, ou seja, decorridos cinco anos da ocorrência do fato gerador. Somados 5 anos para homologação tácita com mais cinco anos da repetição de indébito, tinha-se, no total, 10 anos para restituição.
Atenção! Para STJ, o art. 3º da LC nº 118/05 tem *eficácia prospectiva,* isto é, para pagamentos antecipados ocorridos após vigência da LC nº 118/95 (09.06.2005) e com fatos geradores

3º da LC nº 118/05, impondo que o prazo para o pedido ou ação de restituição seja contado do pagamento antecipado nos tributos lançados por homologação (*"Para efeito de interpretação do art. 168, I, CTN, a extinção do crédito tributário ocorre no caso de tributo lançado por homologação no momento do pagamento antecipado"*).

Ex.: Auferi renda em 2015. Pagamento antecipado a maior em 2016. Com a LC nº 118/05, prevalece a "tese dos 5", em que o pedido de restituição de tributos lançados por homologação é de 5 anos contados do pagamento antecipado.

Lançamento de ofício sem litígio (CTN, art. 168, I)	Lançamento de ofício com litígio (CTN, art. 168, II)	Lançamento por homologação (CTN, art. 168, I)
5 anos contados da extinção do crédito tributário (pagamento indevido ou a maior).	5 anos contados da decisão administrativa irreformável ou da decisão judicial transitada em julgado que anula/revoga/reforma decisão condenatória anterior.	5 anos contados do *pagamento antecipado*.

Tributos declarados inconstitucionais. Contagem do prazo de restituição nos tributos declarados inconstitucionais. Posição atual do STJ, no Resp nº 435835, de 2014: *5 anos contados do recolhimento indevido* (pagamento indevido), independentemente da data da declaração de inconstitucionalidade do tributo pelo STF ou por resolução do Senado Federal. Logo, é irrelevante fixar como termo inicial a data da declaração de inconstitucionalidade do tributo no controle concentrado ou de Resolução do Senado Federal no controle difuso.

Ex.: Em 2015, paguei a maior ICMS. Em 2016, a lei do ICMS foi declarada inconstitucional. O STJ firma entendimento de que os 5 anos para restituição devem ser contados do pagamento indevido. Logo, tenho 2015 até 2020 para pedido de restituição ou ação de repetição de indébito.

---

ocorrido após essa data. Logo, se o pagamento antecipado ocorrer antes da vigência da LC nº 118/05 (09.06.2006), com fato gerador ocorrido antes da vigência, aplica-se tese dos 5 +5; se pagamento antecipado ocorrer após vigência da LC nº 118/05, mas com fato gerador ocorrido antes da vigência, aplica-se tese dos 5 +5.

Ação anulatória da decisão administrativa que denegar a restituição (art. 169, CTN). Pergunta-se: o contribuinte que paga um tributo indevidamente faz pedido administrativo de restituição e o pedido é negado, pode ingressar com ação de repetição de indébito? Não. No caso de pedido administrativo de restituição negado, o art. 169 do CTN prevê *AÇÃO ANULATÓRIA*. A justificativa está no princípio do acesso ao Poder Judiciário previsto no art. 5º, XXXV, da CF/88. Esta ação tem *prazo prescricional especial* (biênio): dois anos contados da decisão administrativa denegatória de restituição.

A ação anulatória visa anular decisão administrativa denegatória de restituição e condenar à restituição. Para Edvaldo Nilo (2011, p. 371), "esta ação, na verdade, é de repetição de indébito, uma vez que se o pedido houver sido negado na órbita administrativa, poderá o contribuinte se socorrer do Poder Judiciário, provocando-o por meio da ação de repetição de indébito".

O prazo prescricional de dois anos da ação anulatória da decisão administrativa que denegar restituição se interrompe com o início da ação judicial (distribuição) e, com a citação válida do representante da Fazenda Pública, volta a correr pela metade (1 ano), e não por inteiro (parágrafo único do art. 169, CTN).

Impressionante como o CTN trata diferentemente Fazenda Pública e particular. A Fazenda Pública tem prazo prescricional de cinco anos (art. 174, CTN) e com a interrupção, volta a correr por inteiro (5 anos). O particular, por sua vez, tem prazo prescricional especial de dois anos (art. 169, CTN) e com a interrupção volta a correr pela metade (1 ano).

Vale destacar, para ação de restituição de indébito, o disposto na *Súmula nº 625 STJ*: pedido administrativo de compensação ou pedido administrativo de restituição não interfere na ação de repetição de indébito.
Em 2010, recebo auto de infração de IPTU. Faço pagamento indevido. Tenho de 2010 a 2015 para pedido de restituição ou para ação de repetição de indébito. Em 2014, ingresso com ação de repetição de indébito. Percebo que tenho débito de taxa de coleta de lixo. Peço administrativamente compensação e o Fisco nega. O pedido administrativo de compensação não tem o condão de interromper o prazo prescricional da ação de repetição de indébito. É o que dispõe a *Súmula nº 625 do STJ*.

Restituição nos tributos indiretos (art. 166, CTN e Súmula nº 546 do STF X Posição do STJ).

Pergunta-se: quem pode pleitear restituição nos tributos indiretos: contribuinte de direito ou contribuinte de fato?

Tributos indiretos[90] são aqueles em que a carga tributária é repassada para terceira pessoa denominada contribuinte de fato ou consumidor final. São os tributos que repercutem. Ex.: ICMS, IPI, IOF, Cofins, PIS, ISS.

Nos tributos indiretos, importante distinção entre contribuinte de direito e contribuinte de fato. O contribuinte de direito é quem realiza o fato gerador. Por lei, é obrigado a pagar o tributo. Para conhecer o contribuinte de direito, tem que ler a lei. Por outro lado, o contribuinte de fato é quem suporta o ônus da tributação porque é repassada a ela a carga tributária. É o consumidor final.

De acordo com art. *166 do CTN, o contribuinte de fato* só pode pedir restituição de valores se na NF (nota fiscal) verificar o repasse do tributo a ele (Na nota fiscal consta: valor da mercadoria + valor do tributo). O *contribuinte de direito* é legitimado a pedir restituição nos tributos indiretos SE PROVAR que suportou sozinho o ônus tributário ou se SE PROVAR que tem autorização expressa do contribuinte de fato para receber restituição.

É o que dispõe a *Súmula nº 546 do STF*: *"Cabe restituição do tributo pago indevidamente, quando reconhecido por decisão que o contribuinte de jure não recuperou do contribuinte de facto o quantum respectivo"* (Por não recuperou, deve-se entender: não transferiu).

STJ discorda desse entendimento. *Para o STJ, no Resp nº 1191860 de 2011, a legitimidade para pleitear a restituição de indébito é apenas do contribuinte de direito porque é sujeito passivo definido por lei.* O contribuinte de fato não integra a relação jurídico-tributária. *Contudo, no caso de concessão de serviços públicos (energia elétrica, fornecimento de água tratada, por exemplo), o STJ, no Resp nº 1299303 de 2011, reconhece a legitimidade do contribuinte de fato (consumidor do serviço prestado) porque a legislação prevê o repasse de ônus tributário a ele.* Logo, no ICMS-energia, por exemplo, a empresa concessionária de energia elétrica (contribuinte de direito) está autorizada a repassar o tributo ao consumidor.[91]

---

[90] Tributos diretos são os que não repercutem. A carga tributária é suportada pelo próprio contribuinte de direito (sujeito passivo). Há uma coincidência entre contribuinte de direito e de fato. É o caso do IR, IPTU, IPVA etc.

[91] O STJ, no Resp nº 1299303, 2012, reconheceu a legitimidade do contribuinte de fato, a saber: "No caso de aumento de tributo, a concessionária poderá repassar esse valor nas

Vide o detalhamento da sua conta de energia elétrica:
Consumo: X
ICMS: Y
Total: X + Y

Locatário não tem direito de restituição do IPTU (art. 123 CTN e Súmula nº 614 STJ). Consabido que tradicionalmente assume obrigação contratual de pagar IPTU, contribuição de melhoria e taxas referentes ao imóvel, mas as convenções particulares (contrato de locação) são inoponíveis perante o Fisco (art. 123, CTN), e locatário não tem legitimidade ativa para discutir a relação jurídico-tributária do IPTU nem de taxa, nem de repetir o indébito (Súmula nº 614 STJ).

Vale destacar que *aquele que assume o encargo de pagar o tributo em nome de outrem não tem legitimidade para pleitear restituição porque não é sujeito passivo*. Conforme leciona Leandro Paulsen (2018, p. 270), "o filho que, por gentileza, toma iniciativa de pagar IPVA de veículo de seu pai, não tem pessoalmente direito a repetição de eventual indébito. O locatário que pagou IPTU em nome do locador e o vendedor do imóvel que efetua pagamento do ITBI em nome do adquirente também não se legitimam à repetição, cabendo referir, nestes casos, ainda, que os contratos não sejam oponíveis ao Fisco, conforme o art. 123 do CTN".

O que são restituíveis? (art. 167, CTN)
1. valor pago a título de tributo indevidamente ou a maior;
2. correção monetária (atualização do valor do tributo em razão da inflação): da data do pagamento indevido, conforme *Súmula nº 162 STJ (Na repetição de indébito, a correção monetária incide a partir do pagamento indevido).*

---

tarifas. O STJ concluiu que não haverá interesse da concessionária em pleitear restituição de indébito no caso de serem tributadas indevidamente. Desse modo, consumidor iria arcar com repercussão econômica do tributo pago a maior e como concessionária não iria pleitear restituição de indébito, essa situação de abusividade na cobrança iria se perpetuar, em prejuízo ao usuário dos serviços públicos".

> Para atualização de *tributos federais*, utiliza-se a taxa Selic, que já engloba juros de mora. Para atualização de *tributos estaduais*, há, contudo, orientação da *Súmula nº 523 STJ:* utiliza-se a taxa Selic só se houver previsão em legislação local e veda-se cumular com juros de mora. Para o STF, no RE nº 299605 de 2016, "a mora injustificada ou irrazoável do Fisco em restituir o valor devido ao contribuinte caracteriza resistência ilegítima autorizadora de incidência de correção monetária". Este é também o posicionamento da *Súmula nº 411 STJ* (*É devida correção monetária ao creditamento do IPI quando há oposição ao seu aproveitamento decorrente de resistência ilegítima do Fisco*).

3. juros de mora (percentual que incide sobre valor do tributo em razão da mora do Fisco de restituir): contados do trânsito em julgado da decisão definitiva que determina restituição, conforme *Súmula nº 188 STJ* (*Os juros moratórios, na repetição de indébito tributário, são devidos a partir do trânsito em julgado da sentença*). Este entendimento é parecido com art. 167, parágrafo único do CTN: a restituição vence ~~juros não capitalizáveis~~, a partir do trânsito em julgado da decisão definitiva que determinar. (Leia-se: juros simples);
4. multa moratória (penalidade que incide sobre o valor do tributo em razão da mora do Fisco em restituir): devida conforme juros de mora;

Atenção! Não se restitui a *multa isolada* (multa punitiva) que incide no descumprimento de *obrigação tributária acessória*, porque, nesse caso, a obrigação tributária acessória é autônoma da principal e os juros moratórios e multas moratórias são calculados sobre o montante do valor devido (art. 167, *in fine*, CTN). A multa punitiva, não.

14.6 Consignação em pagamento procedente (art. 164 c/c art. 156, VIII, CTN)

O pagamento é modalidade clássica de extinção do crédito tributário em que o sujeito passivo assume o *dever* de pagar o valor mencionado a título de tributo ao Fisco. Contudo, o pagamento pode ser um *direito*. A consignação em pagamento está ligada à ideia do *direito* de pagar.

O sujeito passivo quer pagar (*animus de pagar*) o crédito tributário, quer quitar sua dívida, mas não consegue por circunstâncias alheias a sua vontade, seja porque o pagamento é recusado/dificultado pelos órgãos arrecadadores ou porque há dúvida sobre quem é o sujeito ativo. Então, como solução, sujeito passivo propõe ação de consignação em pagamento para fins de depósito judicial do valor que pretende pagar.

Conceito de consignação em pagamento: é causa de extinção do crédito tributário nas hipóteses previstas em lei (art. 156, VIII c/c art. 164, CTN). A extinção do crédito tributário só ocorre quando a ação consignatória for julgada *procedente*. A ação de consignação em pagamento visa *desonerar* o sujeito passivo, mediante depósito judicial do valor correspondente ao tributo *que entende cabível* (art. 164, §1º, CTN).

Quando ação de consignação em pagamento é proposta, o sujeito passivo requer ao juiz que seja autorizado o depósito judicial do valor que *ele pretende pagar*.

Parcelamento. Não se utiliza ação de consignação em pagamento para consignar *parcela* do valor. Nesse sentido, já se posicionou o STJ, no AgR nº 639279 de 2003: "Empresa, negada administrativamente o parcelamento, utiliza-se da ação de consignação em pagamento para depósito de parcela do montante devido para fins de não sofrer incidência de multa e juros da taxa Selic. Não cabimento da ação consignatória em pagamento". O depósito tem que ser do montante integral para fins de não sofrer incidência de juros nem multa.

Consequências (art. 162, §2º, CTN):

Se ação de consignação for julgada *procedente* (sujeito passivo tem razão), o pagamento é efetivado, logo há extinção do crédito tributário *após trânsito em julgado da sentença de procedência*. Daí, a importância consignada se converte em renda para o sujeito ativo.

Se ação de consignação for julgada *improcedente* (sujeito passivo não tem razão), cobra-se o crédito tributário com juros de mora e penalidade, se cabível, nos termos do art. 164, §2º, CTN. *Obs.*: há quem defenda, com razão, que o depósito considerado insuficiente seja convertido em renda a favor do Fisco (art. 156, VI, CTN), cabendo inscrição em dívida ativa apenas do saldo a pagar.

Prazo para propor ação de consignação em pagamento: um mês (30 dias) da manifesta recusa, conforme art. 539, §3º, CPC.

Natureza jurídica da ação consignatória em pagamento: declaratória. O sujeito passivo não quer a condenação do Fisco, nem anulação do débito fiscal, mas apenas que o juiz **declare** que o depósito efetuado em consignação extinguirá o crédito tributário.

Hipóteses legais do art. 164, CTN (Dica: recusa/subordinação e bitributação): em matéria tributária, na prática, utiliza-se com mais frequência consignação em pagamento para caso de *bitributação inconstitucional* (inciso III).

Inciso I: Caso de *recusa* do recebimento do pagamento ou de *subordinação* do recebimento ao pagamento de outro tributo ou penalidade ou obrigação acessória. Ex. 1: quero pagar só o IPTU e não a taxa de iluminação pública que consta do carnê do IPTU e Fazenda Pública se recusa a receber; Ex. 2: quero pagar IPTU/2010 e Fazenda Pública se recusa a receber. Ex. 3: devo IR/2009 e quero pagar IR/2010 e a Fazenda Pública subordina pagamento do IR/2010 ao pagamento do IR/2009. Ex. 4: Fui autuado pelo não pagamento do IPTU/2009 com juros e multa moratória. Não paguei no prazo porque não recebi notificação do lançamento do IPTU/2009. Quero pagar só valor do IPTU/2009 sem multa moratória e a Fazenda Pública subordina pagamento do IPTU/2009 ao pagamento dos juros e multa; Ex. 5: Não fiz declaração do IR/2010, mas quero pagar o IR/2010. Fazenda Pública subordina pagamento do IR/2010 ao cumprimento de obrigação acessória.

Inciso II: Caso de subordinação do pagamento do tributo a exigências administrativas *sem fundamento legal*. Ex.: quero pagar IR/2010, mas o Fisco exige que eu preste informações, preencha formulários, o que não é exigido por lei.

Inciso III: Caso de exigência, por mais de uma pessoa jurídica de direito público, de *tributo idêntico* sobre o mesmo fato gerador. Trata-se de *bitributação inconstitucional*.

Na bitributação, dois entes políticos diferentes cobram do mesmo contribuinte tributos idênticos.

O que são tributos idênticos? De acordo com art. 164, III, do CTN, são os que possuem *mesmo fato gerador ou mesma base de cálculo*. Ex.: sou proprietário de imóvel na fronteira do Município de São José do Rio Preto e Mirassol. Os dois Municípios exigem IPTU, pois cada um entende que o imóvel está no seu território.

O conceito de tributo idêntico sofreu uma ampliação. São também os que possuem uma *incerteza subjetiva* (STJ, Resp nº 931566/2007). Para o STJ, "*doutrina majoritária admite uso de ação consignação quando passível incerteza subjetiva, mesmo que se trate de impostos cobrados por entes diferentes"*. Ex. 1: sou proprietário de chácara em Campinas e recebo notificação do Município para pagamento do IPTU e auto de infração da União para pagamento do ITR; Ex. 2: no serviço de *banner* digital em site na internet, empresa é autuada de ICMS, porque Estado entende ser serviço de comunicação, e de ISS, porque Município entende ser serviço de publicidade.

Não confundir bitributação com bis in idem. Consignação em pagamento cabe na hipótese de dois entes políticos tributantes diferentes exigirem tributos idênticos do mesmo contribuinte (bitributação). Só cabe consignatória se o contribuinte estiver diante de exigências simultâneas e ainda não pagou nenhum deles. Se as duas exigências simultâneas vierem da mesma pessoa política tributante (*bis in idem*), como no caso de Município que exige IPTU e taxa de lixo sobre valor venal do imóvel, não cabe consignação, mas mandado de segurança.

Bitributação	Bis in idem
Dois entes políticos diferentes cobram do mesmo contribuinte tributos idênticos.	*Mesmo* ente político cobra do mesmo contribuinte tributos idênticos. É incidência do tributo em cascata.
Ex. 1: Imóvel situado na divisa entre cidade e campo. Município cobra IPTU por entender área urbana e União cobra ITR por entender área rural	Ex.: Município cobra IPTU e TIP (taxa de iluminação pública inconstitucional em razão da SV nº 41)
Cabe ação de consignação em pagamento	Cabe mandado de segurança

Consignação em pagamento não se confunde com depósito do montante integral.

Na consignação em pagamento, o contribuinte tem o *animus* de pagar, de extinguir o crédito tributário. Não há interesse em discutir ilegalidades e inconstitucionalidades, mas interesse de pagar não obstante a recusa do credor em receber. Daí não se confunde o depósito do montante integral para suspender a exigibilidade e discutir a dívida

Consignação em pagamento (CTN, art. 156, VIII)	Depósito do montante integral (CTN, art. 151, II)
Se procedente, é causa de extinção do crédito tributário	É causa de suspensão da exigibilidade do crédito tributário
Sujeito passivo quer pagar (animus de pagar)	Sujeito passivo não quer pagar
Depósito do valor que o sujeito passivo entende ser devido	Depósito integral do valor que o Fisco entende ser devido

14.7 Conversão de depósito em renda (art. 156, VI, CTN)

Só ocorre quando há: 1. depósito do montante integral do valor do tributo já realizado; e 2. discussão judicial ou administrativa sobre valor depositado.

Com decisão judicial transitada em julgado ou decisão administrativa irreformável *favorável* ao *Fisco*, depósito é convertido em renda para o Fisco, extinguindo crédito tributário.

A conversão do depósito em renda pode ocorrer também na ação consignatória em pagamento julgada procedente (favorável ao contribuinte), porque nela existe depósito do valor que o contribuinte quer pagar. É possível ter a conversão de depósito em renda se o valor consignado for o que o Fisco entende devido.

14.8 Decisão administrativa irreformável (art. 156, IX, CTN)

A extinção do crédito tributário ocorre quando a decisão administrativa irreformável for *favorável ao contribuinte*. Nesse caso, a própria Fazenda Pública reconhece a *inexistência do crédito tributário* e extingue-o, com base no art. 156, IX, CTN, sem ingressar na via judicial.

Contudo, se a decisão administrativa irreformável for desfavorável ao contribuinte, não adquire caráter definitivo, podendo sujeito passivo ingressar em juízo em razão do princípio do acesso incondicionado ao Poder Judiciário ou inafastabilidade da jurisdição (art. 5º, XXXV, CF/88).

14.9 Decisão judicial transitada em julgado (art. 156, X, CTN)

A extinção do crédito tributário ocorre quando decisão judicial transitada em julgado for *favorável ao contribuinte* independentemente de qualquer procedimento administrativo ainda em curso, porque é causa extintiva do crédito tributário.

14.10 Pagamento antecipado e homologação do "pagamento" (e não do lançamento, como diz o art. 156, VII, CTN)

Ocorre nos casos de tributos lançados por homologação em que 1. sujeito passivo calcula valor de tributo devido; 2. paga antecipadamente; 3. Fisco homologa o pagamento *a posteriori*. Logo, não basta o pagamento para extinguir o crédito tributário; é preciso homologação do pagamento.

A homologação pode ser expressa ou tácita. Na homologação expressa, autoridade administrativa expressamente se manifesta concordando com pagamento antecipado, o que extingue o crédito tributário. O Fisco tem prazo *decadencial* de 5 anos para se manifestar, a contar do fato gerador (150, §4º, CTN). A homologação tácita, por sua vez, ocorre por decurso de tempo quando há inércia do Fisco. Se transcorrer 5 anos da ocorrência do fato gerador sem que haja homologação expressa, o pagamento é homologado tacitamente, daí extingue crédito tributário.

O pagamento antecipado extingue o crédito tributário, sob condição resolutória de ulterior homologação (art. 150, §1º, CTN).

14.11 Dação em pagamento de bem imóvel, na forma e condições estabelecidas em lei (art. 156, XI, CTN)

Forma de pagamento do tributo por bem imóvel. É a entrega de bem imóvel como quitação de uma dívida tributária. É uma opção, faculdade conferida ao sujeito passivo. Em matéria tributária, dação em pagamento de bem imóvel é a única admitida no Brasil. O STF já se posicionou *contra* dação em pagamento de *bem móvel* (ADI nº 1917, de 2007).

Em âmbito federal, a dação em pagamento de bens imóveis foi regulamentada pela Lei nº 13.259/16 (já abordada no Capítulo 1).

14.12 Compensação tributária[92] (art. 170, CTN)

Conceito: é o *encontro de contas*, de débitos e créditos equivalentes, que ocorre quando o contribuinte é credor e devedor, ao mesmo tempo, do Fisco. Há *acerto de contas* do contribuinte para com o Fisco e vice-versa. "Há uma operação matemática que busca abater créditos e débitos devidos ao ente público". Compensação soluciona conflitos fiscais.

É causa (indireta) de extinção do crédito tributário, porque exige *lei específica autorizadora* (art. 156, II, CTN).

Não confundir compensação tributária do art. 170 (causa de extinção do crédito tributário) com compensação, aproveitamento do princípio da não cumulatividade responsável pela apuração do ICMS e do IPI (art. 155, §2º, I, CF/88; 153, §3º, II, CF/88).

Na compensação tributária, importante verificar:

1. existência de um débito perante o Fisco e um crédito a ser restituído;

2. lei específica autorizadora;

3. inexistência de discussão judicial de crédito do sujeito passivo a ser utilizado na compensação.

Encontro de contas. É possível haver compensação entre débito tributário (vencido ou vincendo) e crédito tributário a restituir ou precatório (*Súmula nº 461 STJ*: o sujeito passivo pode optar por receber o precatório ou compensar com indébito tributário).

Compensação não é automática. O art. 170, CTN, não gera direito à compensação ao contribuinte. A compensação tributária depende de *lei específica autorizadora* (lei *ordinária*) da respectiva pessoa política, que autorizará a compensação de *créditos* do sujeito passivo a restituir com débitos para com a Fazenda Pública. Logo, a compensação de débitos com o ICMS depende de lei estadual que autorize.

---

[92] Compensação é instituto do direito civil (art. 368, CC). A compensação tributária com ela não se confunde porque tem regras próprias, *não admitindo aplicação subsidiária das regras do Código Civil*. Inclusive, o art. 374, CC, que dizia que as regras civis seriam aplicadas em compensação tributária, foi revogado.

Imagine um contribuinte que pagou duas vezes IPTU/09 e recebe notificação do lançamento do IPTU/10. Como pagou duas vezes o IPTU/09, o contribuinte decide não pagar o IPTU/10 porque pressupõe compensação. Certo? *Errado*. Compensação não se dá automaticamente. Depende, nesse caso, de *lei municipal* autorizando compensação de tributos municipais. O contribuinte, não podendo fazer compensação, deveria pagar o IPTU/10, sob pena de incidência de multa moratória, juros moratórios e correção monetária e pedir restituição de indébito do IPTU pago a maior.

A lei autorizadora estipulará as garantias e condições (como se dará a compensação) ou delegará às autoridades administrativas o encargo de regulamentar essas condições. Logo, a compensação tributária aceitará vedações, restrições e condicionamentos criados por lei. Ex.: Lei nº 9.430/96 admite compensação de tributos federais administrados pela SRF.

Aplica-se lei de compensação *vigente* ao pedido de compensação.

> Obs.: Débito tributário deve ser vencido ou vincendo
> a) *vencido*: já transcorreu prazo do vencimento para pagamento (Ex.: paguei duas vezes o IPTU/10 e não paguei o IPTU/09);
> b) *vincendo*: ainda não transcorreu prazo do vencimento do pagamento (Ex.: paguei IR/17 a maior e não paguei IR/18 – está por vencer). *Como se faz o cálculo?* A lei obriga que se faça cálculo de seu montante com aplicação de taxa de juros. Reduz valor do tributo em até 1% de juros ao mês entre data da compensação e vencimento.

Regra que proíbe a compensação de créditos do sujeito passivo discutidos judicialmente (sub judice). O art. 170-A, CTN (incluído pela LC nº 104/01), traz novo requisito de compensação: inexistência de discussão judicial sobre créditos a serem utilizados pelo contribuinte na compensação. A compensação deve estar objetivada, sem controvérsia. Veda-se a compensação de crédito do sujeito passivo alvo de discussão judicial (inconstitucionalidade da lei instituidora do tributo, ação de repetição de indébito). Como enfatiza Regina Helena Costa (2009, p. 265), "Pensamos que a inteligência do dispositivo é prestigiar o atributo da certeza do crédito do contribuinte, objeto de impugnação, de modo a qualificá-lo para efeito de compensação".

O crédito do sujeito passivo discutido judicialmente só pode ser compensado *após o trânsito em julgado da decisão judicial*, para ter certeza da exigência do crédito a restituir. Ora, crédito tributário sob discussão judicial não é crédito certo, logo não pode ser compensado. Como afirma Edvaldo Nilo (2011, p. 324), "compensação tributária não pode ser realizada através de concessão de liminar em mandado de segurança ou em tutela antecipada em outras ações judiciais ou, ainda, no caso de ação pendente de recurso".

Justificativas:
1. art. 170-A, CTN (proíbe compensação de crédito do sujeito passivo ainda discutido judicialmente)
2. Súmula nº 212 STJ (proíbe compensação tributária de crédito do sujeito passivo por liminar ou tutela antecipada)
3. art. 7º, §2º, Lei nº 12026/09 (nova lei de mandado de segurança proíbe concessão de liminar no caso de compensação de crédito tributário).

Mandado de segurança é ação apta para reconhecer apenas o direito à compensação *(Súmula nº 213 STJ)*. Mandado de Segurança, nesse caso, vai *declarar* que o sujeito passivo tem direito de compensar conforme assegura lei ordinária, sendo vedado impor sanção ou autuação por exercer esse direito. No mandado de segurança não se discute o *quantum* a compensar.

O contribuinte que faz compensação voluntária sujeita à homologação não pode, por mandado de segurança, exigir compensação, porque isso demandaria dilação probatória (correção de valores, certeza de crédito), o que é incompatível com mandado de segurança, além do que a compensação é matéria reservada à Administração Pública. Logo, *mandado de segurança não é ação utilizada para convalidar compensação já realizada pelo sujeito passivo (Súmula nº 460 STJ)*.

Em síntese: utiliza-se mandado de segurança para declarar direito a compensar, mas não para convalidar compensação já realizada. É o que ocorre quando, em razão de uma inconstitucionalidade da exação, o contribuinte impetra mandado de segurança para ter reconhecido o seu direito de compensar.

O contribuinte que, por sua conta e risco, realiza compensação não pode impetrar mandado de segurança para que juiz convalide tal compensação.

O pedido de compensação de crédito tributário é *causa de interrupção da prescrição*, porque compensação é *ato inequívoco, ainda que extrajudicial, que importa reconhecimento de débito pelo devedor* (art. 174, parágrafo único, IV, CTN). *O pedido de compensação, contudo, não interfere na ação de repetição de indébito (Súmula nº 625 STJ).*

Em outras palavras, pedido de compensação não interrompe prazo prescricional para o contribuinte ajuizar ação de repetição de indébito. Ex.: João pagou IPTU a maior em 2010. De acordo com 168, I, CTN, tem 5 anos para pedir restituição ou ação de repetição de indébito. Pouco antes de completar os 5 anos, percebe que tem débito de taxa de coleta de lixo. O pedido de compensação não tem o condão de interromper prazo de 5 anos para a ação de repetição de indébito.

> Para Anis Kfouri (2010, p. 234), "Enquanto a restituição costuma ser o caminho natural para as pessoas físicas, a exemplo do imposto de renda pessoa física, as empresas se utilizam com maior frequência do instituto da compensação, que se mostra mais vantajoso, quer pela demora e burocracia na restituição, quer pelos constantes recolhimentos que devem ser efetuados, dentre outros motivos".

Prazo para compensação tributária: o mesmo para restituição de indébito (aplica-se à compensação a regra do art. 168, CTN).

Espécies de compensação tributária:
1. *Compensação requerida pelo contribuinte* (art. 74, Lei nº 9.430/96). No caso de tributos federais administrados pela SRF (Secretaria da Receita Federal), o sujeito passivo faz a declaração de compensação (DCOM), informando sobre créditos e débitos a serem compensados, e o Fisco homologa *a posteriori*.

> CTN, Art. 74. O sujeito passivo que apurar crédito, inclusive os judiciais com trânsito em julgado, relativo a tributo ou contribuição administrado pela Secretaria da Receita Federal, passível de restituição ou de ressarcimento, poderá utilizá-lo na compensação de débitos próprios relativos a quaisquer tributos e contribuições administrados por aquele Órgão.
> §1º A compensação de que trata o caput será efetuada mediante a entrega, pelo sujeito passivo, de declaração na qual constarão informações relativas aos créditos utilizados e aos respectivos débitos compensados.
> §2º A compensação declarada à Secretaria da Receita Federal extingue o crédito tributário, sob condição resolutória de sua ulterior homologação.

A Lei nº 9.430, de 27 de dezembro de 1996 (art. 74), ampliou as possibilidades de compensação para *qualquer tributo federal administrado pela Secretaria da Receita Federal*, ainda que não sejam da mesma espécie (Cofins, IPI, PIS/PASEP, Cide-combustível; IR, IOF, II, IE, CSLL, etc.), *vencido ou vincendo, salvo para contribuições previdenciárias*, a ser realizado pelo contribuinte mediante *entrega da declaração de compensação (DCOM)* à SRF contendo informações dos créditos e débitos utilizados, que fica sujeita a posterior *homologação. Trata-se da compensação tributária requerida pelo contribuinte*. Para efetivar a compensação, exige-se, portanto, apenas entrega da declaração de compensação à SRF sujeita a posterior homologação. Ex.: entrego declaração de compensação a SRF em 2018 revelando que tenho crédito a restituir e débito de IR/17.

Para compensar tributos federais administrados pela SRF nos casos de lançamentos por homologação, o contribuinte requer a compensação mediante preenchimento de uma declaração de compensação cujo efeito é extinguir o crédito tributário, sob condição resolutória de ulterior homologação (art. 74, §2º). Significa dizer que a compensação produzirá efeitos imediatos até homologação, porque pode sofrer fiscalização da SRF e ser rejeitada.

Quando ocorre a homologação feita pela SRF a respeito da lisura da declaração de compensação? Ocorre no prazo de cinco anos, contados da data da entrega da declaração.

A declaração de compensação constitui *confissão de dívida*, em que o contribuinte reconhece que tem débitos a pagar ao Fisco e quer compensar.

E se a SRF não homologar? A SRF deverá intimar o sujeito passivo a efetuar, no prazo de 30 dias (contados da ciência do ato que não homologou), o pagamento do débito que não foi compensado ou a impugnação. Se não provida a impugnação, daí o débito que consta da declaração é considerado confissão de dívida e inscrito em dívida ativa.

2. *Compensação de ofício pelo Fisco* (art. 6º do Decreto nº 2.138/97). No caso de tributos federais administrados pela SRF, autoridade administrativa pode, independentemente de pedido do sujeito passivo, compensar valores a serem restituídos com débitos existentes. É o caso de quem pede administrativamente a restituição e tem débitos em aberto na SRF.

Decreto nº 2.138/97, Art. 6º A compensação poderá ser efetuada de ofício, nos termos do art. 7º do Decreto-Lei nº 2.287, de 23 de julho de 1986, sempre que a Secretaria da Receita Federal verificar que o titular do direito à restituição ou ao ressarcimento tem débito vencido relativo a qualquer tributo ou contribuição sob sua administração.

§1º A compensação de ofício será precedida de notificação ao sujeito passivo para que se manifeste sobre o procedimento, no prazo de quinze dias, sendo o seu silêncio considerado como aquiescência.

§2º Havendo concordância do sujeito passivo, expressa ou tácita, a Unidade da Secretaria da Receita Federal efetuará a compensação, com observância do procedimento estabelecido no art. 5º.

§3º No caso de discordância do sujeito passivo, a Unidade da Secretaria da Receita Federal reterá o valor da restituição ou do ressarcimento até que o débito seja liquidado.

O Decreto nº 2.138, de 29 de janeiro de 97 (art. 6º), admite que, no caso de tributos federais administrados pela SRF, o contribuinte pode fazer pedido administrativo de restituição, e o Fisco pode realizar, de ofício, a compensação. *Trata-se da compensação tributária de ofício.* É como se fosse uma conta corrente: o crédito alocado deve ser utilizado para liquidar débitos. Antes de restituir, a SRF certifica que o titular tem um débito vencido relativo a tributo sob sua administração e faz a compensação de ofício. Deve-se, primeiro, notificar o sujeito passivo para que se manifeste a respeito da compensação no prazo de 15 dias; o seu silêncio será considerado concordância tácita. Se houver discordância notificada, a SRF reterá o valor da restituição até o débito ser liquidado.

Vale destacar que a compensação de ofício é ato vinculado da Fazenda Pública, e são lícitos os procedimentos de retenção e concordância tácita. Os créditos, para serem compensados, devem ser líquidos, certos e exigíveis. Logo, se o débito for parcelado (exigibilidade suspensa), não será compensado. É o que determina o STJ, no Resp nº 1213082/2011: "créditos tributários com exigibilidade suspensa não se sujeitam a compensação de ofício".

> *Obs. 1:* **Admite-se compensar um débito do sujeito passivo com** *precatórios*. **Os precatórios são decisões judiciais transitadas em julgado que condenam a Fazenda Pública a pagar determinada quantia ao sujeito passivo. Trata-se de um crédito.** De acordo com a *Súmula nº 461, STJ*, o contribuinte pode optar por receber por meio de precatório ou por compensação o indébito tributário certificado na sentença transitada em julgado. *Importante destacar que não é possível compensar uma dívida tributária federal com um precatório estadual.*
>
> *Obs. 2: Lei nº 13670, de 30 de maio de 2018,* instituiu a *compensação cruzada,* passando a admitir compensação de créditos previdenciários com créditos fazendários, porque ambos são administrados pela SRF.

Histórico da compensação tributária na esfera federal

Há leis que autorizam a compensação pelo sujeito passivo e compensação pelo Fisco.

De acordo com art. 170 do CTN, a compensação tributária depende de lei autorizadora. Tal regra, durante anos, teve eficácia mínima em razão de inexistência de lei que regulasse a compensação. Antes de 91, não havia compensação tributária.

(continua)

Lei nº 8.383/91 (art. 66) – Compensação espontânea[93]	- tributos federais de mesma espécie; - sujeito passivo, espontaneamente, compensa crédito a restituir deixando de pagar um tributo no período seguinte.

---

[93] A Lei nº 8.383, de 30 de dezembro de 1991 (art. 66) introduziu, pela 1ª vez, a compensação de *tributos federais de mesma espécie*, vincendos, a ser realizado pelo contribuinte, por sua conta e risco, sujeitando-se a posterior fiscalização. *Tratava-se da compensação espontânea*

(conclusão)

Lei nº 9.430/96 (art. 74) – Compensação voluntária	- tributos federais administrados pela SRF; - sujeito passivo faz DCOM; - Fisco homologa *a posteriori*
Decreto 2.138/97 (art. 6º) – Compensação de ofício	- tributos federais administrados pela SRF; - sujeito passivo faz pedido administrativo de restituição; - Fisco reconhece direito de restituição; - Fisco, de ofício, compensa.
Súmula nº 461 do STJ	- admite-se compensação de débitos tributários com precatórios.
Lei nº 13.670/2018	- tributos federais administrados pela SRF; - compensação de créditos fazendários e créditos previdenciários.

14.13 Decadência

É a perda do direito subjetivo de o Fisco *lançar* pelo transcurso do tempo. Ocorre *antes* do lançamento. No Direito Tributário, vale a máxima: o direito não socorre quem dorme!

Prazo decadencial é de *cinco anos*. Só *lei complementar* pode estabelecer normas gerais sobre decadência, conforme art. 146, III, "b", CF/88). Daí o *STF* ter julgado inconstitucional os artigos 45 e 46 da Lei nº 8.212/91, que estabeleciam prazo decadencial (e prescricional) de 10 anos, por lei ordinária, para contribuições previdenciárias. Inclusive, há *Súmula Vinculante* nº 8 nesse sentido (*São inconstitucionais o parágrafo único do art. 5º do Decreto-lei 1569/77 e artigos 45 e 46 da Lei nº 8212/91, que tratam da prescrição e decadência de crédito tributário*).

Lançamento é o ponto de distinção entre a decadência de o Fisco lançar e a prescrição de o Fisco cobrar o crédito tributário. Em outras

---

do contribuinte. Tributos da mesma espécie são os instituídos e arrecadados pela mesma pessoa política e *com mesma destinação constitucional* (fiscal ou extrafiscal). Ex: compensação de crédito do sujeito passivo relativo a pagamento a maior do II (imposto de importação) com crédito tributário do fisco relativo ao não pagamento do IE (imposto de exportação), porque ambos são instituídos e arrecadados pela União e com função extrafiscal, isto é, de regulação de mercado; contribuição previdenciária com contribuição previdenciária, salário educação com salário educação etc. *Compensação só seria válida para tributos vincendos, ou seja, que se referem a períodos subsequentes.* Nos casos de pagamento indevido ou a maior, o contribuinte não fazia pedido de restituição. Por sua conta e risco, registrava na escrita fiscal o crédito oponível à Fazenda Pública e recolhia apenas o saldo devido. Ex: Paguei a maior do IR/92 e, por isso, deixo de recolher o IR/93 a vencer, fazendo, por conta e risco, compensação tributária.

palavras, antes do lançamento, há decadência; depois do lançamento, prescrição.

Crédito tributário decaído gera direito de restituição. Se pago um crédito decaído (já extinto), tenho direito à restituição, conforme art. 156, V c/c art. 165, I, CTN. Ex.: uma empresa, em 2006, deixa de declarar e pagar IR. Em 2013, a empresa decide incluir todos os valores não declarados e não pagos num parcelamento previsto em lei federal. Após quitação integral do parcelamento, a empresa percebe que os débitos tinham sido atingidos pela decadência. A empresa deve pleitear restituição dos valores atingidos pela decadência.

Decadência é causa de extinção do crédito tributário (art. 156, V, CTN). A doutrina faz uma crítica: se a decadência ocorre antes do lançamento, como extinguir o crédito tributário se ele nem existe? Na verdade, decadência extingue a obrigação tributária, e não o crédito tributário.

Regras de contagem do prazo decadencial: regra gera e regra especial
Regra geral (art. 173, I, CTN)
Para tributos lançados de ofício, por declaração, inclusive por homologação *com* fraude.

De acordo com art. 173, I, CTN, *cinco anos contados do 1º dia do exercício financeiro seguinte àquele em que o lançamento* **poderia** *ter sido efetivado.*

Ex. 1: comprei apto em 2010. FG do IPTU em 2010. Fisco **poderia** lançar carnê do IPTU em 2010, mas não o fez. *Quanto tempo tem o Fisco para enviar o carnê?* Caso de lançamento de ofício: de 1º/01/2011 até 1º/01/2016.

Ex. 2: Auferi renda em 2009. *Devo 100. Em 2010, declaro 80 e pago a menor: 80 (fraude).* Fisco descobre a fraude em 2010. **Poderia** lançar em 2010, mas não o fez. *Quanto tempo tem para lançar de ofício (auto de infração)?* Caso de lançamento por homologação com fraude: de 1º/1/2011 até 1º/1/2016.

Ex. 3: Auferi renda em 2009. *Devo 100. Em 2010, não declaro e não pago (fraude).* Fisco descobre a fraude em 2010. **Poderia** lançar em 2010, mas não o fez. *Quanto tempo tem para lançar de ofício (auto de infração)?* Caso de lançamento por homologação com fraude: de 1º/1/2011 até 1º/1/2016.

Regra especial (art. 150, §4º, CTN). Para tributos lançados por homologação *sem* fraude. De acordo com art. 150, §4º, CTN, cinco anos contados do fato gerador. Ex. 1: Auferi renda em 2009 (FG). *Devo 100. Declaro e pago antecipadamente 100* em 2010.

Quanto tempo tem o Fisco para homologar? O Fisco tem de 2009 até 2014 (5 anos do FG) para homologar.

Quanto tempo tem o Fisco para lançar por homologação? O Fisco tem de 2009 até 2014 (5 anos do FG) para lançar por homologação.

Note que há coincidência do prazo para lançar com o prazo para homologação – 5 anos do FG. Ex. 2: Vendi mercadoria em 2009 (FG do ICMS). Em 2009, devo 100, declaro 100 (GIA) e pago 100. Quanto tempo tem o Fisco para lançar? De 2009 até 2014.

Há outras regras: regra da interrupção e da antecipação.

Regra da interrupção (art. 173, II, CTN). É a regra que beneficia o Fisco por seu próprio erro! Hipótese de interrupção do prazo decadencial que, em regra, não se suspende, nem se interrompe!

Pressupostos: 1. há *lançamento com vício de forma* (sem assinatura); 2. *decisão definitiva* (administrativa ou judicial) que *anula* lançamento anterior; 3. *prazo decadencial é interrompido* e volta a correr por inteiro para o Fisco.

De acordo com art. 173, II, CTN, *cinco anos contados da decisão definitiva que anulou o lançamento anterior.*

Ex.: Empresa autuada em 2010. Lançamento de ofício com vício de forma (sem assinatura). Empresa ajuíza ação anulatória de débito fiscal em 2011. Decisão definitiva de anulação do lançamento anterior por vício de forma em 2011. *Quanto tempo tem o Fisco para enviar o auto de infração sem vício de forma?* Regra art. 173, II. De 2011 até 2016.

Regra da antecipação (da contagem do prazo de decadência – art. 173, parágrafo único, CTN). De acordo com art. 173, parágrafo único, CTN, *cinco anos contados da notificação.*

Pressupostos: 1. há notificação de *medida preparatória para lançamento* (para prestar esclarecimentos); 2. *prazo decadencial não se iniciou;* 3. antecipação do início da contagem do prazo decadencial.

Ex. 1: Auferi renda em 2009. Devo 100. Em 2010, declaro 80 e pago 80 (fraude). Fisco descobre a fraude em 2010. **Poderia** lançar em 2010, mas não o fez. *Quanto tempo tem para lançar de ofício (auto de infração)?* Caso de lançamento por homologação com fraude (art. 173, I, CTN): de 1º/01/2011 até 1º/1/2016. *Obs.: de 2010 até 2011 não correu decadência!*

Ex. 2: Auferi renda em 2009. Devo 100. Em 2010, declaro 80 e pago 80 (fraude). *Fui notificado em 2010 para prestar esclarecimentos. Quanto tempo tem o Fisco para lançar de ofício? Em 2010 não havia prazo decadencial,* então, regra art. 173, parágrafo único: de 2010 até 2015 (note que antecipou 1 ano).

Ex. 3: Auferi renda em 2009. Devo 100. Em 2010, declaro 80 e pago 80 (fraude). *Fui notificado em 2011 para prestar esclarecimentos.* Quanto tempo tem o Fisco para lançar de ofício? *Em 2011*, há prazo decadencial, então, regra art. 173, I: de 1º/1/2011 até 1º/1/2016.

Termo inicial da decadência			
Regra geral (CTN, art. 173, I)	Regra especial (CTN, art. 150, §4º)	*Regra de interrupção* (CTN, art. 173, II)	*Regra de antecipação* (da contagem do prazo de decadência) (CTN, art. 173, parágrafo único)
Para tributos lançados de ofício, por declaração, inclusive por homologação *com* fraude	Para tributos lançados por homologação *sem* fraude	1. há *lançamento com vício de forma* (sem assinatura); 2. *decisão definitiva* (administrativa ou judicial) que *anula* lançamento anterior; 3. *prazo decadencial é interrompido* e volta a correr por inteiro para o Fisco	1. há notificação de *medida preparatória para lançamento* (para prestar esclarecimentos); 2. *prazo decadencial não se iniciou*; 3. antecipação do início da contagem do prazo decadencial
*Cinco anos contados do 1º dia do exercício financeiro seguinte àquele em que o lançamento **poderia** ter sido efetivado*	*Cinco anos contados do fato gerador*	*Cinco anos contados da decisão definitiva que anulou o lançamento anterior*	*Cinco anos contados da notificação*

14.14 Prescrição

É a perda do direito subjetivo de o Fisco *cobrar* o *crédito tributário já lançado e não pago*. Ocorre *depois* do lançamento. A prescrição extingue o direito de ação e o próprio crédito tributário.

Prescrição é causa de extinção do crédito tributário (art. 156, V, CTN). Tal como na decadência, só lei complementar pode estabelecer normas gerais sobre prescrição, conforme art. 146, III, "b", CF/88. Daí o *STF* ter julgado inconstitucional os artigos 45 e 46 da Lei nº 8.212/91, que estabeleciam prazo prescricional (e decadencial) de 10 anos, por lei ordinária, para contribuições previdenciárias. Inclusive, há *Súmula Vinculante nº 8* nesse sentido (*São inconstitucionais o parágrafo único do art. 5º do Decreto-lei 1569/77 e artigos 45 e 46 da Lei nº 8212/91, que tratam da prescrição e decadência de crédito tributário*).

A prescrição é reconhecida e decretada de ofício pelo juiz independente de oitiva da Fazenda Pública (Súmula nº 409 STJ), salvo na prescrição intercorrente, que exige oitiva da Fazenda Pública (art. 40, §4º, LEF).

Crédito tributário prescrito gera restituição. Se pago crédito tributário já prescrito (extinto), tenho direito à restituição (art. 156, V c/c art. 165, I, CTN).

Prazo prescricional é de cinco anos, contados da extinção definitiva do crédito (art. 174, CTN). *O que significa extinção definitiva do crédito?* Leia-se: momento em que, na via administrativa, a cobrança se torna indiscutível, o que se dá pela decisão administrativa irreformável favorável ao Fisco. O prazo prescricional sempre terá início na via administrativa (Vide *Súmula nº 622 STJ*).

São quatro regras: lançamento de ofício com e sem impugnação administrativa; lançamento por homologação com e sem declaração.

1. *Lançamento de ofício **com** impugnação administrativa:* 5 anos contados da decisão administrativa irreformável favorável ao Fisco.

Ex.: Fui notificado do *auto de infração* em 2010. Não paguei. Impugnação administrativa dentro de 30 dias. Decisão administrativa definitiva a favor do Fisco em 2011. O Fisco tem de 2011 até 2016 para executar.

O sujeito passivo pode propor ação anulatória, mas não impedirá o Fisco de executar, porque o prazo prescricional já se iniciou na via administrativa. Para suspender exigibilidade do crédito tributário, deve-se obter a concessão de tutela antecipada na ação anulatória.

2. *Lançamento de ofício SEM impugnação administrativa:* cinco anos contados do transcurso do prazo para impugnação administrativa, ainda que ingresse com ação judicial.

Ex.: Fui notificado do *auto de infração* em 2010. Não paguei. *Não realizei impugnação administrativa*. O Fisco tem que esperar o transcurso do prazo para impugnar (30 dias na esfera administrativa federal – art. 15, Decreto nº 70235/72). A partir do 31º dia para impugnação, o Fisco tem cinco anos para executar.

3. *Lançamento por homologação com declaração e sem pagamento.* Para o STF, cinco *anos são contados da declaração*, porque declaração é confissão de dívida, e o crédito tributário é constituído com dispensa de lançamento (*Súmula nº 436 STJ: A entrega da declaração pelo contribuinte*

reconhecendo débito fiscal constitui o crédito tributário dispensada qualquer providência por parte do Fisco.).

Ex.: Auferi renda em 2009. Devo R$100. *Em 2010, declaro R$100 e não pago (fraude)*. Para o STF, o Fisco tem cinco anos para executar, contados da *declaração* (de 2010 até 2015).

Lançamento por homologação sem declaração e sem pagamento. Não se fala em prescrição, porque não há o lançamento (aplica-se regra geral da decadência do art. 173, I, CTN). Ex.: Auferi renda em 2009. Devo R$100. Em 2010, *não declaro e não pago (fraude)*. O Fisco descobre a fraude em 2010. Poderia lançar em 2010, mas não o fez. *Quanto tempo tem para lançar de ofício (auto de infração)?* Caso de lançamento por homologação com fraude (173, I, CTN): de 1º/1/2011 até 1º/1/2016.

Termo inicial da prescrição: da constituição definitiva do crédito tributário SÚMULA nº 622 STJ			
Lançamento de ofício com impugnação administrativa	Lançamento de ofício sem impugnação administrativa	Lançamento por homologação sem declaração e sem pagamento	Lançamento por homologação com declaração e sem pagamento
Cinco anos contados da *decisão administrativa irreformável favorável ao Fisco*	Cinco anos contados do *transcurso do prazo para impugnação administrativa, ainda que ingresse com ação judicial*	Não se fala em prescrição, porque não há o lançamento (aplica-se regra geral da decadência do art. CTN, art. 173, I)	STF: *cinco anos são contados da declaração*, porque declaração é uma confissão de dívida e o crédito tributário é constituído com dispensa de lançamento (*Súmula nº 436 STJ*).

Súmula nº 622, STJ: A notificação do auto de infração faz cessar a contagem da decadência para a constituição do crédito tributário; exaurida a instância administrativa com o decurso do prazo para a impugnação ou com a notificação de seu julgamento definitivo e esgotado o prazo concedido pela administração para o pagamento voluntário, inicia-se o prazo prescricional para a cobrança judicial. O que significa?

1ª parte da súmula trata do assunto decadência. Quando o contribuinte é notificado do auto de infração, não há que se questionar mais a decadência, porque o Fisco lançou e, com a notificação, houve a constituição definitiva do crédito tributário. Consabido que quando o Fisco realiza o lançamento precisa notificar o contribuinte para que este possa pagar ou impugnar o tributo.

2ª *parte da súmula trata do assunto prescrição*. A contagem do prazo prescricional tem início na via administrativa. No caso de tributos lançados de ofício com impugnação, inicia-se com a notificação do contribuinte da decisão administrativa irreformável favorável ao Fisco. No caso de tributos lançados de ofício sem impugnação (contribuinte fica inerte e esgota-se o prazo para efetuar o pagamento), inicia-se após decurso do prazo para impugnação.

Prescrição e decadência no lançamento por homologação

Devo declarar	Declaro	Pago antecipado	Corre prazo
100	100	100	Extinção do crédito tributário (100)
100	X	X	Decadência (100) – CTN, art. 173, I
100	100	X	Prescrição (100)
100	80	80	Decadência (20) – CTN, art. 173, I; Extinção do crédito tributário (80)
100	80	X	Prescrição (80) Decadência (20) – CTN, art. 173, I
100	100	60	Prescrição (40); Extinção do crédito tributário (60)

Causas de suspensão da prescrição. São os mesmos casos de suspensão da exigibilidade do crédito tributário (art. 151, CTN). No caso de suspensão, o prazo prescricional volta a correr pelo tempo restante. É como se fosse a tecla "pause" do som. Como explica Leandro Paulsen (2018, p. 279), as causas de suspensão do prazo prescricional ocorrem nas hipóteses do art. 151 do CTN, porque a suspensão da exigibilidade implica afastar um dos requisitos da execução: título certo, líquido e exigível.

Ex. 1: Auto de infração do IPTU de 2011. Não paguei. Impugnação administrativa dentro de 30 dias. Decisão administrativa definitiva a favor do Fisco em 2011. O Fisco tem de 2011 até 2016 para executar. Lei de moratória em 2012 prorrogando por dois anos prazo para pagamento do IPTU por conta das enchentes. Moratória suspende a exigibilidade do crédito tributário e da prescrição também. Logo, durante dois anos, o Fisco não pode executar. Como já passou um ano de prescrição, o Fisco tem mais quatro anos para cobrar, contados a partir de 2014 (fim da moratória, ou seja, fim da suspensão). Logo, o Fisco tem de 2014 até 2018 para cobrar, porque com a suspensão volta correr, para Fisco, o prazo restante.

Ex. 2: Em 2010, recebo auto de infração. Em 2011, há decisão administrativa irreformável a favor do Fisco. O Fisco tem cinco anos (de 2011 a 2016) para executar. Em 2012, propõe-se ação anulatória com concessão de tutela antecipada, que suspende a exigibilidade do crédito tributário e suspende a prescrição por quatro anos (porque um ano já se passou da prescrição). Em 2014, há decisão judicial transitada em julgado a favor do Fisco. Agora, o Fisco tem quatro anos (2014 até 2018) para executar, porque volta a correr para ele o tempo restante da suspensão (quatro anos).

Causas de interrupção da prescrição (parágrafo único, art. 174, CTN). São quatro hipóteses, sendo três ocorridas judicialmente e uma administrativa ou judicialmente. Tais hipóteses demonstram que o Fisco não está inerte, quer cobrar o crédito tributário. Com o ato de interrupção, devolve para o Fisco prazo prescricional *por inteiro*.

1. *Despacho do juiz ordenando citação do réu na execução fiscal* (redação dada pela LC nº 118/05, de acordo com art. 8º, §2º da LEF). Leia-se: Cite-se.

Antes, falava-se em citação pessoal do devedor (citação válida), que demorava porque se exigia a efetiva localização do devedor e o devedor se escondia do oficial para provocar a prescrição.

Ex. 1: juiz ordena citação do sujeito passivo em 01/04/2002 (cite-se!) e citação válida ocorre em 01/06/2002. Muitas vezes, citação válida é demorada, porque o sujeito passivo foge. Em 01/04/2002, há interrupção da prescrição, e o Fisco tem, por inteiro, prazo de cinco anos para cobrar: 01/04/2002 até 01/04/2007.

Ex. 2: auto de infração em 2000. Não pago. Em 2001, impugnação. Em 11/03/2002, decisão administrativa irreformável a favor do Fisco (o Fisco tem de 11/03/2002 a 11/03/2007 para executar). Em 11/01/2007, o Fisco propõe execução fiscal. Em 11/04/2007, juiz determina cite-se. Aqui, houve prescrição. Se o Cite-se fosse em 11/02/2007, interromperia prescrição para o Fisco.

Pergunta-se: e se o juiz demorar para dar o "cite-se" e ocorrer a prescrição por motivos inerentes ao mecanismo da justiça? O Fisco não será prejudicado pela demora imputável exclusivamente ao serviço judiciário. É o que determina a *Súmula nº 106 STJ: Proposta ação no prazo fixado para seu exercício, a demora na citação por motivos inerentes ao mecanismo da justiça, não justifica acolhimento da arguição da prescrição ou decadência.* A Fazenda Pública tem o dever de ajuizar a execução dentro do prazo prescricional. O cite-se do juiz, no caso de demora da justiça, retroagirá à data do ajuizamento da execução.

2. *Protesto judicial.* É um procedimento em que o *juiz* se limita a comunicar a alguém a vontade do Fisco de receber o valor lançado, com o fim de constituir o devedor em mora. Imagine situação do Fisco que não tem mais como propor execução fiscal porque está esgotando prazo prescricional. Faz, como solução, um pedido escrito ao juiz para constituição do devedor em mora (protesto judicial). *Atenção!* Protesto da CDA não é causa de interrupção da prescrição porque não está previsto no parágrafo único do art. 174, CTN.

Ex. 1: Auto de infração em 2000. Não pago. Em 2001, impugnação. Em 11/03/2002, decisão administrativa irreformável a favor do Fisco (o Fisco tem de 11/03/2002 a 11/03/2007 para executar). Em 11/02/2007, Fisco propõe protesto judicial. Prazo prescricional é interrompido e volta a correr para ele por inteiro (11/02/2007 a 11/02/2012 para executar).

3. *Qualquer ato judicial que constitua devedor em mora.* Pode ser interpelação, notificação, intimação e, inclusive, protesto judicial.

4. *Qualquer ato inequívoco do devedor,* **ainda que extrajudicial***, que importe em reconhecimento de sua dívida.* Leia-se: confissão de dívida. Quando sujeito passivo faz pedido administrativo de parcelamento, de compensação, de requerimento de reconhecimento de débito, isso constitui ato de reconhecimento de sua dívida. Note que esta hipótese é a única que pode ocorrer extrajudicialmente e que depende de iniciativa do devedor.

Ex.: sujeito passivo foi notificado de auto de infração em 2001. Em 2001, há decisão administrativa definitiva favorável ao Fisco (o Fisco tem de 2001 até 2006 para cobrar). A Fazenda Pública fica inerte por dois anos. Sujeito passivo faz pedido de parcelamento em 2003. Pronto. Interrompeu prazo prescricional a favor do Fisco. O Fisco tem de 2003 até 2008 para cobrar em caso de o devedor deixar de pagar o parcelamento.

Cuidado com parcelamento de ofício. De acordo com o STJ, no Resp nº 165817, 2018, *parcelamento de ofício* da dívida tributária *não é causa interruptiva de prescrição* porque o contribuinte não anuiu, ou seja, não reconhece sua dívida. O parcelamento de ofício ocorre quando o Fisco concede ao contribuinte a opção de pagamento à vista ou *parcelado*, independentemente de sua anuência prévia. Essa é opção unilateral do Fisco, que resolve conceder ao contribuinte o pagamento em cotas parceladas.

> *Obs.:* A interrupção da prescrição se estende aos devedores solidários (CTN, art. 125, III). Ex.: Copropriedade de imóvel urbano (João, Maria e José são os proprietários). José é executado pelo Fisco pelo não pagamento do IPTU. Com determinação da citação, há interrupção do prazo prescricional (a favor do Fisco), que se estenderá (em prejuízo) aos demais devedores solidários.

14.15 Transação (art. 156, III, c/c 171, CTN)

Dica: "descontos". São acordos, concessões mútuas realizadas entre o Fisco e o sujeito passivo. É causa *indireta* de extinção do crédito tributário, porque depende de lei autorizadora. Essa lei autorizadora indicará a autoridade administrativa para realização de transações (secretário municipal de finanças, por exemplo).

São *pressupostos* para que haja transação: 1. lei autorizadora da transação; 2. concessões mútuas (o Fisco concede desconto se contribuinte paga à vista).

Ex. 1: lei municipal estabelece transações: se houver pagamento à vista do IPTU/2012, há desconto. No tocante à parte recolhida, tem-se extinção do crédito tributário pelo pagamento (156, I, CTN); no tocante à parte descontada, extinção do crédito tributário pela transação (156, III, CTN). Ex. 2: lei estadual autoriza desconto de 80% das multas moratórias para contribuintes que desistirem de ações judiciais e pagarem ICMS em 30 dias da desistência.

Atenção! Lei nº 13.988/2020, denominada de lei de transação tributária, traz como novidade: 1. possibilidade de transacionar créditos tributários "não judicializados" que estejam na SRF e 2. não se admite mais transacionar com precatórios.

14.16 Remissão (art. 156, IV, c/c 172, CTN)

É perdão legal (total ou parcial) feito pelo Fisco do montante principal devido pelo contribuinte. Ocorre *depois* do lançamento. Pergunta-se: remissão é somente para os tributos já lançados? Não. O art. 172 do CTN fala em remissão para "crédito tributário", o que abrange *tributos e multas já lançadas*.

É causa *indireta* de extinção do crédito tributário porque depende de lei específica. Exige-se lei remissiva específica (art. 150, §6º, CF/88), com efeito retrospectivo: reporta-se a fatos passados e específicos, ou seja, visa atingir crédito tributário já lançado antes da vigência de lei remissiva.

> *Remissão é benefício fiscal.* A respeito do benefício fiscal, lembrar-se de que:
> - sempre será concedido por *lei específica* – lei ordinária (CF/88, art. 150, §6º)
> - no caso de ISS, concessão ou revogação se dá por *lei complementar* (CF/88, art. 156, §3º, II)
> - no caso de ICMS, concessão ou revogação se dá por *convênio* (CF/88, art. 155, §2º, XII, "g")

Remissão em caráter geral (basta lei remissiva específica). Ex. 1: Em janeiro de 2011, a cidade de São Paulo sofreu com as enchentes. Quanto ao IPTU de 2011, aprovou-se, posteriormente, lei municipal concedendo remissão do IPTU para imóveis atingidos pelas enchentes. Ex. 2: Lei estadual de 2002 que determina que débitos tributários do IPVA lançados e vencidos há dois anos e cujo valor seja igual ou inferior a 10 mil serão perdoados

Remissão em caráter individual (exige além da lei remissiva específica, despacho da autoridade administrativa para concessão da remissão, atendidos requisitos da lei como situação econômica do sujeito passivo, valor diminuto do tributo. O despacho não gera direito adquirido, podendo remissão ser revogada). Ex.: Lei jan./2011 diz que contribuintes que se regularizarem espontaneamente até dezembro de 2011 seus imóveis junto ao cadastro imobiliário da secretaria municipal da fazenda serão dispensados do pagamento do IPTU e da taxa de lixo já lançados até 2010.

Exercícios de extinção do crédito tributário[94]

1. Considere que um contribuinte possua os seguintes débitos vencidos para com a Fazenda Pública federal: imposto sobre renda (IR), no valor de R$8.000,00; contribuição de melhoria, no valor de R$2.350,00; taxa de polícia, no valor de R$550,00. No caso de imputação do pagamento, a autoridade administrativa competente deverá extinguir os créditos tributários na seguinte ordem:
   a) contribuição de melhoria, taxa de polícia e IR;
   b) IR, contribuição de melhoria e taxa de polícia;
   c) taxa de polícia, IR e contribuição de melhoria;
   d) IR, taxa de polícia e contribuição de melhoria;
   e) taxa de polícia, contribuição de melhoria e IR.

2. Pretendendo saldar seu débito com o Fisco municipal, o contribuinte verifica que só tem a opção de pagar integralmente os créditos tributários em atraso, não podendo optar em saldar um ou alguns dos créditos tributários em atraso. Diante dessa subordinação do pagamento de um crédito tributário ao pagamento de outros créditos tributários, o contribuinte, para pagar apenas um dos créditos devidos, poderá lançar mão de:
   a) repetição de indébito;
   b) parcelamento;
   c) consignação em pagamento;
   d) mandado de segurança;
   e) impugnação administrativa.

3. A prescrição representa a perda do direito ao exercício da ação de cobrança do crédito tributário, operando-se em cinco anos, contados:
   a) da data da constituição definitiva do crédito;
   b) da data que se verificou o fato gerador do tributo;
   c) da data em que se efetivou o lançamento tributário;
   d) da data em que foi publicada a lei que instituiu o tributo;
   e) da data em que efetivado o protesto judicial.

4. É causa de extinção do crédito tributário:
   a) remissão;
   b) anistia;

---

[94] Respostas: 1. a; 2. c; 3. a; 4. a; 5. e; 6. c; 7. a; 8. c.; 9. b; 10. e; 11. a; 12. c

c) moratória;
d) isenção;
e) depósito do montante integral.

5. A prescrição de crédito tributário definitivamente constituído em 18 de maio de 2003 e cujo fato gerador aconteceu em 05 de fevereiro de 2003 será de cinco anos a contar:
a) da ocorrência do fato gerador, ou seja, em 05 de fevereiro de 2008;
b) do primeiro dia do exercício financeiro seguinte à constituição do crédito tributário, ou seja, em 01 de janeiro de 2009;
c) da ocorrência do fato gerador, ou seja, 06 de fevereiro de 2008;
d) do primeiro dia do exercício financeiro seguinte à ocorrência do fato gerador, ou seja, em 01 de janeiro de 2009;
e) da constituição definitiva do crédito tributário, ou seja, em 19 de maio de 2008.

6. Admitindo-se que o fato gerador do IPTU tenha ocorrido em 1º de janeiro de 1999, e que a Fazenda Pública Municipal não tenha promovido o seu lançamento até dezembro de 2006, o referido lançamento:
a) não poderá mais ser feito, porque ocorreu prescrição prevista no art. 174 do CTN;
b) poderá ser feito, ainda, a qualquer momento, pois a Fazenda Pública municipal dispõe de todos os elementos para fazer esse lançamento;
c) não poderá mais ser feito, porque ocorreu a decadência, prevista no art. 173, I, CTN;
d) não poderá mais ser feita, porque ocorreu a homologação tácita do lançamento por decurso de prazo, com a consequente extinção do crédito tributário, prevista no art. 150, §4º, do CTN;
e) não poderá mais ser feito, porque terá ocorrido a homologação tácita do lançamento, por decurso de prazo, com a consequente extinção do credito tributário, prevista no art. 150, §4º, do CTN, se o sujeito passivo não tiver agido com fraude, dolo ou simulação.

7. A ação de cobrança do crédito tributário prescreve em cinco anos e se interrompe em determinadas hipóteses elencadas no Código Tributário Nacional:
a) protesto judicial/ato inequívoco que importe em reconhecimento de débito pelo devedor/citação válida em execução fiscal;

b) qualquer ato judicial que constitua em mora o devedor/ato inequívoco que importe em reconhecimento de débito pelo devedor/protesto judicial;
c) despacho do juiz que ordenar citação em execução fiscal/qualquer ato judicial ou extrajudicial que constitua em mora o devedor/protesto judicial;
d) citação válida em execução fiscal/qualquer ato judicial que constitua em mora o devedor/protesto judicial;
e) despacho do juiz que ordenar citação válida em execução fiscal/ato inequívoco que importe em reconhecimento de débito pelo devedor/protesto judicial.

8. Quando houver decisão administrativa anulando o lançamento efetuado pelo Fisco por vício formal, passa a correr o prazo:
a) decadencial de cinco anos, contados da data do lançamento originalmente efetuado pelo Fisco;
b) prescricional de cinco anos, contados da data em que o lançamento fiscal foi anulado;
c) decadencial de cinco anos, contados da data que tornar definitiva a decisão que anulou o lançamento por vício formal;
d) decadencial de cinco anos, contados da data do fato gerador.

9. O governador de determinado estado encaminhou à casa legislativa projeto de lei que perdoava o débito tributário principal, bem como suas penalidades, de determinados contribuintes. O projeto foi aprovado e, posteriormente, transformado em lei. Assinale opção correta acerca dessa situação.
a) Uma vez que foi perdoada a dívida, incluindo-se as penalidades, é correto afirmar que se trata de isenção.
b) Nesse caso, houve moratória, já que foi perdoado débito tributário principal.
c) A lei pode autorizar o referido perdão, desde que atendido único fundamento possível, que é a situação econômica do sujeito passivo.
d) Trata-se de anistia, uma vez que todo débito será perdoado.
e) Somente o instituto da remissão pode se enquadrar nesse exemplo.

10. A pessoa jurídica XYZ Participações S.A., ao verificar que havia recolhido a maior o Imposto sobre a Renda de Pessoas Jurídicas – IRPJ – dos últimos dois anos, peticionou administrativamente, requerendo a repetição do indébito. No entanto, a Receita Federal do Brasil negou o pedido administrativo. Sobre a hipótese, assinale a afirmativa correta.

a) o prazo para o contribuinte ajuizar ação anulatória é de dois (dois) anos, a contar da data da decisão administrativa que indeferiu o pedido de repetição.
b) o direito de pleitear a restituição extingue-se com o decurso do prazo de 10 (dez) anos, contados do pagamento espontâneo de tributo a maior.
c) para que o contribuinte assegure seu direito à restituição do indébito tributário, é necessário o prévio protesto.
d) o contribuinte somente poderá receber o indébito reconhecido por ação ordinária por meio de precatório, não sendo possível o recebimento via compensação tributária.

11. A sociedade empresária ABC, atuante na área de prestação de serviços de limpeza, em dificuldades financeiras, não estava conseguindo realizar o pagamento dos tributos federais.
Diante disso, ela se ofereceu à Administração Pública Federal para realizar o pagamento dos tributos mediante prestação direta de serviços de limpeza em prédios públicos ou, alternativamente, transferir para o Fisco um imóvel de sua propriedade. A respeito desse cenário, assinale a afirmativa correta.
a) As propostas são inadmissíveis, pois os tributos somente podem ser pagos em dinheiro.
b) As propostas são admissíveis, em razão do princípio da menor onerosidade para o devedor (*favor debitoris*).
c) A proposta de transferência de imóvel do contribuinte para a Fazenda Pública Federal para pagamento de tributo é admissível por expressa permissão legal.
d) A proposta de prestação direta de serviços para pagamento de tributo é admissível, em circunstâncias excepcionais, como forma subsidiária de garantia do recebimento do crédito pela Fazenda Pública.

CAUSAS DE EXCLUSÃO DO CRÉDITO TRIBUTÁRIO

O art. 175 do CTN trata das causas de exclusão do crédito tributário. Fala-se em exclusão porque o Fisco fica impedido, limitado de lançar, de exigir o crédito tributário.

15.1 Considerações gerais

Para memorizar as causas de exclusão do crédito tributário, lembrar-se do *AI*: anistia e isenção.

Há semelhanças entre Anistia e Isenção
- exigem lei específica (art. 150, §6º, da CF/88);
- interpretação deve ser literal (art. 111, CTN);
- não dispensam o cumprimento de obrigação acessória (art. 175, parágrafo único, CTN);
- incidem após obrigação tributária e antes do lançamento

15.2 Anistia (arts. 180-182, CTN)

É o perdão legal de *penalidade pecuniária (multa)*, em razão de *infração fiscal praticada, porém ainda não lançada*. Se se perdoa a infração, não há punição. Infração fiscal é o ilícito tributário de natureza administrativa. O descumprimento de obrigação tributária principal ou acessória é uma infração tributária, que gera *multa* como sanção principal. Anistia inibe o lançamento tributário da multa. Em outras palavras, há o *fato gerador da multa*, porém a lei de anistia impede sua cobrança. *Obs.:* quem pratica infração e é autuado (lançado) não é anistiado.

O CTN fala em *causa de exclusão do crédito tributário*, porém melhor seria utilizar a expressão: causa de exclusão da infração tributária.

Anistia atinge infrações tributárias, e não o tributo em si, que persiste.

Anistia ocorre *antes* do lançamento e após surgimento da obrigação tributária.

Depende *de lei específica* da pessoa política tributante, conforme art. 150, §6º, CF/88. Como leciona Leandro Paulsen (2018, p. 264), "essa exigência visa evitar anistias enxertadas em textos legais sobre outros assuntos". *Lei tem efeitos retrospectivos* porque abrange infrações cometidas antes da vigência da lei que a concedeu e ainda não lançadas. Então, quem praticou infração e já recebeu auto de infração, não será perdoado.

Não se anistiam as infrações consideradas crimes, contravenções, praticadas com dolo, *fraude* ou simulação, em conluio (art. 180, I, CTN). Como explica Leandro Paulsen, se a infração tributária também é tipificada como crime ou contravenção, ou praticada com dolo, conluio, em razão da gravidade dos fatos, o legislador proíbe que o infrator seja beneficiado com a anistia. Logo, será ilegal a concessão da anistia por uma lei que conceda perdão às infrações tributárias cometidas por um contribuinte que tenha praticado fraude perante fiscalização tributária.

Anistia em caráter geral (art. 181, I, CTN): decorre de lei de anistia, para infrações de diversos tributos. Ex.: lei de 2009 que perdoa infrações relativas ao ICMS e IPVA referentes aos anos de 2005 e 2009.

Anistia em caráter limitado (arts. 181, II e 182, CTN): decorre de lei, mas é limitada à infração de determinado tributo, multa até determinado valor, determinada região do território, sob condição de pagamento. Depende de despacho da autoridade administrativa e não gera direito adquirido, podendo ser revogado se não cumprir requisitos legais. Ex.: lei de 2009 que perdoa infrações relativas ao ICMS e IPVA referentes aos anos de 2005 e 2009 de determinado município.

> *Atenção!* As leis que deixam de definir determinada conduta como infração, deixando, portanto de cominar-lhe penalidades, são aplicadas retroativamente por determinação do art. 106, II, "a", CTN, que consagra a retroatividade da lei mais benigna. É o que Leandro Paulsen chama de *"Anistia tácita"*.

Diferença entre remissão e anistia

Remissão (CTN, art. 156, IV)	Anistia (CTN, art. 175, II)
Causa de extinção do crédito tributário	Causa de exclusão do crédito tributário
Lei específica, efeito retroativo	Lei específica, efeito retroativo
Ocorre após lançamento	Ocorre antes do lançamento
É perdão do tributo (e multa) já lançado	É perdão da penalidade ainda não lançada

15.3 Isenção (arts. 176-179, CTN)

Isenção é a *dispensa legal do pagamento do tributo devido*. Hipótese de incidência tributária legalmente qualificada (STF). É norma *legal* que *mutila* um dos aspectos da RMIT (regra matriz de incidência tributária), *impedindo constituição do crédito tributário*. O proprietário de veículo automotor deve recolher IPVA, *salvo os deficientes* (mutilou-se o aspecto pessoal da RMIT).

Isenção é *causa de exclusão do crédito tributário* porque visa impedir o lançamento e, por consequência, o nascimento do crédito tributário.

Isenção gera *direito subjetivo* às pessoas favorecidas de não serem cobradas. Existe obrigação tributária, mas não existe cobrança por falta de lançamento.

Com relação à *natureza jurídica da isenção*, é *norma de incidência tributária*, porque há exercício de competência tributária, há obrigação tributária, mas não há crédito tributário. Em outras palavras, a isenção impede apenas a constituição do crédito tributário (lançamento).

Não confundir isenção com anistia. A isenção dispensa pagamento de tributos não lançados e a anistia perdoa pagamento de penalidades não lançadas. Como se vê, não se admite isenção ou anistia de tributos ou multas já lançados.

Isenção depende de lei. Como é a lei isentiva?
a) tem *efeito prospectivo*: visa isentar fatos geradores futuros à sua vigência. Ex.: lei de 2010 isentiva do IPVA para deficientes físicos. Logo, antes da sua vigência, os deficientes pagavam IPVA;
b) *específica*: isenção deve ser conferida por lei da pessoa política tributante competente (isenção autônoma). *Dica*: só pode mutilar quem pode criar!).

c) em regra, é *lei ordinária*. Contudo, para os tributos instituídos por lei complementar, isenção por lei complementar. Com relação à isenção do ICMS, será concedida por convênio entre os Estados (CONFAZ), e não por lei ordinária estadual (art. 155, §2º, XII, "g" c/c art. 150, §6º, parte final da CF/88);

Isenção em caráter geral: basta lei. Ex.: lei isentiva do IPI para veículos a álcool (montadoras fabricam tais veículos sem recolher IPI); lei isentiva do ITBI para imóveis alienados de valor inferior a 30 mil; lei isentiva do IR sobre rendimentos de caderneta de poupança.

Isenção em caráter limitado (exige-se *lei + despacho da autoridade administrativa*). Como explica Leandro Paulsen, a manifestação da autoridade administrativa é mero ato administrativo declaratório de execução da vontade da lei, confirmando que o interessado satisfez todos os requisitos e condições previstos no texto legal. Ex.: lei estadual institui isenção de IPVA para deficientes que adquirirem veículos automotores adaptados. O deficiente deve fazer prova da deficiência e obter despacho para fruir do benefício fiscal. O despacho não gera direito adquirido, podendo ser revogado de ofício, a qualquer tempo, se verificar, posteriormente, o não cumprimento dos requisitos legais. Nesse último caso, o IPVA será cobrado acrescido de juros de mora e multa.

Isenção não dispensa cumprimento de obrigação tributária acessória (art. 175, parágrafo único, CTN). Não é porque um comerciante está isento de pagar ICMS de uma mercadoria que não deve emitir nota fiscal.

Não há direito à prorrogação da isenção.

É possível que isenção atinja só parte do território do ente tributante em função das peculiaridades locais (art. 176, parágrafo único do CTN). Esse artigo está em consonância com o *princípio da uniformidade geográfica* (art. 151, I, *in fine*, CF/88) que admite incentivos fiscais para promover equilíbrio do desenvolvimento socioeconômico entre as diferentes regiões do país.

Outorga da isenção deve ser interpretada literalmente (art. 111, CTN). Proíbe interpretação fora das hipóteses da lei isentiva. Ex.: Município X concedeu, por lei ordinária, isenção do ITBI para transmissão imobiliária quando, cumulativamente, adquirente for pessoa natural, o valor venal do imóvel não exceder 50 mil e o referido imóvel tiver mais de 20 anos de construção. Para usufruir do benefício, o adquirente deve formular por escrito o pedido de isenção de ITBI juntando documentos comprobatórios, numa interpretação literal da lei.

Vedação de isenções heterônomas. Entende-se por isenção heterônoma aquela em que a União elabora lei isentiva de tributos de *outros* entes políticos. *A CF/88, no art. 151, III, proíbe à União instituir isenção de tributos de competência de Estados, Municípios e DF*.⁹⁵

Não há isenção, salvo disposição de lei em contrário (art. 177, CTN) para:
   a) *taxas e contribuições de melhoria*. É que a isenção ocorre, em regra, para tributos não vinculados à atividade estatal (tributos unilaterais), como os impostos. Nesse sentido, a lei municipal que concede isenção de IPTU para categoria de contribuintes não se estende para taxa de coleta de lixo municipal, nem contribuição de melhoria em razão de obra pública municipal. Todavia, pode haver lei estadual isentiva da taxa para emissão da 2ª via da carteira de identidade no caso de furto.
   b) *tributos instituídos posteriormente à sua concessão*. Ora, se tributo não existe, como IGF, como pode uma lei isentar algo que nem existe?

Isenção simples é a aquela que não prevê prazo nem condição. Ex.: Lei de 2000 isenta do IR os maiores de 70 anos.

Isenção onerosa é contraprestacional, que *prevê prazo e condição* (art. 178, CTN, e Súmula nº 544 STF). Ex.: Lei de 2000 isenta de IPI por 10 anos indústrias que se instalarem na região Norte. Nesse caso, exige do contribuinte determinada ação, como manter número de empregos. Isenção onerosa exige requisitos cumulativos de tempo e condição.

Revogação de lei isentiva. No caso de revogação de lei isentiva simples, deve observar o princípio da anterioridade. É a posição do STF, no RE nº 564225 de 2014. A revogação de qualquer benefício fiscal configura aumento indireto do tributo, justamente por isso gera efeitos financeiros no exercício subsequente ao da publicação da lei revogadora. É, inclusive, o que dispõe a art. 104,⁹⁶ III, CTN. No caso da revogação da lei isentiva onerosa, por ser contraprestacional (ter prazo e condição), *gera direito adquirido* pelo tempo previsto, nos termos da *Súmula nº 544 do STF* (*Isenções tributárias concedidas sob condição onerosa, não podem ser*

---

⁹⁵ Vale destacar *exceção*: União pode instituir isenção do *ISS-exportação* (LC nº 116/03 c/c art. 156, §3º, II, CF/88). Para o STF e STJ, há vedação das isenções heterônomas na ordem interna, isto é, entre os entes federados; contudo, na ordem internacional, por *tratado internacional, União pode instituir isenção de tributos estaduais e municipais* (Vide Súmula nº 575 do STF e Súmulas nºs 20 e 71 do STJ). "É dado à União, compreendida como Estado Federal total, convencionar no plano internacional isenção de tributos locais" (STF, RE nº 229096/2007).

⁹⁶ Art. 104, III, CTN foi acrescentado pela EC nº 18/65. Esta emenda restringiu anterioridade geral aos impostos sobre patrimônio e renda. Com o art. 150, III, "b", CF/88, anterioridade foi prevista de forma mais ampla do que o CTN. Há quem sustente que o art. 104, III, CTN não foi recepcionado pela CF/88.

livremente suprimidas). Ex. 1: Lei de 2000 isenta de IPI por 10 anos para as indústrias que se instalarem na região Norte. Em 2009, lei é revogada. Como se trata de isenção onerosa, indústrias têm direito adquirido a sua fruição (até 2010). Ex. 2: Lei de 2000 isenta de IPI por 10 anos para indústrias que empregarem, no mínimo, 2 mil funcionários. Com crise econômica, indústria reduz número de funcionários para mil. Isenção será revogada por não atender um dos requisitos da isenção onerosa.

Solidariedade na isenção: a isenção exonera todos os obrigados, *salvo se outorgada pessoalmente a um deles*, daí há solidariedade quanto aos demais pelo saldo remanescente (art. 125, II, CTN). Caio e Mário, irmãos, adquirem imóvel em condomínio, pagando, cada um, 50% do valor. Lei municipal concedeu isenção do IPTU para pessoas portadoras de deficiência, beneficiando Mário, que é deficiente. Logo, a isenção exonera apenas Mário.

> *Atenção!* Aposentado portador de moléstia grave (câncer, por exemplo), mesmo que não tenha mais os sinais da doença nem de recidiva, é isento do IR sobre seus proventos. É o que dispõe o art. 6º, XIV, da Lei nº 7.713/88 (*Súmula nº 627 do STJ*). Inclusive, o juiz poderá reconhecer direito de isenção com base em documento médico particular, dispensando laudo médico oficial (*Súmula nº 598 do STJ*).

Diferenças entre imunidade e isenção

Imunidade (CF/88, art. 150, VI)	Isenção (CTN, arts. 176-179)
Hipótese de não incidência tributária constitucionalmente qualificada	Hipótese de incidência tributária legalmente qualificada
Gera direito subjetivo às pessoas ou aos bens favorecidos de *não serem tributados*	Gera direito subjetivo às pessoas favorecidas de *não serem cobradas*
Não há exercício de competência tributária, não há obrigação tributária, não há crédito tributário	Há exercício de competência tributária, há obrigação tributária, mas não há crédito tributário
X	Lei isentiva: efeito prospectivo; específica; em regra, por lei ordinária; pode ser geral ou limitada
Não dispensa cumprimento de *obrigação tributária acessória*	Não dispensa cumprimento de *obrigação tributária acessória*

Diferenças entre imunidade, não incidência tributária, isenção e alíquota zero. Numa síntese, Leandro Paulsen (2018, p. 263) diz que a "imunidade é norma negativa de competência constante de texto constitucional, enquanto a não incidência decorre da simples ausência de subsunção, a isenção emana do ente tributante que, tendo constituído um tributo no exercício de sua competência, decide abrir mão de exigi-lo de determinada pessoa ou determinada situação e alíquota zero implica obrigação sem expressão econômica".

Exercícios de exclusão do crédito tributário[97]

1. Considerando que uma lei estadual tenha implantado programa de recuperação fiscal e estabelecido que o contribuinte devedor que pagar à vista o seu débito terá desconto de 100% sobre valor da penalidade pecuniária, aplicada em virtude de infrações cometidas, assinale a opção correta:
a) O programa instituído concede benefício denominado isenção de caráter pessoal.
b) Instituto tributário concedido por lei estadual denomina-se anistia.
c) A lei concedeu apenas um desconto que não implica, nem indiretamente, perdão de parte de dívida.
d) A lei não poderia conceder esse benefício, pois apenas a União poderia fazê-lo.
e) O benefício concedido constitui moratória, já que é um programa que tenta fazer com que inadimplentes se regularizem perante a fazenda pública.

2. O governador de determinado estado encaminhou à casa legislativa projeto de lei que perdoava o débito tributário principal, bem como suas penalidades, de determinados contribuintes. O projeto foi aprovado e, posteriormente, transformado em lei. Assinale opção correta acerca dessa situação;
a) Uma vez que foi perdoada a dívida, incluindo-se as penalidades, é correto afirmar que se trata de isenção.
b) Nesse caso, houve moratória, já que foi perdoado débito tributário principal.
c) A lei pode autorizar o referido perdão, desde que atendido único fundamento possível, que é a situação econômica do sujeito passivo.

---

[97] *Respostas:* 1. b; 2. e; 3. b; 4. b; 5. c; 6. b

d) Trata-se de anistia, uma vez que todo débito será perdoado.
e) Somente o instituto da remissão pode se enquadrar nesse exemplo.

3. A isenção de tributos:
a) só pode ser concedida por lei complementar.
b) pode ser concedida em caráter que não seja geral.
c) é vedada em relação à taxa.
d) é vedada em relação à contribuição de melhoria.
e) como regra geral, é extensiva a tributos criados após a sua concessão.

4. A pessoa jurídica X foi contemplada com isenção do Imposto sobre a Propriedade Predial e Territorial Urbana (IPTU) do imóvel utilizado para suas atividades comerciais. A referida isenção foi concedida pelo prazo de 5 (cinco) anos e sob a condição de que o imóvel seja utilizado para a produção de artesanato regional. Com base no caso apresentado, sobre a referida isenção assinale a opção correta.
a) Poderá ser suprimida por lei, a qualquer tempo, ainda que o contribuinte atenda à condição de utilizar o imóvel para a produção de artesanato regional.
b) Não poderá ser suprimida no prazo de 5 (cinco) anos, caso o contribuinte cumpra a condição de utilizar o imóvel para a produção de artesanato regional.
c) Não poderá ser suprimida no prazo de 5 (cinco) anos, ainda que o contribuinte utilize o imóvel para a realização de atividades comerciais diversas da produção de artesanato regional.
d) Poderá ser suprimida por decreto, a qualquer tempo, ainda que o contribuinte cumpra a condição de utilizar o imóvel para a produção de artesanato regional.

5. Prefeito de um determinado município resolveu conceder isenção de IPTU, por 10 (dez) anos, a proprietários de imóveis que sejam portadores de deficiência e que realizem investimento nas condições de acessibilidade de suas propriedades. Com base na situação apresentada, assinale a afirmativa correta.
a) É possível que o município institua a isenção por meio de decreto.
b) Tal isenção constitui caso de suspensão da exigibilidade daqueles créditos tributários.
c) Somente por meio de lei específica municipal pode ser concedida isenção de IPTU.
d) A isenção concedida em função de determinadas condições, como é o caso, pode ser revogada a qualquer tempo.

6. O Código Tributário prevê que se interprete literalmente a legislação tributária sobre:
   a) pagamento do crédito tributário;
   b) outorga de isenção;
   c) cumprimento de obrigações tributárias acessórias;
   d) capitulação do fato gerador.

CAPÍTULO 16

ADMINISTRAÇÃO TRIBUTÁRIA

Administração tributária é atividade essencial ao funcionamento do Estado, exercida por servidores de carreira específica para fins de orientação ao sujeito passivo, fiscalização e arrecadação de tributos, treinamento de servidores.

Importante destacar que as Fazendas Públicas (União, Estados, Municípios e DF) atuarão, no exercício da atividade administrativa, de forma integrada, com compartilhamento de cadastros e informações fiscais, na forma da lei ou de convênio. É o que dispõe o art. 37, XXII, CF/88 c/c art. 199, CTN.

16.1 Fiscalização (art. 195, CTN)

É atividade essencial do Estado, exercida por autoridades administrativas (auditores fiscais, analistas tributários, etc.), para fins de verificar o cumprimento de obrigações tributárias (acessórias ou principais).

Os poderes e competências para fiscalizar estão dispostos em *legislação tributária* do art. 96, CTN (*Atenção*: sigilo bancário e fiscal, só por lei);

Podem ser fiscalizadas todas as pessoas, naturais ou jurídicas, *contribuintes ou não*, inclusive quem goza de imunidade ou isenção. Ex.: União pode fiscalizar o Estado e vice-versa; igrejas, que são imunes, podem ser fiscalizadas (imunidade é para obrigação principal e não para obrigação acessória).

Lei que amplia os poderes de fiscalização deve ser aplicada de imediato, porque são leis de procedimento formal (art. 144, §1º, CTN).

Fiscalização consiste no exame de mercadorias, livros (livros eletrônicos, como NF Paulista), documentos, arquivos, papéis, etc. Há um poder-dever para autoridades fiscais. Não adianta o contribuinte alegar contrato ou lei civil que limite poder de fiscalização do Fisco, porque qualquer restrição legal a esse poder-dever deve ser desconsiderada.

Contribuintes devem guardar os livros de escrituração fiscal até a *prescrição* do crédito tributário a que se refere.

A Fiscalização de documentos não é ilimitada. *Súmula nº 439, STF: Estão sujeitas a fiscalização tributária ou previdenciária quaisquer livros comerciais, limitado exame aos pontos objeto de investigação.*

Fiscalização é um *procedimento formal*, com início, meio e fim e deve ser todo *documentado* (art. 196, CTN), em razão do *princípio da documentação*. Há diversos motivos para iniciar uma fiscalização, como cruzamento de informações; denúncias; indícios apurados em outros procedimentos de fiscalização; na homologação, etc. O início ocorre quando se lavra o *"termo de início de fiscalização"*, *preferencialmente* em livro fiscal próprio ou documento apartado.

Por que é importante o início da fiscalização? 1. Exclui *denúncia espontânea* do art. 138, CTN. Somente antes do início de qualquer procedimento de fiscalização é possível ao contribuinte se socorrer do benefício da denúncia espontânea, afastando a responsabilidade por infração à legislação tributária, desde que haja pagamento integral do tributo, acrescido de juros de mora; 2. Regra de antecipação da decadência (art. 173, parágrafo único, CTN). Se ainda não se iniciou a contagem do prazo decadencial e o contribuinte foi notificado de medida preparatória de lançamento, a partir dessa notificação, será contado o prazo de cinco anos para lançar (e não do 1º dia do exercício financeiro seguinte àquele em quem o Fisco deveria lançar).

Limite da fiscalização: direitos e garantias fundamentais. Os livros contábeis e notas fiscais de uma empresa podem ser apreendidos para fins de fiscalização sem autorização judicial só se houver consentimento do representante da empresa; caso contrário, em razão da garantia de inviolabilidade domiciliar (art. 5º, VI, CF/88), é possível opor-se ao ingresso dos agentes de fiscalização fazendária e, então, a apreensão dos livros contábeis e notas fiscais deverá ser feita só com mandado judicial e durante o dia.

Casa: qualquer lugar habitado, não aberto ao público (CF/88, art. 5º, VI)	
Dia	Noite
Das 6h às 18h	Depois das 18h até às 6h
Sem consentimento do morador	Sem consentimento do morador
Mandado judicial	X
Exceções: prisão em flagrante; desastre; prestar socorro	

16.2 Certidões

Certidão negativa (art. 205, CTN). A certidão negativa de débito tributário (CND) perante a Fazenda Pública é prova de quitação dos débitos tributários. O Fisco não possui qualquer registro de formalização de crédito tributário contra o contribuinte. Só a lei (e não atos normativos) pode exigir apresentação da CND. Não é expedida de ofício pela Fazenda Pública, e sim mediante *requerimento* do interessado. Fornecida no prazo de até 10 dias (e não 10 dias úteis) contados da data do requerimento na repartição.

O funcionário que expede CND com dolo ou fraude ou contendo erro contra a Fazenda Pública é *pessoalmente* responsável pelo crédito tributário e juros de mora. Tem-se responsabilidade funcional e criminal do agente (art. 208, *caput* e parágrafo único do CTN).

Só se dispensa CND, isto é, a prova de quitação de débito tributário, quando o interessado, num caso de emergência, alegar decadência de direito seu. É o que ocorre com o contribuinte que quer participar de licitação e os servidores competentes para expedir a CND estão em greve.

No caso de *lançamento* (auto de infração) ou de *declaração do contribuinte* sem pagamento (declaração de rendimentos é confissão de dívida), contribuinte não tem direito à CND. Na *execução fiscal*, o sujeito passivo também não tem direito à CND porque é devedor, o crédito tributário foi constituído e não pago. Neste caso, pode ter direito apenas à certidão positiva com efeito negativo (CPEN).

Certidão positiva com efeito de negativa (art. 206, CTN). A certidão positiva com efeito de negativa (CPEN) ou certidão de regularidade fiscal tem o mesmo efeito da CND: prova de inexistência de débito tributário perante o Fisco. Fisco reconhece a existência de crédito tributário vencido e não pago, mas o contribuinte não fica inadimplente com o Estado.

São três casos de CPEN:
a) existência de créditos formalizados, não pagos, porém não vencidos;
b) existência de créditos formalizados em curso de execução fiscal que tenha havido garantia do juízo – penhora;
c) existência de créditos formalizados cuja exigibilidade esteja suspensa (casos do art. 151, CTN).

> *Súmula nº 446 STJ*: *Declarado e não pago débito tributário pelo contribuinte é legítima recusa de expedição da certidão negativa de débito (CND) ou certidão positiva com efeito negativo (CPEN).*

16.3 Dever de prestar informação ao Fisco

Há pessoas obrigadas por lei a informar sobre atividade de terceiros (art. 197, CTN). Serão intimadas por escrito, independentemente de ordem judicial. Ex.: tabeliães (quando há registro de escritura de C/V de imóvel, o tabelião deve prestar informação ao Fisco federal, estadual e municipal sobre atividade de terceiros); bancos (públicos ou privados), etc. Nem todas as pessoas têm dever de prestar informações em razão do sigilo profissional, bancário e fiscal.

1. *Sigilo profissional:* advogados, padres, médicos, psicólogos não são obrigados a prestar informações sobre confidências de seus clientes.
2. *Sigilo fiscal* (art. 198, CTN): *autoridade fiscal* não é obrigada a prestar informações sobre *situação econômica e financeira do sujeito passivo*, como informe de declaração de bens e de renda. *Exceções (quebra do sigilo fiscal – art. 198, §1º, CTN):*
   a) por requisição do juiz, no interesse da justiça;
   b) por solicitação de autoridade administrativa, se instaurado processo administrativo para apurar ilícito funcional;
   c) CPI;
   d) requisição do MPU.
3. *Sigilo bancário* (art. 5º, X c/c XII, CF/88): *instituição financeira* não é obrigada a prestar informações sobre *operações financeiras* do sujeito passivo. *Exceção (quebra do sigilo bancário).* Para art.

6º da *LC nº 105/01*:[98] autoridade administrativa fiscal, por ato próprio, sem intervenção do Poder Judiciário, pode determinar quebra do sigilo bancário do sujeito passivo quando houver processo administrativo instaurado ou procedimento fiscal em curso e que a informação seja indispensável (Ex.: auditor da SRF requisita informações sobre operação financeira do sujeito passivo para instituições financeiras). Também para o *STF*, o Fisco pode requerer sigilo bancário sem necessidade de ordem judicial (RE nº 601314, de 2016).

16.4 Inscrição em dívida ativa

Após o lançamento, a autoridade administrativa competente confere prazo ao sujeito passivo para efetuar o pagamento. O sujeito passivo pode adotar as seguintes condutas:

Sujeito passivo não paga, mas impugna. Inicia-se o processo administrativo fiscal (PAF). Se a decisão administrativa irreformável for desfavorável ao sujeito passivo, este é notificado para pagar. Esgotado o prazo sem que tenha ocorrido o pagamento, o valor do crédito tributário vencido e não pago será, então, inscrito em dívida ativa (IDA).

Sujeito passivo não paga, impugna e, ao mesmo tempo, ingressa com ação anulatória versando sobre matéria idêntica. Se sujeito ingressar com ação anulatória com mesma situação fática, há *renúncia* à via administrativa (art. 38, parágrafo único da LEF).

Sujeito passivo não paga, não impugna. Há inscrição em dívida ativa (IDA), nos termos do art. 201, CTN.

Sujeito passivo declara e não paga. Há inscrição *automática* em dívida ativa (IDA), nos termos da *Súmula nº 436 STJ* (*A entrega de declaração pelo contribuinte reconhecendo débito fiscal constitui o crédito tributário, dispensada qualquer outra providência por parte do Fisco*).

O encerramento da fase administrativa ocorre com a IDA.

IDA é inscrição, cadastro em livros dos créditos da Fazenda Pública, vencidos e não pagos, que será feito pelas Procuradorias das Fazendas.[99] O livro

---

[98] Art. 6º da Lei Complementar nº 105/01: As autoridades e os agentes fiscais tributários da União, dos Estados, do Distrito Federal e dos Municípios somente poderão examinar documentos, livros e registros de instituições financeiras, inclusive os referentes a contas de depósitos e aplicações financeiras, quando houver processo administrativo instaurado ou procedimento fiscal em curso e tais exames sejam considerados indispensáveis pela autoridade administrativa competente.

[99] Todas as dívidas devem ser inscritas na IDA até aquelas abaixo de determinado valor que não sofrerão execução fiscal (10 mil da Lei nº 10.522/02 ou 20 mil da Portaria nº 75/12).

de dívida ativa é adstrito à Procuradoria judicial. Hoje, os cadastros são eletrônicos e CDA é retirada deles. IDA pressupõe inadimplemento do contribuinte.

Dívida ativa tributária é crédito (+) da Fazenda Pública decorrente de tributos e multas vencidos e não pagos pelo contribuinte. O art. 2º da LEF considera Dívida Ativa qualquer valor, tributário ou não tributário, cuja cobrança seja atribuída à União, aos Estados, ao Distrito Federal, aos Municípios e respectivas autarquias. Assim, a Execução Fiscal engloba tanto os créditos provenientes de tributos (impostos, taxas, contribuições de melhoria, contribuições especiais e empréstimos compulsórios) quanto os considerados não tributários (créditos da Fazenda Pública como multas administrativas, aluguéis, custas processuais, indenizações, reposições, restituições, preços públicos, etc.).

IDA é ato interno, posterior à conclusão do processo administrativo, que não obriga notificação do contribuinte. *De acordo com art. 198, §3º, II, CTN, informação sobre a IDA não é sigilosa.*

Quando ocorre a IDA? IDA ocorre depois de esgotado o prazo para pagamento do crédito tributário e não pago (só se exige algo que venceu – art. 201, CTN). Em outras palavras, IDA decorre do exaurimento da instância administrativa (foi possível impugnar o lançamento e interpor recursos) ou de documentos de confissão de dívida apresentados pelo devedor (GIA, Termo de Confissão para adesão ao parcelamento, por exemplo).

Quem realiza a IDA? Procuradoria da Fazenda Nacional, Procuradoria do Estado e Procuradoria do Município. Por exemplo, a PFN, órgão vinculado ao Ministério da Fazenda, tem como principal função a apuração, inscrição e cobrança de créditos devidos à Fazenda Pública (União). Então, o órgão de origem da administração pública federal, que apura a existência de débito perante a União (SRF, CEF, Justiça Federal) encaminha dívida ativa tributária para PFN para fins de IDA.

	União	Estados	Municípios
Órgão de origem	SRF	Secretaria da Fazenda Estadual	Secretaria Municipal de Finanças
Execução fiscal	PFN	Procuradoria do Estado	Procuradoria do Município

As Procuradorias das Fazendas, antes da IDA, fazem o controle de legalidade dos atos já praticados com base no exame de documentos, como processo administrativo, notificação de lançamento, decisão judicial. Com o controle da legalidade, tem-se apuração da *certeza* (crédito tributário existe), *liquidez* (pode ser calculado o valor do crédito tributário) e *exigibilidade* (crédito tributário vencido).

A IDA produz efeito de fazer prova pré-constituída (art. 204, CTN). A Fazenda Pública já pode ingressar com execução fiscal sem precisar de uma ação ordinária para demonstrar que o crédito tributário existe. Contudo, a *presunção de certeza e liquidez é relativa,* admitindo prova em contrário pelo sujeito passivo. Há inversão do ônus da prova para o sujeito passivo. Logo, o sujeito passivo ou até um terceiro podem elidir (afastar) essa presunção (art. 3º c/c art. 204, parágrafo único, CTN).

Como dito, as informações relativas à IDA da Fazenda Pública *podem ser divulgadas,* sem que isso represente violação de sigilo fiscal (art. 198, §3º, II, CTN).

O art. 2º, §3º, da LEF prevê que, com a IDA, há suspensão do prazo prescricional por 180 dias (6 meses) até a distribuição da execução fiscal. Esse dispositivo é *inconstitucional,* porque a LEF é lei ordinária, e o art. 146, III, "b", CF/88 exige lei complementar para o tema de prescrição.

IDA é marco para fraude à execução (art. 185, CTN), que será estudada no item do procedimento da execução fiscal.

Fase administrativa termina com a IDA.

16.5 Fraude à execução fiscal (art. 185, CTN)

Quando o sujeito passivo aliena bens após inscrição em dívida ativa e não reserva bens para pagamento integral da dívida tributária, tem-se a fraude à execução. Em outras palavras, a simples alienação ou oneração de bens ou rendas realizada pelo devedor *com crédito tributário já inscrito, sem que haja outro bem para satisfazer a dívida,* é tida por *ineficaz* perante o Fisco, podendo incidir penhora.

Momento da fraude à execução. Pode ser constatada antes mesmo do ajuizamento da execução ou da citação do réu. Ocorre *com a mera inscrição do crédito tributário em dívida ativa (IDA).* De acordo com Murillo Lo Visco, "a partir do momento em que o sujeito passivo é comunicado a respeito da inscrição de seu débito nos cadastros da dívida ativa, mesmo que por meio de publicação no DO, presume-se fraudulenta a alienação ou oneração de seus bens ou rendas". Vale destacar que a anterior redação do art. 185, CTN, estabelecia presunção da fraude apenas na fase de execução fiscal.

> CTN, Art. 185. Presume-se fraudulenta a alienação ou oneração de bens ou rendas, ou seu começo, por sujeito passivo em débito para com a Fazenda Pública, por crédito tributário regularmente inscrito como dívida ativa.
> Parágrafo único. O disposto neste artigo não se aplica na hipótese de terem sido reservados, pelo devedor, bens ou rendas suficientes ao total pagamento da dívida inscrita.

Não se aplica a Súmula nº 375 do STJ às execuções fiscais (O reconhecimento da fraude à execução depende do registro da penhora do bem alienado ou da prova de má-fé do terceiro adquirente). O STJ decidiu que a transferência de bens do devedor ocorrida após a IDA configura fraude à execução fiscal, *independentemente de haver qualquer registro de penhora e de ser provada a má-fé do adquirente.*

A fraude à execução de débito tributário tem *presunção absoluta (juris et de jure* – inadmite prova em contrário), *objetiva e dispensa a intenção de fraude (concilium fraudis).* Portanto, a fraude à execução não depende da intenção de quem participou do negócio, bastando que tenha havido frustração da execução em razão da alienação do bem. A má-fé é presumida.

A fraude à execução só será afastada se provar que a alienação ocorreu antes da IDA ou foram reservados bens para satisfação da dívida.

Exercícios de administração tributária[100]

1. A partir de 2003, atividade de administração tributária recebeu especial atenção constitucional, sendo-lhe atribuídos, na Lei Maior, direitos e prerrogativas. Assinale alternativa que não traduz uma dessas disposições constitucionais:
a) A atividade da administração tributária deve ser exercida por servidores de carreira específica.
b) Os servidores que exercem atividades na administração tributária têm autonomia e independência.
c) É previsto que a administração tributária tenha recursos prioritários para realização de suas atividades.
d) As administrações tributárias dos três níveis de governo devem atuar de forma integrada.

---

[100] *Respostas:* 1. b; 2. c; 3. c; 4. a

e) As administrações tributárias dos três níveis de governo terão poder de compartilhamento de cadastros e de informações fiscais, na forma da lei ou de convênio.

2. A lei poderá exigir que a prova de quitação de determinado tributo, quando exigível, seja feita por certidão negativa expedida à vista de requerimento do interessado, que contenha todas as informações necessárias à identificação de sua pessoa, domicílio fiscal e ramo de negócio ou atividade, e que indique o período a que se refere o pedido. O contribuinte pode, ainda, obter a chamada certidão positiva com efeito de negativa, nas seguintes situações, à exceção de uma. Assinale-a:
a) Ajuizar ação anulatória acompanhada de depósito do montante integral do crédito tributário.
b) Ser considerado devedor de crédito ainda não vencido.
c) Ser credor da fazenda pública.
d) Ter contra si ajuizada execução fiscal na qual tenha sido efetivada penhora.
e) Celebre parcelamento de dívida.

3. A Pessoa Jurídica ABC verificou que possuía débitos de Imposto sobre a Renda ("IRPJ") e decidiu aderir ao parcelamento por necessitar de certidão de regularidade fiscal para participar de licitação. Após regular adesão ao parcelamento e diante da inexistência de quaisquer outros débitos, a contribuinte apresentou requerimento para emissão da certidão. Com base nessas informações, o Fisco deverá:
a) deferir o pedido, já que o parcelamento é causa de extinção do crédito tributário;
b) indeferir o pedido, pois a certidão somente poderá ser emitida após o pagamento integral do tributo em atraso;
c) deferir o pedido, já que o parcelamento é causa de suspensão da exigibilidade do crédito tributário;
d) deferir o pedido, já que o parcelamento é causa de exclusão do crédito tributário.

4. João, empresário, inconformado com a notificação de que a Administração Pública Fazendária teria acesso às informações de sua movimentação bancária para instruir processo administrativo fiscal, decidiu procurar o Escritório Alfa de advocacia para uma consulta a respeito do caso. João busca saber se a medida configura quebra de sigilo fiscal e se o procedimento da Administração Pública

está correto. Com base na hipótese apresentada, assinale a opção que indica a orientação a ser dada pelo Escritório Alfa, considerando a jurisprudência do Supremo Tribunal Federal (STF) acerca do acesso a dados bancários sigilosos pela Administração Pública Fazendária.

a) Não se trata de quebra de sigilo, mas de transferência de sigilo para finalidades de natureza eminentemente fiscal, pois a legislação aplicável garante a preservação da confidencialidade dos dados, vedado seu repasse a terceiros estranhos ao próprio Estado, sob pena de responsabilização dos agentes que eventualmente pratiquem essa infração.
b) A imediata notificação do contribuinte é mera liberalidade da Administração Fazendária, sendo ao contribuinte facultada, tão somente, a extração da decisão final da Administração Fazendária.
c) Tal uso de dados ofende o direito ao sigilo bancário, porque macula o princípio da igualdade e o princípio da capacidade contributiva.
d) É inconstitucional a quebra de sigilo, pois a legislação aplicável garante a preservação da confidencialidade dos dados, vedado seu repasse a terceiros, inclusive aos integrantes da Administração Pública Fazendária.

CAPÍTULO 17

SANÇÕES POLÍTICAS TRIBUTÁRIAS

Sanções políticas tributárias são meios indiretos de coerção, restrições ou proibições, limitações de natureza administrativa, impostas pela administração fazendária ao contribuinte inadimplente (pessoa física ou jurídica) para forçá-lo a pagar tributo ou cumprir obrigação tributária acessória.

O Fisco faz uso desses meios para compelir o sujeito passivo que possui débitos a quitá-los, sem que seja utilizada a via adequada, que é a da cobrança administrativa ou judicial (execução fiscal).

17.1 Sanções políticas tributárias arcaicas e inconstitucionais

Ocorre que algumas restrições, ainda que fundadas em lei, destinadas a compelir o contribuinte inadimplente a pagar o tributo, *em razão do caráter gravoso, punitivo, arbitrário,* acabam por inviabilizar, de *modo irrazoável e desproporcional,* direitos fundamentais do contribuinte. São sanções políticas denominadas arcaicas e inconstitucionais.

Exemplos de sanções políticas tributárias arcaicas e inconstitucionais: apreensão irregular de mercadorias;[101] interdição de estabelecimento; imotivada inscrição em cadastro de inadimplentes, etc.

Postulados constitucionais violados. Há ofensa ao livre exercício de atividade econômica lícita, que assegura a todos a livre prática de qualquer atividade econômica (art. 170, parágrafo único, CF/88); ao

---

[101] É o caso de uma pessoa jurídica W, fabricante de telefones celulares, que realiza venda de tais aparelhos para comerciantes de diferentes Estados. O Estado Y, ao fiscalizar uma dessas remessas, verifica que a pessoa jurídica W não recolheu ICMS e, imediatamente, apreende todos os telefones celulares.

livre exercício profissional, que assegura a todos o exercício de trabalho, ofício ou profissão (art. 5º, XIII, CF/88); ao devido processo legal substancial (*substantive due processo of law*), que se refere ao princípio da proporcionalidade e razoabilidade (art. 5º, LIV, CF/88). Quando administração fazendária impõe sanções tributárias, está se valendo de um meio desproporcional e irrazoável, com força coercitiva, para obter o adimplemento do tributo.

Posicionamento do STF: o STF reprova práticas arcaicas da autoridade fazendária, denominadas sanções políticas tributárias, conforme disposto nas *Súmulas nºs 70, 323 e 547.* "O poder de tributar não pode chegar a desmedida do poder de destruir" (Orosimbo Nonato).

As Súmulas nºs 70 e 323 foram aprovadas em dezembro de 1963 e consideram, respectivamente, inadmissível a interdição de estabelecimento como meio coercitivo para cobrança de tributo e inadmissível a apreensão de mercadorias como meio coercitivo para pagamento de tributos.

Pela Súmula nº 547, de dezembro de 1969, não é lícito a autoridade proibir que o contribuinte em débito adquira estampilhas, despache mercadorias nas alfândegas e exerça suas atividades profissionais. *Posicionamento do STJ: Súmula nº 127* (É ilegal condicionar a renovação da licença de veículo ao pagamento de multa, da qual o infrator não foi notificado).

Medidas legais utilizadas pelo contribuinte para evitar práticas lesivas realizadas por agentes fazendários: 1. impetrações de *mandado de segurança* (art. 5º, LXIX, CF/88) para garantir ao contribuinte a prática de certos atos, livrando-o das sanções políticas tributárias; 2. direito de ajuizar *ação de indenização por perdas e danos,* a fim de obter ressarcimento de danos morais e materiais sofridos por sanções políticas tributárias. O Estado será responsável pelos atos da administração tributária, que fez uso de sanções políticas arcaicas, nos termos do art. 37, §6º, CF/88.

17.2 Sanções políticas tributárias constitucionais

Há meios indiretos de cobrança existentes em nosso ordenamento e que não foram, até hoje, declarados inconstitucionais pelo STF, tais como:

1. proibição de participação em licitações públicas se houver débito quanto a qualquer tributo (CTN, art. 193; art. 27, IV, e 29 da Lei nº 8.666/1993);

2. proibição de concessão de benefícios fiscais federais quando houver débito relativo a qualquer tributo federal (Lei nº 9.069/1995);
3. perda de benefícios fiscais em todo o ano, pela falta de emissão de notas fiscais (Lei nº 9.069/1995);
4. inscrição no Cadastro Informativo de créditos não quitados do setor público federal (Cadin), com diversas consequências restritivas, tributárias e creditícias, daí decorrentes (Lei nº 10.522/2002);
5. vedação à opção pelo SIMPLES, ou a exclusão desse regime tributário, à pessoa jurídica que tenha débito inscrito em Dívida Ativa da União, aplicável, também, se o titular, ou sócio que participe do seu capital com mais de 10%, esteja inscrito em Dívida Ativa da União (Lei nº 9.317/1996);
6. exigência da quitação de todos os tributos para a obtenção de recuperação judicial (CTN, art. 191-A, com a redação dada pela LC nº 118/2005).
7. Protesto da CDA (STF, ADI nº 5.135/DF, rel. Min. Roberto Barroso, 2016). "O protesto das certidões de dívida ativa constitui mecanismo constitucional e legítimo por não restringir de forma desproporcional quaisquer direitos fundamentais garantidos aos contribuintes e, assim, não constituir sanção política". Protesto da CDA é medida extrajudicial de cobrança da dívida tributária. Com o protesto, o nome do contribuinte é inserido na lista de maus pagadores. Não há alternativa a não ser pagar, integral ou parcialmente, a dívida.

CAPÍTULO 18

GARANTIAS E PRIVILÉGIOS DO CRÉDITO TRIBUTÁRIO

Garantias do crédito tributário são, na expressão de Regina Helena Costa (2009, p. 296), "os instrumentos assecuratórios do direito de o Estado exigir tributos". Diz o art. 183 do CTN que "*a enumeração das garantias atribuídas neste Capítulo ao crédito tributário não exclui outras que sejam expressamente previstas em lei, em função da natureza ou das características do tributo a que se refiram*". As garantias expressas no art. 183 do Código Tributário Nacional, como o próprio nome diz, visam garantir que o ente político tributante satisfaça o seu crédito, ainda que o contribuinte não queira ou não tenha condições de fazê-lo.

Os privilégios, por sua vez, continua a renomada autora, "constituem expressões da posição de superioridade do crédito tributário, que defluem do princípio da supremacia do interesse público sobre o particular, em relação a créditos de outras naturezas, exceto os de natureza trabalhista ou de acidente de trabalho".

18.1 Garantias do crédito tributário

Quais são os bens que podem ser executados com o fim de liquidar a dívida tributária? Todos os bens ou rendas do sujeito passivo responderão pelo pagamento do crédito tributário, inclusive os gravados com cláusula de inalienabilidade ou impenhorabilidade, salvo os que a **lei** declare absolutamente impenhoráveis (art. 184, CTN).

Note que: 1. a enumeração das garantias pelo CTN é exemplificativa ("todos os bens ou rendas"), podendo o legislador incluir mais; 2. inalienabilidade e impenhorabilidade estabelecidas por ato de vontade não são oponíveis ao Fisco; 3. só não respondem pelo pagamento de dívida tributária bens absolutamente impenhoráveis que decorrem direta e exclusivamente de lei.

Ex. 1: João quer se livrar do pagamento do crédito tributário e opta por gravar com cláusula de impenhorabilidade seu apartamento, por meio de escritura pública. Realizada execução fiscal, o apartamento de João poderá ser penhorado porque a impenhorabilidade não decorre de lei.

Ex. 2: João recebe por herança testamentária um imóvel gravado com cláusula de impenhorabilidade, inalienabilidade e incomunicabilidade. Na execução fiscal contra ele, responderão pelo pagamento do crédito tributário todos seus bens e rendas, incluindo imóvel recebido por herança, porque só não se penhora os bens declarados por lei como impenhoráveis.

Quais são os bens declarados por lei como impenhoráveis? O art. 833 do CPC elenca os vencimentos, vestuário, quantia determinada em caderneta de poupança, pequena propriedade rural se trabalhada pela família, livros, móveis de residência, etc.

É possível renúncia ao benefício da impenhorabilidade? Como afirma Leandro Paulsen (2018, p. 285), "tem-se admitido renúncia à impenhorabilidade, inclusive tácita, quando o bem foi ofertado pelo executado em garantia da execução ou deixou de alegar impenhorabilidade na primeira oportunidade em que teve que se manifestar, à exceção do bem de família".

O bem de família pode ser penhorado em execução fiscal? O bem de família é o imóvel residencial próprio do casal ou de entidade familiar. Como é bem impenhorável declarado por lei, a regra é que não há execução fiscal, *salvo para cobrança de taxas, contribuição de melhoria relativa ao imóvel e IPTU* (art. 1º c/c art. 3º, IV, Lei nº 8.009/90). Ex.: João é proprietário de um único imóvel residencial localizado em Recife e destinado à residência da família. Está em mora com IPTU e taxas referentes ao imóvel desde 2013. Foi proposta execução fiscal e penhorado o único imóvel de João, porque a cobrança do IPTU é exceção à regra da impenhorabilidade do bem de família.

18.2 Privilégios do crédito tributário (ou preferências)

Qual a ordem de pagamento dos créditos tributários? De acordo com art. 186, CTN, o crédito tributário detém preferência em relação a qualquer outro crédito, independentemente do tempo de sua constituição, mas esse privilégio não é absoluto porque os créditos trabalhistas e os decorrentes de acidente de trabalho devem ser satisfeitos com prioridade.

Ex.: João está em mora com IPTU e débitos relativos ao pagamento de salários de seus empregados. Deverá pagar, em primeiro lugar, o crédito trabalhista.

Regra: *o crédito tributário prefere a qualquer outro, salvo crédito trabalhista ou de acidente de trabalho*. Logo, o crédito tributário tem preferência sobre crédito com garantia real. Ex.: João é proprietário de único imóvel residencial. Está em mora com IPTU e taxas relativas ao imóvel desde 2013. O Imóvel está hipotecado numa instituição financeira desde 2012 como garantia de pagamento de empréstimo. Numa execução fiscal contra João, o imóvel é penhorado. O pagamento do crédito tem preferência sobre pagamento de crédito com garantia real (hipoteca). Primeiro paga-se o Fisco e depois, o banco.

Crédito tributário na falência e recuperação judicial ou extrajudicial (parágrafo único do art. 186, CTN). As disposições do art. 186, CTN, não são utilizadas nos casos de falência e recuperação judicial ou extrajudicial. As regras são distintas. Busca-se dar chance aos credores privados de recuperarem capital em detrimento da Fazenda Pública. Importante observar as seguintes regras:

1º. antes do pagamento de qualquer crédito, ainda que trabalhista, *deve-se pagar créditos extraconcursais*. São créditos relacionados à própria administração da massa falida após decretação da falência, como a remuneração do administrador judicial, que deverá ser paga pela massa. A *Súmula nº 219 STJ* determina que os créditos decorrentes de serviços prestados à massa falida, inclusive a remuneração do síndico, gozam de privilégio próprio dos trabalhistas;

2º. *importâncias passíveis de restituição (restituições)*, porque se trata de bens que não integram o patrimônio do falido. São bens de terceiros, mas que foram arrecadados na falência. Devem ser restituídos para os antigos proprietários. Ex.: empresa alugou bens (aviões). Decretada falência, deve devolver os aviões alugados.

3º. *créditos trabalhistas e acidentes de trabalho, porém limitados a 150 salários mínimos por credor;*.

4º. *créditos com garantia real no limite do bem gravado*. Banco efetiva empréstimo com empresa e, para garantia desse empréstimo, há hipoteca dos bens da empresa. Se empresa falir, devem ser pagos os créditos com garantia real ao banco no limite do bem gravado;

5º. **créditos tributários**, salvo multas tributárias;
6º. créditos com privilégio especial;
7º. créditos com privilégio geral;
8º. créditos quirografários;
9º. multas, inclusive as tributárias;
10º. créditos subordinados.

A falência ou a recuperação judicial não obstam a propositura de execução fiscal para pagamento do crédito tributário (art. 187, CTN). Significa dizer que a execução fiscal, uma vez ajuizada, não é afetada pela superveniência da falência ou da recuperação judicial. A execução prossegue na vara em que foi ajuizada, dispensando o Fisco de habilitar o crédito tributário no juízo universal.

O STJ, no Resp nº 188148, de 2001, firmou entendimento de que o numerário obtido na execução fiscal deve ser enviado integralmente ao juízo da falência para satisfação dos créditos preferenciais e, havendo saldo, será devolvido para satisfação do crédito tributário.

Atenção! Conforme arts. 191 e 191-A do CTN, a extinção das obrigações do falido requer prova de quitação de *todos* os tributos (CND – certidão negativa de débitos tributários). *Idem* para concessão de recuperação judicial. *Crítica*: a expressão "todos" quer dizer não só os tributos relativos a atividade mercantil, mas todos os demais. Isso dificulta a recuperação de qualquer empresa. É sanção política arcaica. Ora, a empresa em recuperação, por exemplo, pode estar com débitos com exigibilidade suspensa, o que viabiliza emissão da certidão positiva com efeito negativo (CTN, art. 206), documento com o mesmo efeito da CND (CTN, art. 201).

PARTE IV
EXECUÇÃO FISCAL – LEI Nº 6.830/80

EXECUÇÃO FISCAL

Execução fiscal é ação movida pela Fazenda Pública contra o sujeito passivo para fins de cobrança de crédito vencido e não pago, seja tributário ou não, desde que inscrito como dívida ativa. É ação de cobrança judicial de dívida ativa da Fazenda Pública.

A Fazenda Pública, com a execução fiscal, não quer do juiz o reconhecimento de seu direito, e sim a *satisfação* do direito que já se encontra constituído, comprovado pela certidão de dívida ativa (CDA).

Na ação de execução fiscal, o exequente é a Fazenda Nacional, Estadual, Municipal e Distrital e respectivas autarquias (*A Fazenda Nacional, por seu representante infra-assinado, requer, com fundamento no....a execução fiscal da dívida ativa...contra...*). Vale destacar que as pessoas jurídicas de direito privado não são legitimadas a ajuizar execução fiscal porque não constituem título executivo. O executado, por sua vez, é o sujeito passivo.

19.1 Certidão de dívida ativa (CDA)

Para propor execução fiscal, o exequente necessita de um *título executivo extrajudicial*, que é a *CDA* (certidão de dívida ativa), conforme art. 202, parágrafo único, CTN; art. 2º, §5º, LEF; art. 784, IX do CPC.

CDA conterá (parágrafo único do art. 202 c/c caput, CTN): I. nome do devedor, dos corresponsáveis e, sempre que possível, domicílio ou residência de um e de outros; II – quantia devida e a maneira de calcular os juros de mora acrescidos; III – origem e natureza do crédito, mencionada *lei* em que seja fundado; IV – data em que foi inscrita.

CDA é título formado por iniciativa exclusiva da Fazenda Pública. Como o próprio nome diz, *certifica o registro* da dívida ativa. É requisito necessário para propositura da execução fiscal. Implica "meio de prova da dívida para ingresso de processo judicial visando cumprimento forçado do pagamento do tributo pendente". CDA, na verdade, reproduz a página do Livro onde foi feita a IDA e serve de título executivo extrajudicial para futura execução fiscal. É a cópia fiel da IDA.

Execução fiscal sem CDA é *nula*. Execução fiscal com CDA é *nula* se houver *erro material na CDA* quanto ao sujeito passivo, por exemplo. Logo, se na CDA consta nome de pessoa que não é contribuinte, a nulidade é insanável. A Execução é extinta e deve-se fazer um novo lançamento. A *Súmula nº 392 STJ* veda substituir ou emendar a CDA para modificar o sujeito passivo na execução fiscal (*A Fazenda Pública pode substituir a certidão de dívida ativa (CDA) até a prolação da sentença de embargos, quando se tratar de correção de erro material ou formal, vedada a modificação do sujeito passivo da execução*).

Se houver *erro formal na CDA, sem causar prejuízo para defesa do executado,* pode ser *substituída ou emendada até decisão de 1ª instância,* sendo devolvido prazo para defesa, que somente poderá versar sobre a parte modificada (art. 203, CTN c/c art. 2º, §8º, LEF). Por decisão de 1ª instância, leia-se: até sentença que decide os embargos à execução. Imagine uma concessionária de veículos que recebe citação para responder à execução fiscal para cobrança de ICMS. Da análise da CDA, verifica-se que é cobrado valor principal de 10 mil e valor total de 12 milhões e 500 mil. Na CDA, nada consta sobre dispositivo legal, nem a maneira do cálculo incidente sobre valor principal, tornando-a nula. Essa nulidade pode, contudo, ser sanável, com substituição da CDA. O executado deve ser intimado para opor novos embargos em 30 dias.

Desnecessária a intervenção do Ministério Público na execução fiscal (Súmula nº 189, STJ).

19.2 Protesto[102] da CDA

Existe um valor mínimo previsto em lei para ajuizar execução fiscal, que é de 20 mil (Portaria do Ministério da Fazenda nº 75/2012).

---

[102] Protesto é um instrumento extrajudicial de cobrança de qualquer título executivo, judicial ou extrajudicial (CDA, por exemplo), desde que dotado de certeza, liquidez e exigibilidade. Constitui o devedor em mora. Comprova descumprimento de obrigação. Adota-se o protesto para cobrança de crédito tributário de pequeno valor ou se o custo da cobrança judicial supera o valor do próprio crédito tributário. Protesto não impede devedor de acessar Poder Judiciário para discutir validade do crédito tributário ou sustar o protesto. Frustrada cobrança via protesto, é possível execução fiscal. No caso de *protesto indevido* de CDA, caberá ação de indenização contra União, Estado, Município, DF, independente de prova de dolo ou culpa, por se tratar de responsabilidade civil do Estado (art. 37, §6º, CF).

Logo, todo crédito que ultrapassar este valor tem que ser cobrado judicialmente. *E quanto aos demais créditos, abaixo deste valor?* Devem ser cobrados administrativamente, por meio do Protesto da CDA, realizado pela Procuradoria da Fazenda Nacional.

Trata-se de *modalidade alternativa de cobrança de dívida e que prova inadimplência do contribuinte.* Daí falar em *natureza bifronte do protesto.* Incluem-se entre os títulos sujeitos a protesto as certidões de dívida ativa da União, Estados, do Distrito Federal, dos Municípios e das respectivas autarquias e fundações públicas (art. 1º, parágrafo único da Lei nº 9.492/97). Se a dívida é protestada no Cartório de Protesto, o sujeito passivo tem nome inscrito no CADIN, o que impede financiamento, forçando-o a regularizar a situação com a União, por exemplo. O protesto é meio menos oneroso que a execução fiscal porque não há penhora de bens.

Para o STF (ADI nº 5.135/DF, 2016), o protesto de CDA não constitui sanção política ("Protesto da CDA constitui mecanismo constitucional e legítimo, por não restringir, de forma desproporcional, qualquer direito fundamental garantido ao contribuinte e, assim, não constituir sanção política"). Logo, o registro da dívida tributária em Cartório de Protesto para, sujando nome do devedor, pressionar o sujeito passivo a pagar é mecanismo *constitucional.*

19.3 Petição inicial

Fazenda Pública faz petição inicial à Vara da Execução Fiscal da Comarca (ou Subseção Judiciária, se tributo federal). Junta a CDA. O que deve conter? 1º. juiz a quem é dirigida; 2º. pedido; 3º. requerimento para citação; 4º. CDA (art. 6º, LEF).

> *Súmula nº 558 STJ*: Em ações de execução fiscal, a petição inicial não pode ser indeferida sob o argumento da falta de indicação do CPF e/ou RG ou CNPJ da parte executada.
>
> *Súmula nº 559 STJ*: Em ações de execução fiscal, é desnecessária a instrução da petição inicial com o demonstrativo de cálculo do débito, por tratar-se de requisito não previsto no art. 6º da Lei n. 6.830/1980.

19.4 Citação

O juiz expede *mandado de citação do executado* (art. 8º, LEF). A citação válida interrompe prazo prescricional (art. 8º, §2º, LEF c/c art. 174, parágrafo único, inciso I do CTN).

A citação é feita por correio,[103] com aviso de recebimento (AR) (citação ocorre na data da entrega da carta no endereço do executado) se a Fazenda não requerer outra forma; se impossível, citação por oficial ou citação por edital. Executado ausente do país deverá ser citado por edital em 60 dias (art. 8º, §1º, LEF). *Súmula nº 414 STJ: a citação por edital na execução fiscal é cabível quando frustradas outras modalidades.*

A demora da máquina judiciária no cite-se não pode prejudicar a Fazenda Pública que ajuizou execução fiscal tempestivamente, não justificando acolhimento da decadência ou prescrição. É o que dispõe a *Súmula nº 106, STJ: Proposta ação no prazo fixado para o seu exercício, a demora na citação, por motivos inerentes ao mecanismo da Justiça, não justifica o acolhimento da arguição de prescrição ou decadência.*

Citação do executado para, no *prazo de cinco dias, pagar a dívida* com juros e multa moratória ou *garantir o juízo*.

Se o executado pagar, há extinção da execução fiscal (art. 156, I, CTN). Deve-se pagar integralmente a dívida com juros, multa de mora e encargos indicados na CDA. Esse valor será acrescido de honorários advocatícios arbitrados pelo juiz quando do despacho inicial. Com o pagamento, há extinção da execução fiscal com *redução* pela metade do valor dos honorários arbitrados pelo juiz.

Se o executado não pagar, pode garantir o juízo (art. 9º, LEF): depósito em dinheiro, fiança bancária ou seguro garantia; oferecimento de bens à penhora na ordem do art. 11, LEF. O que significa garantir o juízo? Quer dizer garantir o pagamento dos valores descritos na CDA, a saber: principal, juros e multa moratória e demais encargos constantes da CDA, como honorários advocatícios.

É possível garantir o juízo com nomeação de bens à penhora de sua propriedade *ou de terceiro*, desde que aceito pela Fazenda Pública e os bens sejam suficientes para satisfazer integralmente o crédito da exequente.

Com garantia do juízo, abre-se prazo de 30 dias para interposição dos embargos do devedor (art. 16, LEF).

---

[103] Carta de citação deve ser acompanhada de guia de arrecadação ou boleto bancário.

Se executado pagar parte da dívida que julgar incontroversa, deve garantir, na execução fiscal, o saldo devedor (art. 9º, §6º, LEF).

Se executado não pagar, nem garantir a execução, juiz determina penhora sobre bens do executado (art. 10, LEF), salvo aqueles considerados por lei como absolutamente impenhoráveis (art. 833, CPC: pertences de uso pessoal, livros, bens móveis utilizados na profissão, etc.; art. 1º da Lei nº 6.830/80: bem de família).

A 1ª espécie de bem penhorável é o dinheiro; depois, título de dívida pública, pedras preciosas, imóveis, navios e aeronaves, veículos, móveis e semoventes, direitos e ações.

O *executado pode substituir a penhora* por depósito em dinheiro ou fiança bancária ou seguro garantia a qualquer tempo, antes da arrematação ou adjudicação (art. 15, I, LEF). A *Fazenda Pública* pode substituir os bens penhorados independentemente da ordem do art. 11, LEF, bem como reforçar penhora insuficiente (art. 15, II, LEF).

19.5 Indisponibilidade de bens do devedor (art. 185-A, CTN)

E se os bens do executado não são encontrados? Há indisponibilidade dos bens do devedor decretada pelo juiz da execução fiscal. Indisponibilidade dos bens é medida executiva judicial de bloqueio de bens e comunicação aos bancos e cartórios.

Pressupostos para indisponibilidade de bens: 1. devedor é citado; 2. não paga nem nomeia bens à penhora; 3. prova de frustração de diligências para localizar os bens.

Nesse último caso, oficial certifica que os bens penhoráveis não foram encontrados, e a Fazenda Pública comprova esgotamento, exaurimento de diligências para localizar bens do devedor para penhorar (Ex.: expedição de ofício aos registros públicos no domicílio do executado para que informem se há bens; acionamento do sistema Bacen-jud, etc.). A Fazenda Pública deve, portanto, comprovar ter exaurido todas as vias extrajudiciais para localizar os bens do devedor.

É o que determina a *Súmula nº 560, STJ (A decretação da indisponibilidade de bens e direitos, na forma do art. 185-A do CTN pressupõe o exaurimento de diligências na busca por bens penhoráveis, o qual fica caracterizado quando infrutíferos o pedido de constrição sobre ativos financeiros e a expedição de ofícios aos registros públicos do domicílio do executado, ao Denatran ou Detran).*

Presentes os pressupostos, o juiz da execução fiscal determina, a pedido da Fazenda Pública, a indisponibilidade de forma "incidente" na execução fiscal, cabendo, inclusive, agravo de instrumento dessa decisão.

A indisponibilidade deve recair apenas sobre os bens do devedor suficientes para pagar a dívida (e não sobre todos), fazendo comunicação dessa ordem para bancos e cartórios eletronicamente. Importante observar o *limite* (§1º do art. 185-A, CTN): se extrapolar o valor total exigível, o juiz da execução fiscal deve determinar imediato levantamento da indisponibilidade.

Em síntese, a indisponibilidade de bens é adotada quando o Fisco *desconfia* que há bens a serem penhorados, mas não se consegue encontrá-los (Ex.: dilapidação dos bens da empresa).

Se executado não pagar, nem garantir a execução e, de fato, não existirem bens: crise de procedimento. (Vide item da prescrição intercorrente).

Atenção! Não cabem medidas atípicas aflitivas pessoais na execução fiscal. Medidas atípicas aflitivas pessoais são medidas executivas, de *suspensão da CNH ou retenção de passaporte*. O STJ, no HC nº 453870-PR, de 25/06/2019, decidiu: "em execução fiscal, não cabem medidas atípicas aflitivas pessoais, tais como suspensão do passaporte e da licença para dirigir".

Se o Município, por exemplo, ingressar com execução fiscal contra João e este não pagar nem tiver bens localizados, o juiz da execução, a pedido do Município, não poderá determinar retenção do passaporte ou suspensão da CNH do executado, porque seria excesso de execução. Na verdade, há outras medidas executivas para satisfação do débito tributário, como a indisponibilidade de bens do art. 185-A, CTN.

19.6 Penhora *on-line* (art. 854, CPC)

Na ausência de indicação de dinheiro penhorável ou a Fazenda Pública não concorda, justificadamente, com penhora de bem não preferencial, o juiz da execução fiscal, mediante *requerimento do exequente*, pode utilizar o *Sistema Bacen-jud* (Sistema que liga a justiça ao Banco Central e às instituições bancárias) para identificar e penhorar o dinheiro em depósito ou aplicação financeira do devedor, porque o dinheiro é preferencial.

Na penhora *on-line*, é desnecessário o esgotamento de diligências para localizar bens do devedor, porque o dinheiro é bem preferencial para fins de penhora, nos termos do art. 11, LEF.

19.7 Redirecionamento da execução fiscal

Geralmente, o redirecionamento da execução fiscal ocorre nas hipóteses dos *arts. 134 e 135 do CTN* e se dá quando o crédito tributário for impossível de ser satisfeito por quem figura na CDA.

Por exemplo, no caso de não serem localizados os bens penhoráveis em nome da empresa, a Fazenda Pública pode requerer o redirecionamento da execução fiscal para o sócio-gerente. A Fazenda Pública, contudo, deve provar que o sócio-gerente agiu com infração à lei, contrato ou estatuto social, excesso de poder (art. 135, III, CTN) ou dissolução irregular da sociedade (Súmula nº 435 STJ). Isso porque o mero inadimplemento de obrigação principal ou ausência de bens de empresa não enseja redirecionamento da execução fiscal.

> *Obs. 1: O responsável tributário não precisa constar da CDA.* Admite-se redirecionamento da execução para terceiros não referidos na CDA, desde que o Fisco faça prova da responsabilidade tributária.
> *Obs. 2: O fiador* é corresponsável pelo crédito tributário inadimplido do afiançado e para que seja acionado seu nome *deve figurar na CDA*. Logo, se o nome do fiador não figurar na CDA, não se fala em redirecionamento da execução contra fiador. Fiadores são devedores subsidiariamente.

19.8 Desistência da Fazenda Pública

A desistência da execução fiscal por parte da Fazenda Pública gera extinção da execução fiscal. É possível abandono da execução fiscal por parte da Fazenda Pública, não embargada, sem a manifestação do réu. Depois dos embargos, como se trata de ação proposta pelo sujeito passivo, não pode a Fazenda Pública (credora) dela desistir sem manifestação do embargante. Afinal, as custas do processo executivo já efetuadas pelo embargante deverão ser ressarcidas pela Fazenda sucumbente. *Súmula nº 153 STJ: A desistência da execução fiscal, após o oferecimento dos embargos, não exime o exequente dos encargos da sucumbência.*

Para o *STF* (REsp **nº** 1120097/SP, 2010), o juiz pode, de ofício, extinguir a execução fiscal não embargada diante do abandono da ação por parte da Fazenda Pública, inaplicando a Súmula nº 240 STJ (*A extinção do processo, por abandono da causa pelo autor, depende de requerimento do réu*), pois, sem a existência dos embargos do executado, a relação processual tributária não se consumou, o executado sequer integrou a lide.

19.9 Embargos à execução fiscal

Deve ser proposto após a *garantia do juízo*,[104] no *prazo de 30 dias*[105] (art. 16, *caput* e §1º da LEF), contados da garantia da execução.

Natureza dos embargos: ação constitutiva negativa do título exequente. Como tem *natureza de ação*, da decisão que rejeita liminarmente os embargos à execução fiscal ou julga-os improcedentes, cabe *apelação*.

Pede-se *efeito suspensivo da execução*; embargos são autuados em separado e em apenso aos autos da execução fiscal.

Recebidos os embargos, o juiz determina intimação da Fazenda para impugná-lo em 30 dias, designando audiência de instrução e julgamento. Se os embargos versarem sobre matéria de direito ou matéria de fato com prova exclusivamente documental, dispensa-se audiência. Se o embargos forem procedentes, há desconstituição do título executivo e extinção da execução fiscal; senão, prossegue execução com leilão dos bens penhorados ou adjudicados à Fazenda Pública.

Embargos devem ser reunidos com as possíveis ações anulatórias ou declaratórias que tenham sido contemporaneamente ajuizadas, para fins de solução uniforme das questões levantadas. Só paralisa execução fiscal se proposta ação anulatória com depósito do montante integral, porque o depósito do montante integral é causa de suspensão de exigibilidade do crédito tributário, impedindo execução fiscal.

Nos embargos à execução, a defesa é muito ampla. Podem ser alegadas matérias como: *falta ou nulidade de citação; inexigibilidade do título; ilegitimidade de partes; cumulação indevida de execuções; excesso de execução; pagamento, compensação, prescrição, transação, decadência, etc.*

---

[104] Não será conhecido embargo à execução sem garantia do juízo ainda que o embargante seja beneficiário da justiça gratuita. É certo que os beneficiários de justiça gratuita ficam isentos das despesas de natureza processual, como custas e honorários advocatícios (art. 3º, Lei nº 1.060/50). Contudo, não há previsão legal de isenção de garantia de juízo para embargar.

[105] O *parcelamento* posterior ao ajuizamento da execução fiscal não causa sua extinção e sim suspensão até o pagamento da última parcela. Contudo, haverá extinção dos embargos sem julgamento de mérito por falta de interesse.

Pedidos nos embargos à execução:
Ex positis, requer a embargante a Vossa Excelência:
a) concessão do efeito suspensivo a respectiva execução fiscal até final decisão dos presentes embargos, conforme artigos 151 do Código Tributário Nacional e artigo 919, §1º, do Código de Processo Civil;
b) julgamento procedente dos embargos, extinguindo processo executivo, anulando-se a certidão de dívida ativa que lhe embasa, com consequente levantamento dos bens penhorados;
b) intimação da embargada para impugnar, no prazo legal de 30 dias, consoante artigo 17 da Lei nº 6.830/80;
c) condenação nas custas judiciais e honorários advocatícios, conforme artigo 85, parágrafo 3º do Código de Processo Civil;
d) produção de todos os meios de prova em direito admitidos conforme artigo 319, inciso VI, do Código de Processo Civil, e artigo 16, parágrafo 2º, da Lei nº 6.830/80;
e) não realização da audiência de conciliação ou mediação nos termos dos artigos 319, inciso VII, e 334, §4º, inciso II, do Código de Processo Civil.

19.10 Exceção de pré-executividade

Criação jurisprudencial – *Súmula nº 393 do STJ*. É defesa do executado que não exige garantia do juízo. Como tem natureza de defesa, da decisão que rejeita exceção de pré-executividade cabe *agravo de instrumento*.

Ocorre em duas situações: a) carência econômica do executado; b) ausência no título executivo de liquidez (valor), certeza (existe) e exigibilidade (crédito tributário vencido).

Alega-se matéria de ordem pública e nulidades absolutas, apreciada de plano, sem dilação probatória, como prescrição, decadência, nulidade absoluta, pagamento antes da execução. Ex.: execução fiscal de dívida datada em 1890, embora prescrita, se admitisse só embargos à execução, executado deveria depositar o valor em juízo ou oferecer bens à penhora, para somente depois alegar o óbvio, isto é, a prescrição.

Como se trata de matérias tendentes a extinguir execução fiscal, verificáveis de plano, que não demandam dilação probatória, declaradas de ofício pelo juiz, podem ser arguidas a qualquer momento na execução fiscal, mediante simples petição, sem embargos ou penhora, pois tem por objetivo comunicar ao juiz que existe um vício na execução que a macula.

Pedidos na exceção de pré-executividade:
Ex positis, requer o excipiente a Vossa Excelência:
a) o acolhimento da exceção de pré-executividade em face da documentação acostada e, ao final, seu julgamento procedente, extinguindo processo executivo;
b) intimação do excepto para impugnar, no prazo legal;
c) condenação nas custas judiciais e honorários advocatícios conforme artigo 85, §3º, do Código de Processo Civil;
d) deferimento da juntada de documentos que instruem a inicial, conforme artigo 319, inciso VI, do Código de Processo Civil;
e) não realização da audiência de conciliação ou mediação nos termos dos artigos 319, inciso VII, e 334, §4º, inciso II do Código de Processo Civil

Diferença entre embargos à execução fiscal e exceção de pré-executividade

(continua)

Embargos à execução fiscal (LEF, art. 16)	Exceção de pré-executividade (construção jurisprudencial; Súmula nº 393 STJ)
- meio de ação-defesa do executado realizado após garantia da execução fiscal	- meio *excepcional* de defesa do executado realizada a qualquer momento dentro do processo de execução
- matérias: 1. *falta ou nulidade de citação* (é nula a penhora ou a execução por falta de citação para pagar ou nomear bens à penhora; sem citação, a relação processual não se constitui); 2. *inexigibilidade do título* (vício na CDA; inexigibilidade por falta de liquidez ou certeza; cobra-se IPTU com fato gerador do ITR; cobra-se tributo diante de caso de não incidência tributária); 3. *ilegitimidade de parte* (execução contra sócio-gerente pelo mero inadimplemento da sociedade – *Súmula nº 430 STJ*; execução contra adquirente de imóvel em hasta pública); 4. *excesso de execução* (cobra-se importância superior àquela que consta do título executivo); 5. *pagamento*; 6. *compensação*; 7. *prescrição e decadência*; 8. *transação*, etc.	- *matérias de ordem pública*: prescrição, decadência, pagamento, ilegitimidade de parte, inexigibilidade do título.

(conclusão)

Embargos à execução fiscal (LEF, art. 16)	Exceção de pré-executividade (construção jurisprudencial; Súmula nº 393 STJ)
- *exige-se garantia do juízo* (depósito, fiança, nomeação de bens à penhora) – art. 16, §1º, LEF	- *dispensa a garantia de juízo*, uma vez que não se trata de embargos
- admite dilação probatória	- independe de dilação probatória
- oferecido no *prazo de 30 dias* contados da garantia da execução (art. 16, caput, LEF)	- oferecida a *qualquer momento* (do ajuizamento até trânsito em julgado da execução fiscal)
- da decisão que rejeita liminarmente os embargos à execução fiscal ou julga-os improcedentes, cabe *apelação*	- da decisão que rejeita exceção de pré-executividade, cabe *agravo*

19.11 Extinção da execução fiscal

Recebidos embargos à execução fiscal, a Fazenda Pública será *intimada* para oferecer *impugnação* no prazo de 30 dias (essa impugnação equivale a uma peça de defesa porque embargos à execução fiscal têm natureza de ação). Em seguida, o juiz pode designar audiência de instrução e julgamento (art. 17, LEF), salvo se embargos versarem exclusivamente sobre matéria de direito ou quando matéria exigir prova exclusivamente documental (art. 17, parágrafo único, LEF).

No caso de os embargos à execução fiscal não serem opostos ou rejeitados e a execução estiver garantida com *bem de um terceiro*, o terceiro poderá realizar *remição de bens* (resgate do bem penhorado – art. 19, I, LEF) ou *remição da execução* (pagar toda dívida com juros, multa indicados na CDA – art. 19, II, LEF).

No caso dos embargos à execução fiscal não serem opostos ou rejeitados e a execução estiver garantida, bens penhorados irão para leilão e o produto da arrematação será revertido para satisfação do crédito tributário. A Fazenda Pública **pode**, *antes* (se embargos não forem opostos ou rejeitados) *ou depois* (se não houver licitantes) *do leilão*, *adjudicar* os bens penhorados pelo preço da avaliação do bem (art. 24, LEF).

No caso de extinção da execução fiscal em favor do Fisco, determina-se levantamento de quantia correspondente ao valor do débito em favor do exequente e remanescente, se houver, em favor do executado.

> *Atenção!* Na execução fiscal, o sujeito passivo não tem direito à *CND* (certidão negativa de débito) porque é devedor – crédito tributário foi constituído e não pago. Pode ter direito à *CPEN* (certidão positiva com efeito negativo), conforme art. 206, CTN.

19.12 Prescrição intercorrente

Com o ajuizamento da execução fiscal, o executado é citado para em cinco dias pagar ou garantir a execução. É possível ocorrer *"crise de procedimento"*, um fenômeno anormal na execução fiscal que altera a sua tramitação. São exemplos de crise de procedimento: 1. inexistência de bens penhoráveis; 2. desconhecido paradeiro do executado.

Se o executado é citado, não paga nem garante a execução, porque inexiste bens penhoráveis, tem-se crise de procedimento. Consequência (art. 40, LEF): *processo de execução fica suspenso*. Logo, não corre a prescrição.

Pergunta-se: a execução fica suspensa *ad infinitum?* Não. O direito não tolera situações insolúveis! Fixa-se o *prazo máximo de um ano* para o exequente procurar bens à penhora.

A Fazenda Pública deve ser intimada pessoalmente da não localização do devedor ou da inexistência de bens penhoráveis, porque *o prazo de um ano da suspensão inicia-se a partir da data da intimação da Fazenda Pública*. É o que entende o STJ, no REsp nº 1340553, 2018. Por exemplo: no dia 02 de fevereiro, a Fazenda Pública é intimada de que não há efetivamente bens para penhorar. Dia 04 de fevereiro, juiz determina suspensão. O prazo de 1 ano tem início no dia 02 de fevereiro.

Findo esse prazo, o juiz determina *arquivamento provisório dos autos*, sem dar baixa na distribuição (*art. 40, §2º, LEF c/c Súmula nº 314 do STJ: Em execução fiscal, não localizado bens penhoráveis, suspende-se processo por 1 ano, findo o qual se inicia prazo da prescrição quinquenal intercorrente*).

Ainda que a Fazenda Pública continue procurando bens penhoráveis, após um ano da decisão provisória do arquivamento começa a correr prazo da *prescrição intercorrente*, de cinco anos. A execução pode ser retomada a qualquer tempo, a pedido da Fazenda Pública.

Após ouvir Fazenda Pública (para dizer se ocorreu alguma causa de interrupção da prescrição, como o parcelamento), o juiz reconhece, *de ofício*, a prescrição intercorrente (perda do direito do Fisco de cobrar a dívida pela inércia do exequente) e a decreta de imediato. Com a prescrição intercorrente, há extinção da execução fiscal com julgamento do mérito (art. 40, §4º, LEF).

Vale destacar que a Fazenda Pública é intimada sempre pessoalmente na execução fiscal (art. 25, LEF) e, nesse caso, para dizer se ocorreu alguma causa de suspensão ou interrupção, como parcelamento do débito.

Só há prescrição intercorrente quando houver crise de procedimento, que suspenderá curso de execução por um ano. Se o processo de execução for suspenso em decorrência dos embargos, não há de se cogitar da prescrição intercorrente ainda que a ação demore muito a ser julgada.

Não existe prescrição intercorrente no processo administrativo fiscal.

MEDIDA CAUTELAR FISCAL (LEI Nº 8.397/92)

A medida cautelar fiscal é um meio acautelatório da execução fiscal. É requerida pela Fazenda Pública ao juiz da execução fiscal, após constituição do crédito tributário (auto de infração ou após confissão de dívida pelo sujeito passivo) e, inclusive, na execução fiscal, para fins de determinar *indisponibilidade de bens do devedor* (art. 1º, parágrafo único da Lei nº 8.397/92).

A Medida Cautelar Fiscal pode ser ajuizada concomitantemente à execução fiscal (MCF incidental) ou antes dela (MCF preparatória), mas desde que o crédito já esteja constituído.

Visa assegurar a efetividade da execução fiscal e ocorre quando há risco de frustração da execução fiscal (devedor tenta colocar seus bens em nome de terceiros, por exemplo). Situações devem ser provadas documentalmente pela Fazenda Pública.

Para o deferimento da MCF, importante demonstrar, portanto, as hipóteses do art. 2º da Lei nº 8.397/92 (dilapidação, evasão, dificuldade para localizar o devedor) e prova literal da constituição do crédito (art. 3º, I, da Lei nº 8.397/92, como lançamento ou auto de infração). Note que, para deferir a MCF, não é necessária a constituição "definitiva" do crédito.

Com a decretação da medida cautelar fiscal, o sujeito passivo é notificado para recolher o tributo, e comunica-se imediatamente a todos os órgãos que realizam transferências de bens (Cartório de Registro de Imóveis, Comissão de Valores Mobiliários, Banco Central) para que cumpram a medida. O Cartório de Registro de Imóveis, por exemplo, incluirá na matrícula do imóvel "impedimento judicial".

No caso de MCF preparatória, a Fazenda Pública deverá propor execução fiscal no prazo prescricional de 60 dias, contados da data em que a exigência se tornou irrecorrível na esfera administrativa, sob pena de perda da eficácia da indisponibilidade. Em outras palavras, há previsão de prazo prescricional diferente do art. 174, CTN. Após o deferimento da medida cautelar fiscal, o Fisco tem *prazo de 60 dias para interpor execução fiscal* (art. 11 da Lei nº 8.397/92), contados da constituição definitiva do crédito tributário (exaurimento da esfera administrativa), sob pena da MCF perder eficácia.

Do deferimento da liminar na medida cautelar fiscal, cabe agravo; da sentença que decretar a medida cautelar fiscal, cabe apelação. O indeferimento da MCF não obsta que a Fazenda Pública intente execução fiscal.

> *Atenção!* O STJ, no REsp nº 1656172, 2019, decidiu que a indisponibilidade do patrimônio decretada pelo juiz da execução fiscal em medida cautelar fiscal pode ser determinada para pessoas físicas ou jurídicas que praticam ilícito, mesmo que não integrem execução fiscal.

Exercícios de execução fiscal[106]

1. Contribuinte que deixou de recolher determinado tributo foi autuado e dele cobrado o valor do tributo com juros e correção monetária, estipulando prazo de vinte dias para que realize o pagamento ou impugne a cobrança. Durante esse prazo, é correto afirmar que:
a) não se trata de dívida ativa tributária em função de não se ter esgotado o prazo para pagamento, o que impossibilita sua inscrição;
b) se trata de dívida ativa não tributária até a inscrição, na forma da lei, da referida dívida;
c) o débito apurado em desfavor do contribuinte consolidou-se em dívida ativa tributária;
d) seria necessária para que essa dívida fosse considerada dívida ativa tributária a inscrição do débito, pois não admitiria prova em contrário;
e) o débito já pode ser cobrado judicialmente.

2. Débito de ICMS teve o fato gerador ocorrido em 01.04.01. Foi objeto de lançamento em 20.04.02 e inscrito em dívida ativa em 20.05.04.

---

[106] *Respostas:* 1. a; 2. e; 3. a; 4. c; 5. a; 6. d; 7. d

Em 25.05.05, o juiz despachou, determinando a citação (execução fiscal). O contribuinte devedor alienou todos os seus bens em _____, caracterizando fraude à execução. Assinale a alternativa que complete corretamente a lacuna do trecho acima:
a) 20.05.02;
b) 10.01.04;
c) 31.03.03;
d) 01.09.02;
e) 30.11.04.

3. Contribuinte que deixou de recolher determinado tributo foi autuado e dele cobrado o valor do tributo com juros e correção monetária, estipulando prazo de vinte dias para que realize o pagamento ou impugne a cobrança. Durante esse prazo, é correto afirmar que:
a) não se trata de dívida ativa tributária em função de não se ter esgotado o prazo para pagamento, o que impossibilita sua inscrição;
b) se trata de dívida ativa não tributária até a inscrição, na forma da lei, da referida dívida;
c) o débito apurado em desfavor do contribuinte consolidou-se em dívida ativa tributária;
d) seria necessária para que essa dívida fosse considerada dívida ativa tributária a inscrição do débito, pois não admitiria prova em contrário;
e) o débito já pode ser cobrado judicialmente.

4. Presume-se fraudulenta a alienação ou oneração de bens ou rendas, ou seu começo, por sujeito passivo em débito com a Fazenda Pública, por crédito tributário:
a) em fase de lançamento e inscrição como dívida ativa;
b) sujeita à confissão irretratável;
c) regularmente inscrito em dívida ativa;
d) regulamente constituído pelo lançamento.

5. Com relação à dívida ativa, analise as afirmativas a seguir:
I. O lançamento regularmente notificado ao contribuinte, porque dotado de exigibilidade, constitui dívida ativa tributária.
II. A certidão de dívida ativa poderá ser emendada ou substituída até a decisão de 1ª instância judicial, assegurada ao executado a devolução do prazo para embargos.

III. A certidão negativa de débito expedida com dolo ou fraude que contenha erro contra Fazenda Pública responsabiliza pessoalmente o funcionário que a expedir pelo crédito tributário e juros de mora.
Assinale:
a) se somente as afirmativas II e III estiverem corretas;
b) se somente as afirmativas I e III estiverem corretas;
c) se somente a afirmativa III estiver correta;
d) se somente a afirmativa II estiver correta;
e) se somente a afirmativa I estiver correta.

6. João deixou de pagar o Imposto de Importação sobre mercadoria trazida do exterior, sendo notificado pelo Fisco federal. Ao receber a notificação, logo impugnou administrativamente a cobrança. Percebendo que seu recurso administrativo demoraria longo tempo para ser apreciado e querendo resolver a questão o mais rápido possível, propõe ação anulatória para discutir matéria idêntica àquela demandada administrativamente.
Com base nesse relato, assinale a afirmativa correta.
a) Haverá o sobrestamento da ação anulatória até que seja efetivamente apreciada a impugnação administrativa.
b) A medida judicial será indeferida devido à utilização de recurso na esfera administrativa.
c) A propositura de ação judicial sobre matéria idêntica àquela demandada na esfera administrativa não constitui em desistência de tal esfera.
d) A concomitância de defesa administrativa com medida judicial versando sobre matérias idênticas implica desistência do recurso administrativo interposto.

7. Em execução fiscal ajuizada pela União, a contribuinte ABC ofereceu seguro-garantia para garantir a execução correspondente ao valor da dívida, acrescido de juros, multa de mora e encargos indicados na Certidão de Dívida Ativa. Por meio de publicação no órgão oficial, a União foi instada a se manifestar quanto à garantia oferecida pela executada, deixando de se manifestar no prazo que lhe foi assinalado. Diante disso, assinale a afirmativa correta.
a) Não é possível o oferecimento de seguro-garantia para garantir a execução fiscal. No entanto, a intimação da União por meio de publicação no órgão da imprensa oficial foi regular.

b) É possível o oferecimento de seguro-garantia para garantir a execução fiscal, tendo sido regular a intimação da União por meio de publicação no órgão da imprensa oficial.
c) Não é possível o oferecimento de seguro-garantia para garantir a execução fiscal, nem a intimação da União por meio de publicação no órgão oficial, pois qualquer intimação ao representante judicial da Fazenda Pública deve ser feita por carta registrada com aviso de recebimento.
d) É possível o oferecimento de seguro-garantia para garantir a execução fiscal, porém, na execução fiscal, qualquer intimação ao representante judicial da Fazenda Pública será feita pessoalmente.

PARTE V

IMPOSTOS EM ESPÉCIE

CAPÍTULO 21

IMPOSTOS MUNICIPAIS

A Carta Política de 88, em seu art. 156, I, II e III, confere aos municípios a competência tributária para instituir os impostos municipais, mediante descrição das hipóteses de incidência, sujeitos ativo e passivo, base de cálculo e alíquotas, assegurando, assim, as respectivas receitas para os municípios, respeitando, evidentemente, os limites ao poder de tributar.

21.1 ISSQN (Imposto Sobre Serviço de Qualquer Natureza – art. 156, III, CF/88)

O ISS era o antigo "imposto sobre indústrias e profissões", em especial, profissões, que foi instituído, incialmente, como tributo de competência dos Estados, como se verifica nas Constituições de 1891 e 1934. Na Constituição de 1946, por sua vez, o imposto sobre indústrias e profissões passou a ser de competência dos municípios. Com o Código Tributário Nacional, em 66, passa a denominar imposto sobre serviços.

É o imposto municipal mais importante, previsto no art. 156, III, CF/88, que incide na prestação de serviços listados na *LCF nº 116/03*, como serviço de informática, de veterinária, de tatuagem, etc.

LCF nº 116/03 estabelece normas gerais, porém cada Município, para cobrar ISS, deverá editar lei local (lei ordinária municipal), que não pode prever serviços não listados da LCF nº 116/03.

O ISS está ligado ao setor de *serviços*, com as seguintes características: oneroso, habitual, efetivo, personalizado, sem relação de emprego. No ISS tem-se uma obrigação de *fazer*. No ICMS, por sua vez, tem-se uma obrigação de pagar. O STF, no RE nº 60552, 2020, decidiu: "*Incide ISS sobre operações de venda de medicamentos preparados por farmácias de manipulação sob encomenda. Incide ICMS sobre operações de venda de medicamentos por ela ofertados aos consumidores em prateleira"*.

Hipótese de incidência: prestação de serviço de qualquer natureza, não compreendido no artigo 155, inciso II, definido em lei complementar.

ISS é *imposto residual* porque incide só nos casos não compreendidos no art. 155, II, CF/88 (É o "S" do ICMS: serviços de transporte intermunicipal e interestadual). Logo, serviços já tributados pelo ICMS não podem ser tributados pelo ISS para fins de evitar a bitributação.

Fato gerador consiste na prestação de serviço da lista anexa (LCF nº 116/03). Lista de serviços é taxativa? Para doutrina e jurisprudência é *taxativa por imposição constitucional* (STF, RE nº 433352, DJ 28.5.2010). Não há incidência do ISS sobre serviços que não estão expressos em lei. Busca-se listar os serviços no sentido de *afastar* os conflitos de competência em matéria tributária que possam surgir entre os entes políticos tributantes.

A lista é taxativa, contudo admite *interpretação extensiva* quando se vale da expressão "serviços congêneres", que são serviços correlatos aos previstos expressamente na lista (STF, RE nº 784439/2020). Ex.: 18.01 – Serviços de regulação de sinistros vinculados a contratos de seguros; inspeção e avaliação de riscos para cobertura de contratos de seguros; prevenção e gerência de riscos seguráveis *e congêneres*.

Há alíquota mínima de 2% e máxima de 5%. A fixação da alíquota mínima e máxima é reservada à lei complementar. A LCF nº 116/03 estabeleceu a alíquota máxima (5%) no art. 8º, II, e a alíquota mínima (2%) no art. 8º-A. Para os serviços previstos nos subitens 7.02, 7.05 e 16.01 da LCF nº 116/03, contudo, a alíquota poderá ser inferior a 2%, nos termos do art. 8º-A, *in fine*. *Obs.*: fixa-se alíquota mínima para evitar guerra fiscal; fixa-se alíquota máxima para evitar tributação confiscatória.

As alíquotas do ISS podem ser *fixas* ou *proporcionais*. A fixa consiste num único valor pago periodicamente pelos profissionais liberais; a proporcional, para empresas que prestam serviços.

Com relação à *base de cálculo*, observar a regra geral e as regras especiais.

1. *Regra geral (art. 7º, LCF nº 116/03):* é o preço do serviço (indicado no contrato ou na nota fiscal), não se admitindo deduções, ou seja, reduções da base de cálculo. Ex. 1: empresa de informática é contratada e cobra 10 mil por serviços. A base de cálculo do ISS é de 10 mil. Se a alíquota for de 2%, o ISS será de 200; Ex. 2: serviço de concretagem não admite dedução do valor dos materiais utilizados na produção do concreto

porque há tributação exclusiva do ISS. A base de cálculo do ISS é o valor total do serviço de concretagem (*Súmula nº 167 STJ*: *O fornecimento de concreto, por empreitada, para construção civil, preparado no trajeto até a obra em betoneiras acopladas a caminhões, é prestação de serviço, sujeitando-se à incidência do ISS*).

Para o STF (RE nº 634764/2020), incide ISS sobre o serviço de distribuição e venda de bilhetes (loteria, bingos, sorteios, prêmios – item 19), e a base de cálculo é o valor da prestação do serviço (e não o valor da aposta).

2. *Regra especial (§2º do art. 7º, LCF nº 116/03)*: no caso do serviço de execução de obra e reparação de edifício, pode-se deduzir do serviço o valor do material fornecido. Então, a base de cálculo do ISS será o preço do serviço menos o valor do material fornecido ao prestador.

3. *Regra especial (art. 9º, §§1º e 3º, DL nº 406/68)*: no caso de serviço de profissionais liberais, a base de cálculo não é o preço do serviço. Há tratamento diferente para profissionais liberais. A maior parte dos Municípios estabelece *base de cálculo fixa*. Logo, tais profissionais acabam pagando valor fixo de ISS por período, independentemente de ter prestado serviço. Essa base de cálculo específica é para os serviços prestados autonomamente pelos contribuintes ou agrupamento de profissionais sem caráter empresarial (sociedade unipessoal, como serviços médicos ou advocatícios em caráter pessoal). Ex.: lei municipal define para o alfaiate base de cálculo de ISS de 1.000 por mês, com alíquota de 2%. Logo, alfaiate recolhe mensalmente 200 de ISS, ainda que não tenha prestado o serviço.

Obs. 1: De acordo com *STJ*, no *REsp* nº 1740420, de 2018, sociedade de advogado que não possui natureza empresarial (unipessoal), goza de tributação diferenciada prevista no art. 9º, §§1º e 3 º, DL nº 406/68 e recolhe ISS com base no valor fixo. No *REsp* nº 940769, de 2019, leis municipais que estabeleçam restrições para que sociedade de advogados tenham ISS fixo é inconstitucional.

Obs. 2: No caso de tributação fixa, lançamento se torna de ofício e não por homologação.

O *sujeito passivo* é *autônomo* ou *sociedade* (empresária ou não empresária). Não incide ISS, portanto, na prestação de serviços por contratados pela CLT; trabalhadores avulsos (estivadores). Ex.: Empresa de propaganda contrata, sob regime da CLT, dois empregados para prestarem serviços de panfletagem, logo, a empresa de propaganda não está obrigada a pagar ISS pelos serviços prestados porque são empregados contratados.

Em relação à *isenção heterônoma*, é vedado à União, por lei federal, conceder isenção para tributos que não são de sua competência, conforme artigo 151, inciso III, da CF/88. *Exceção: ISS-exportação* (artigo 156, §3º, inciso II, CF/88 c/c art. 2º, inciso I, da LCF nº 116/03). A LCF nº 116/03 (lei federal) dispensa do pagamento de ISS os serviços exportados. Trata-se de incentivo à exportação. Pode-se dizer que um engenheiro, residente e domiciliado no Município da São Paulo, se contratado para elaborar projeto para construção de prédio em Londres, não pagará ISS sobre esse serviço.

A cobrança do ISS deve observar princípio da anterioridade (art. 150, III, "b", CF/88), *observado no mínimo 90 dias* (art. 150, III, "c", CF/88).

ISS como tributo indireto. De acordo com STJ, no REsp nº 1131476, de 2010, o ISS é espécie tributária que admite a sua dicotomização como tributo direto ou indireto, conforme o caso concreto.

Polêmicas com relação a alguns serviços

(continua)

Software de prateleira	ICMS
Software sob encomenda	ISS (item 1.04)
Serviço de construção civil e fornecimento de concreto por betoneiras, preparado no trajeto até a obra	ISS (Súmula nº 167, STJ)
Locação de bem móvel (obrigação de dar)	ICMS (Súmula vinculante 31)
Arrendamento mercantil de bem móvel (leasing) – leasing é financiamento – serviço (obrigação de fazer)	ISS (Súmula nº 138, STJ)
Registros públicos, atividades cartorárias	ISS (item 21.01)
Seguro	IOF
Alienação de salvados de sinistros pela seguradora (sucata que restou de veículo após perda total; seguradora não faz operação mercantil).	ISS. Não incide ICMS (Súmula vinculante nº 32; Cancelamento da Súmula nº 152, STJ)

(conclusão)

Serviço de composição gráfica em embalagem de alimentos não perecíveis (pasta de dente, por exemplo)	ISS (Súmula nº 156, STJ)
Serviço bancário	ISS (Súmula nº 424 STJ)
Depósitos bancários	IOF. Não incide ISS (Súmula nº 588 STF)

No caso de operações mistas, em que há prestação de serviços com fornecimento de mercadorias, cabe ISS e/ou ICMS?

Serviços não previstos na lista sujeitos só ao ICMS (É o "S" do ICMS)	Serviços previstos na lista sujeitos ao ISS sem ressalvas para ICMS (só incide ISS conforme a Teoria da preponderância do serviço à mercadoria). Lembrar-se (+)	Serviços previstos na lista sujeitos ao ISS **com** ressalvas (incide ISS e ICMS). São cinco – itens 7.02; 7.05; 14.01; 14.03; 17.11
- serviço em bares e restaurantes com fornecimento de mercadorias – Súmula nº 163 STJ.	- serviço de *funeral* (+) com fornecimento de caixão, coroas (ISS) – 25.01 - serviço de *hospital* (+)[107] com fornecimento de remédios (ISS) – 4.03 e Súmula nº 274, STJ.	- *execução de obra* (ISS) com mercadorias produzidas *fora*[108] do local de prestação de serviço (ICMS) – 7.02; - *reparação de edifícios/pontes* (ISS) com mercadorias produzidas *fora* do local de prestação de serviço (ICMS) – 7.05; - *conserto/manutenção de automóveis* (ISS) com peças fornecidas pela própria oficina (ICMS)[109] – 14.01; - *recondicionamento de motores* (ISS) com peças (ICMS) – 14.03; - *bufês* (ISS) com alimentação e bebidas (ICMS) – 17.11.

---

[107] João permaneceu internado em hospital particular por uma semana; por ocasião do fechamento da conta, foi entregue Nota Fiscal com incidência do ISS sobre prestação do serviço hospitalar e fornecimento de medicamentos.

[108] Prestador que faz obra e fornece lajes pré-moldadas produzidas fora do local da obra.

[109] Os mecânicos de automóveis emitem duas notas fiscais: uma de serviço e outra, de peças empregadas.

Na *guerra fiscal*, o ISS é devido ao município do local do estabelecimento do prestador ou local onde foi prestado o serviço? A LCF nº 116/03 adota sistema misto.

Regra Geral (art. 3º, LCF nº 116/03). É o município do *local do estabelecimento do prestador*; na falta, local do domicílio. Lembrar-se sempre dos serviços intelectuais, de profissionais liberais, como consulta médica, parecer de advogado.

Por estabelecimento deve-se entender *unidade profissional ou econômica*. Busca-se evitar os estabelecimentos fantasmas.

Ex. 1: Empresa de consultoria localizada no Município de São Paulo com vários andares de um prédio. Aluga uma sala e coloca uma secretária em Barueri porque verifica que alíquota do ISS é de 2% em relação à de São Paulo, que é de 5%. ISS será devido a São Paulo, porque sala em Barueri não é estabelecimento. Deve configurar uma unidade profissional ou econômica, pouco importa se filial.

Ex. 2: João mora no Município de Pindorama, abriu escritório de advocacia no Município da Catanduva e presta serviços no Município de São Paulo e Rio de Janeiro: ISS devido a Catanduva.

Exceções (20 incisos do art. 3º, LCF nº 116/03). É o Município do *local onde foi realizada a prestação de serviço (fato gerador).* É o Município do consumo do serviço.

Lembrar-se sempre dos *serviços práticos* (obras de construção civil, varrição, limpeza, florestamento, transporte municipal, organização de congressos, etc.).

Ex. 1: Empresa de *construção civil* estabelecida no Município de Catanduva executa obra em Salvador, na Bahia: ISS devido ao município de Salvador (local da obra); Ex. 2: Empresa de Vitória, no Espírito Santo, possui delegação para explorar *serviço de transporte de ônibus no município* de São Paulo: ISS devido a São Paulo (local da prestação).

Regra Geral (LCF nº 116/03, art. 3º, LCF)	Exceções (LCF nº 116/03, 20 incisos do art. 3º)
É município do *local do estabelecimento do prestador*; na falta, local do domicílio.	É o município do *local onde foi realizada a prestação de serviço (fato gerador).* É o município do consumo do serviço.

Quando incide o ISS? No tocante ao aspecto temporal, diz-se que é o momento da prestação de serviços ao tomador. Nos *serviços fracionáveis*, ISS incide quando completada cada *fração* do serviço (Ex.: no serviço de pavimentação de 5000 km, ISS incide com a conclusão de

5 km, ainda que o restante não seja efetivamente prestado); ao contrário, nos *serviços não fracionáveis*, ISS incide quando finalizado o serviço (Ex.: serviço de confecção de camisa).

Hipóteses de não incidência do ISS:
1. serviço de transporte interestadual e intermunicipal e de comunicação (ICMS);
2. serviço prestado por contratado, por trabalhador avulso;
3. serviço prestado no exterior (isenção heterônoma);
4. serviço prestado pelo Poder Público (imunidade recíproca);
5. serviço público específico, divisível, prestado ao contribuinte ou posto a sua disposição (taxa).

Novidade na Lei do ISS e na Lei de Improbidade Administrativa: conceder indevidamente benefício de ISS constitui novo ato de improbidade administrativa.

LC nº 157/2016 alterou a LIA, inserindo art. 10-A na Lei nº 8.429/92 e alterou a Lei do ISS, inserindo o §1º no art. 8º da LC nº 116/03. Consabido, a alíquota mínima do ISS é de 2% para evitar guerra fiscal entre Municípios (art. 8º-A, da LC nº 116/03). Desse modo, nenhum município poderá conceder isenção, incentivo, benefício de ISSQN que resulte em alíquota inferior a 2%.

É o que dispõe o §1º do art. 8º-A da LCF nº 116/03: "O imposto não será objeto de concessão de isenções, incentivos ou benefícios tributários ou financeiros, inclusive de redução de base de cálculo ou de crédito presumido ou outorgado, ou sob qualquer outra forma que resulte, direta ou indiretamente, em carga tributária menor que a decorrente da aplicação da alíquota mínima estabelecida no caput, exceto para os serviços a que se referem os subitens 7.02, 7.05 e 16.01 da lista anexa a esta Lei Complementar".

Lei municipal que concede isenção de ISS para empresas que se instalarem nesse município e gerarem mais de 10 empregos diretos viola o §1º do art. 8º-A da LCF nº 116/03, e o prefeito, por exemplo, incorre em ato de improbidade administrativa (art. 10-A da Lei nº 8.429/92).

Novo ato de improbidade administrativa. *Art. 10-A. Constitui ato de improbidade administrativa qualquer **ação ou omissão** para conceder, aplicar ou manter benefício financeiro ou tributário contrário ao que dispõem o caput e o §1º do art. 8º-A da Lei Complementar nº 116, de 31 de julho de 2003.* Ex. de ação: município elabora lei de instituição de isenção para ISS aos prestadores de serviço daquele município. Ex. de omissão: o novo prefeito não revoga isenção do ISS. Ambos cometem improbidade administrativa.

Sanções previstas no artigo 12, inciso V, da Lei nº 8.429/92: "*V. na hipótese prevista no art. 10-A, **perda da função pública, suspensão dos direitos políticos de 5 (cinco) a 8 (oito) anos e multa civil de até 3 (três) vezes o valor do benefício financeiro ou tributário concedido***".

Regra matriz de incidência tributária do ISS

	ISS
Critério material	Prestar serviço não compreendido no art. 155, II, definido em lei complementar;
Critério temporal	Quando o serviço é efetivamente prestado ao tomador (finalizado);
Critério espacial	Município do local do estabelecimento prestador (regra) ou do local onde o serviço é prestado (exceção);
Critério pessoal	*Sujeito ativo*: Município; *Sujeito passivo*: autônomo ou sociedade (empresária ou não empresária);
Critério quantitativo	*Base de cálculo*: valor do serviço (regra) *Alíquota*: mínima de 2% e máxima de 5%

21.2 IPTU (Imposto Predial Territorial Urbano – art. 156, I, da CF/88 e art. 32 e ss CTN)

Como explica Aliomar Baleeiro (2004, p. 400), "é velho, na competência dos Municípios brasileiros, o imposto predial, que, com o nome de 'décima urbana', tributava imóveis edificados". Em carta de 1799, a rainha de Portugal D. Maria recomendou ao governador da Bahia que estabelecesse o imposto de décima nas casas das cidades marítimas.

Imposto predial territorial urbano (IPTU) é imposto municipal previsto no art. 156, I e §1º; art. 182, §4º, II, CF/88; art. 32 e ss CTN.

A respeito da expressão imposto predial e territorial, explica Leandro Paulsen (2018, p. 315) que, a combinação entre predial e territorial leva ao entendimento de que o legislador quis ressaltar a possibilidade de tributação da riqueza revelada não apenas pela propriedade da terra (territorial), como desta com as construções nela edificadas (predial).

Imóvel urbano **é o** imóvel que não possui destinação agrícola. O STJ, no REsp nº 1150408-SP, 2009, já se posicionou pela adoção do *critério da destinação* ("*Não incide IPTU, mas ITR sobre imóveis nos quais são exploradas atividades essencialmente rurais, ainda que localizadas em áreas consideradas urbanas pela legislação municipal*"). *Justificativa*: o art. 15 do DL nº 57/66 que adotava o critério da destinação foi revogado pelo artigo 6º da Lei nº 5.868/72, que, por sua vez, o STF declarou inconstitucional. Logo, revigorou. Como o DL nº 57/66, de 18.11.1966 é posterior ao CTN (Lei nº 5.172, de 25.10.66), pela regra de hermenêutica, lei posterior revoga lei anterior. Hoje, portanto, vale critério da destinação.

Para Eduardo Sabbag (2012, p. 999): "*o dado relevante é que a localização do imóvel não tem mais sido o critério a ser levado em consideração, isoladamente, para se definir o tributo incidente sobre bem imóvel, embora ainda persistam razoáveis críticas acerca dessa mudança de posicionamento*".

Zona urbana é a área definida em lei municipal, sendo imprescindível, no mínimo, dois melhoramentos de cinco (abastecimento de água, rede de iluminação pública, sistema de esgoto sanitário, calçamento, escola primária ou posto de saúde à distância de 3 km do imóvel). É o que dispõe art. 32, §1º, do CTN.

Área urbanizável e/ou de expansão urbana, por sua vez, é a área que, embora não localizada na zona urbana, consta de loteamentos, destinada à habitação, indústria e comércio. Lei municipal pode considerá-la área urbana (art. 32, §2º, CTN). De acordo com a *Súmula nº 626 do STJ*, aquele que tem imóvel localizado em área de expansão urbana *deve pagar IPTU*.

Em alguns municípios com forte crescimento, surgem novas áreas que, muitas vezes, não são dotadas de melhoramentos, como calçamento, rede de iluminação pública, etc. Essas novas áreas são denominadas áreas de expansão urbana ou áreas urbanizáveis, como sítios de recreio (sítios de lazer), que são pequenas chácaras com finalidade exclusiva de moradia. A lei municipal, contudo, deve incluir os sítios de recreio em área de expansão urbana ou área urbanizável.

A *Súmula nº 626 STJ* firmou entendimento de que o imóvel situado em área considerada pela lei local como urbanizável ou de expansão urbana, ainda que não dotada de melhoramentos do art. 32, §1º, do CTN, é considerada imóvel urbano para fins de incidência de IPTU.

Sujeito ativo **é o** município. *Sujeito passivo* **é o** proprietário, possuidor (*animus domini*) ou titular do domínio útil (usufrutuário) do imóvel urbano (art. 34, CTN). Logo, o locatário de bem imóvel não é contribuinte do IPTU, porque tem posse precária e não posse com *animus domini*.

É o que dispõe a *Súmula nº 614 STJ* (*O locatário não possui legitimidade ativa para discutir a relação jurídico-tributária de IPTU e de taxas referentes ao imóvel alugado nem para repetir indébito desses tributos*).

A *Base de cálculo* **é o** valor venal do imóvel (= valor da venda). Não é o valor real, porque há impossibilidade fática de o Fisco determinar o valor de imóvel por imóvel. Faz-se uma "planta genérica de valores" avaliando imóveis por metro quadrado, localização, acabamento, antiguidade.

Base de cálculo do IPTU pode ser alterada pelo Poder Executivo por decreto? Não. *Súmula nº 160 do STJ* (É defeso ao Município atualizar o IPTU mediante decreto, em percentual superior ao índice oficial de correção monetária).

Como explica Edvaldo Nilo, é proibida a majoração da base de cálculo do IPTU por meio de decreto. Assim, para modificação dos critérios de correção dos valores venais dos imóveis, definidos na Planta Genérica de Valores, é necessária a participação do Pode Legislativo municipal. Isto é, o decreto do Poder Executivo **só deve atuar no âmbito da atualização do valor monetário da respectiva base de cálculo, conforme os índices adequados de inflação.** Ex.: não pode o Prefeito por meio de decreto atualizar o valor venal do imóvel em índice anual de 50%, uma vez que o índice da inflação brasileira gira em torno de 7%.

Alíquota pode ser progressiva (TV) e diferenciada (LU).

Poderá ter alíquotas *progressivas* (= alíquotas crescentes), nos casos de progressividade no *Tempo*[110] (Ex.: imóvel urbano sem função social) e em razão do *V*alor do imóvel (Ex.: se 200 mil ou 20 mil); *alíquotas diferenciadas* (= diferentes, variação de alíquotas), nos casos de *L*ocalização (Ex.: estar ou não em zona valorizada) e *U*so do imóvel (Ex.: se residencial ou comercial). É o que dispõe o art. 156, §1º, I e II, e art. 182, §4º, II, CF/88. *Lembrar-se: TV da LU.*

Para o STF, o IPTU tem caráter real, o que torna incompatível com a progressividade. Tal vedação, contudo, é excepcionada para o fim *extrafiscal*, que ocorre com progressividade em razão do tempo e, após a EC nº 29/00, em razão do valor. *Súmula nº 668 STF* (É inconstitucional lei municipal que tenha estabelecido antes da EC 29/00 alíquotas progressivas para IPTU, salvo se destinadas a assegurar cumprimento da função social da propriedade urbana).

---

[110] O imóvel urbano que não atende função social, terá alíquota do IPTU majorada pelo prazo de cinco anos consecutivos. Cada ano, o valor da alíquota será fixado por lei específica, não podendo exceder duas vezes o valor referente ao ano anterior, tendo como limite máximo alíquota de 15% (art. 7º da Lei 10251/01 – Estatuto da Cidade).

Questões polêmicas sobre IPTU

1. Sítios de recreio: sítios com destinação econômica, turística. Incide IPTU *(Súmula nº 626 do STJ).*
2. Locatários: não são contribuintes do IPTU porque não são os proprietários do bem imóvel urbano *(Súmula nº 614 STJ).*
3. CC/V: tanto o promitente comprador do imóvel quanto o promitente vendedor poderão ser contribuintes do IPTU se lei municipal assim optar. Para o STF, tanto o promitente comprador (possuidor a qualquer título) do imóvel quanto o seu proprietário (promitente vendedor), que tem a propriedade registrada no Registro de Imóvel, são contribuintes do IPTU. Logo, a autoridade administrativa pode optar por um ou outro visando facilitar o procedimento de arrecadação.
4. Bem de família: o único imóvel residencial da família pode ser penhorado para pagamento de IPTU (art. 3º, IV, Lei nº 8.009/90).
5. Quem adquire domínio útil de terreno da marinha deve pagar IPTU porque tem posse com animus domini.
6. Constitui fato gerador do IPTU imóvel público arrendado ou cedido para empresa exploradora de atividade econômica, porque há posse com animus domini (STJ, Resp nº 601720, de 2017).
7. Súmula nº 397 do STJ: contribuinte do IPTU é notificado do lançamento pelo envio do carnê ao seu endereço.
8. Súmula nº 589 STF: inconstitucional progressividade do IPTU em razão do número de imóveis do contribuinte.

É **válido do lançamento de IPTU que contenha também cobranças de taxas** ilegais. A ilegalidade das taxas não torna o lançamento do IPTU nulo e, por conseguinte, não implica a realização de novo lançamento deste imposto (STJ, REsp **nº** 1202136, de 2010).

O IPTU deve observar o princípio da anterioridade, atentando-se ao mínimo de 90 dias. Contudo, alteração da base de cálculo do IPTU deve observar apenas a noventena (art. 150, §1º, CF/88).

Regra matriz de incidência tributária do IPTU

	IPTU
Critério material	Ser proprietário de imóvel urbano
Critério temporal	1º de janeiro de cada exercício
Critério espacial	Na zona urbana do Município
Critério pessoal	Sujeito ativo: Município (DF); Sujeito passivo: proprietário, possuidor (*animus domini*) ou titular do domínio útil do imóvel urbano.
Critério quantitativo	Base de cálculo: valor venal do imóvel. Alíquota: progressiva (TV) e diferenciada (LU)

21.3 ITBI (Imposto de Transmissão de Bens Imóveis – art. 156, II da CF/88)

Nas Constituições de 1891, 1934, 1937, 1946, não havia distinção entre ITBI e ITCMD, competindo aos Estados a cobrança de tributo sobre transmissão de propriedade. A partir do Código Tributário de 66, tem-se a previsão do ITBI como imposto "estadual" sobre transmissão de bens e direitos *inter vivos* e, com a Constituição de 88, o ITBI passa a ser de competência municipal.

O ITBI é imposto do município previsto no art. 156, II da CF/88. Antes da CF/88, como dito, o ITBI era imposto de competência do Estado. Logo, art. 35 do CTN não foi recepcionado pela CF/88.

Trata-se de transmissão *inter vivos*, onerosa e de bens imóveis. Importante que a transmissão seja realizada no Cartório de Registro de Imóveis.

É entendimento pacífico na jurisprudência do *STJ* que o aspecto temporal do ITBI é o *registro no cartório imobiliário*, na conformidade da lei civil.

Hipóteses de incidência (3):
1. transmissão *inter vivos*, a qualquer título, por ato oneroso, *bem imóvel*, por natureza ou acessão física (compra e venda). Ex.: Jr. compra imóvel, logo, como adquirente, deve pagar ITBI.
2. transmissão *inter vivos*, a qualquer título, por ato oneroso, de *direitos reais sobre imóveis* (servidão, uso, usufruto). Ex.: Pai transfere bem imóvel ao Jr. em usufruto, logo Jr. deve pagar ITBI.

3. *cessão de direitos*, onerosa, das transmissões acima. Ex.: Jr. faz cessão de usufruto a um terceiro. O terceiro deve pagar ITBI.

Sujeito ativo: município (DF);

Sujeito passivo: qualquer das partes da transmissão (transmitente ou beneficiário), como dispuser a lei. Normalmente, lei municipal elege como contribuinte o adquirente do bem ou direito transmitido.

Imunidades específicas (2):
1. *direitos reais de garantia sobre imóveis*, como hipoteca e anticrese (art. 156, II, *in fine*, CF/88). Ex. 1: Jr. fez empréstimo no banco e quer constituir hipoteca sobre seu imóvel. Vai ao cartório do município X para lavrar escritura pública da garantia. O município X não pode exigir ITBI sobre direito real de garantia. Ex. 2: banco tem direito de hipoteca sobre imóvel de Jr. e faz cessão de direito para terceiro. Não há ITBI nas cessões de direito real de garantia.
2. *incorporação* de bens imóveis ao patrimônio de uma sociedade e *transmissão* desses bens em razão de fusão, incorporação, cisão e extinção de sociedade (art. 156, §2º, I, CF/88). Ex.: empresa integraliza o bem imóvel ao capital social: imune ao ITBI; empresa extinta e bem imóvel do capital social é transferido para sócio: imune ao ITBI. *Atenção! Não haverá imunidade se a atividade preponderante da empresa for compra e venda, locação de bens imóveis, ou arrendamento mercantil.*

STF, no RE nº 796376, de 2020, firmou entendimento de que "a imunidade em relação ao ITBI, prevista no inciso I do §2º do art. 156 da Constituição Federal, não alcança valor dos bens que exceder o limite do capital social a ser integralizado". A imunidade é destinada exclusivamente ao valor de bens imóveis *integralizados* ao capital social da empresa. Valores de imóveis que são transferidos para finalidade diversa da integralização, como para formação de reserva de capital, não são imunes ao ITBI.

Base de cálculo do ITBI **é o** valor venal do imóvel transmitido (= valor de mercado, sendo irrelevante preço de venda que consta da escritura. É o preço de venda à vista, em condições normais de mercado).

Não obstante a base de cálculo do ITBI e do IPTU ser valor venal do imóvel, ITBI não se confunde com IPTU, porque 1. IPTU incide sobre propriedade imobiliária e o ITBI, sobre transmissão onerosa, *inter vivos*, da propriedade imobiliária; 2. o fato gerador do IPTU é ser proprietário de imóvel e o fato gerador do ITBI, transmitir propriedade.

A base de cálculo, contudo, será o valor da arrematação se aquisição do imóvel ocorrer em hasta pública.

Hipótese de não incidência tributária do ITBI:
1. *usucapião e desapropriação*, porque esses são modos de aquisição originários de propriedade;
2. *compromisso de compra e venda*, salvo se registrado no cartório imobiliário (STJ).

No caso de guerra fiscal dos municípios para cobrar ITBI, este será devido ao município da situação do bem imóvel (art. 156, II, c/c §2º, II, da CF/88). Ex.: Jr. mora em São José do Rio Preto e tem imóvel em Catanduva. Vende esse imóvel para alguém de Pindorama. O adquirente do ITBI será devido ao Município de Catanduva, porque é o município onde está o imóvel.

ITBI observa o princípio da anterioridade, observados no mínimo 90 dias.

Alíquota é fixada livremente pelos municípios (incide em percentagem única). ITBI não admite alíquotas progressivas em razão da *Súmula nº 656 STF* (é inconstitucional a lei que estabelece alíquotas progressivas para ITBI com base no valor venal do imóvel).

Regra matriz de incidência tributária do ITBI

	ITBI
Critério material	Transmitir, *inter vivos*, a qualquer título, por ato oneroso, bem imóvel, direitos reais sobre ele e cessão de direitos.
Critério temporal	Momento da transmissão do bem imóvel ou direito a ele relativo, consumada no respectivo *registro de cartório imobiliário*.
Critério espacial	Território do Município onde se situa o imóvel ou DF
Critério pessoal	*Sujeito ativo*: Município (DF); *Sujeito passivo*: qualquer das partes da transmissão (transmitente ou beneficiário), como dispuser a lei.
Critério quantitativo	*Base de cálculo*: valor venal do bem imóvel transmitido *Alíquota*: fixada livremente pelos municípios; não podem ser progressivas

IMPOSTOS ESTADUAIS

A Carta Política de 1988, em seu art. 155, I, II e III, confere aos Estados a competência tributária para instituir os impostos estaduais, mediante descrição das hipóteses de incidência, sujeitos ativo e passivo, base de cálculo e alíquotas, assegurando, assim, as respectivas receitas para os Estados, respeitando, evidentemente, os limites ao poder de tributar.

22.1 IPVA (Imposto sobre a Propriedade de Veículo Automotor – art. 155, II, CF/88)

Imposto sobre veículos automotores não está previsto no Código Tributário Nacional de 1966, surgindo apenas em 1985, em razão da Emenda Constitucional nº 27, que acrescentou o inciso III ao art. 23 à Constituição de 1967, sendo ratificado pela Constituição de 1988.

Imposto estadual de competência *privativa* dos Estados e do DF (art. 155, II, CF/88). Não tem relação com atividade estatal de asfaltamento de rua, colocação de sinais. Logo, não se paga IPVA em razão do asfaltamento, mas porque é proprietário de veículo automotor.

A União não pode instituir IPVA, salvo se houver Território Federal (art. 147, CF/88)

O IPVA é tributo de *natureza fiscal*, ou seja, arrecadatória. Estados e DF instituem e arrecadam IPVA dos veículos *licenciados* em seus territórios.

Veículo automotor é o veículo autopropulsionado, ou seja, aquele que se locomove por seus próprios meios. O IPVA incide sobre VA de qualquer natureza. Importante que seja terrestre.

Hipótese de não incidência tributária do IPVA: embarcações e aeronaves, porque o IPVA só incide para veículos de circulação terrestre (STF, RE nº 134509, de 2002).

A propriedade do veículo automotor é comprovada pelo documento de propriedade emitido pelo Detran de cada Estado. Quando o veículo automotor, pela primeira vez, é vendido, não incide IPVA.

Peculiaridades:

a) Senado Federal deve fixar alíquotas **mínimas** do IPVA (art. 155, §6º, I, CF/88). O Senado agirá em todos os impostos estaduais por resolução. Logo, por resolução, o Senado deve fixar alíquotas mínimas do IPVA para fins de evitar guerra fiscal entre Estados, porque um deles poderia, visando atrair maior número de proprietários de veículos e maior arrecadação, reduzir sua alíquota. Até hoje não há resolução do Senado, logo, os Estados e DF fixam alíquotas que entenderem adequadas.

b) *Alíquotas do IPVA são* **diferenciadas** *(variadas) conforme* **tipo** *e* **utilização** *do veículo automotor* (art. 155, §6º, II, CF/88). Ex.: carros de passeio, caminhão, tratores, ônibus, caminhonete, motocicleta podem ter alíquotas diferentes de IPVA conforme *tipo*; ambulâncias, veículos para deficientes, veículos ferroviário, veículos de embaixada, carros de funerária podem ter alíquotas diferentes de IPVA conforme *utilização*.

c) Os Estados estão proibidos de diferenciar alíquotas do IPVA por ser veículo nacional e importado, em razão do *princípio da não discriminação em razão da origem ou destino* (art. 152, CF/88). Note que, embora a alíquota seja a mesma, é possível pagar IPVA alto em razão da base de cálculo.

d) *Fixação da Base de Cálculo do IPVA é exceção ao princípio da noventena* (art. 150, §1º, CF/88). A base de cálculo do IPVA é o valor venal do veículo (valor de mercado) ou planta de valores publicada pelo ente tributante. Uma revisão no valor do veículo automotor implicará uma mudança da base de cálculo. Se a lei que prevê tal mudança for publicada no dia 31.12.19, produzirá efeitos no dia seguinte (a partir do dia 1º.01.20). Tem-se essa regra porque, comumente, a revisão do valor do veículo automotor ocorre no fim de cada exercício, e as leis estaduais costumam fixar o dia 1º de janeiro como fato gerador do IPVA.

e) *Lei complementar federal deve estabelecer normas gerais do IPVA* (art. 146, III, "a", CF/88). No sentido de evitar existência de diversas leis internas estaduais a respeito de normas gerais do IPVA (fato gerador, base de cálculo, contribuintes), foi criado tal mandamento constitucional. Ocorre que até hoje não há LCF para o IPVA, nem o CTN trata a respeito, mas isso não implica inconstitucionalidade, porque, não obstante o disposto no art. 146, III, "a", CF/88, há regra do art. 24, §3º, CF/88, que confere aos Estados, em matéria tributária, *competência legislativa plena*, diante da inexistência de leis federais sobre normas gerais.

f) *Repartição de receitas tributárias* (art. 158, III, CF/88): 50% da arrecadação de IPVA pertencerão aos municípios. Não significa que metade da arrecadação será distribuída indistintamente aos municípios desse Estado. Tem que verificar veículos licenciados no município. Ex.: Município de Catanduva licenciou 2 mil veículos no ano de 2020, totalizando 2 milhões de reais em arrecadação. Ora, 1 milhão será destinado ao município de Catanduva no tocante aos veículos licenciados no seu território.

g) Há lei isentiva do IPVA para taxi, deficientes físicos, veículos automotores com mais de 20 anos de fabricação, veículos furtados, motos, veículos de embaixada, ônibus, etc.

h) *O produto de arrecadação do IPVA não custeará obras de infraestrutura rodoviária*, porque impostos não são tributos finalísticos. Logo, a receita do IPVA integrará caixa único do Estado e será usado da forma que for mais conveniente.

i) *inconstitucional taxa de licenciamento de veículos* porque não existe taxa sobre uso de veículos (art. 145, II, CF/88). Não obstante ser inconstitucional, tal taxa continua sendo cobrada junto ao IPVA e ninguém se opõe em razão do valor relativamente pequeno cobrado de cada proprietário de veículo automotor.

j) lei ordinária que indica como responsável tributário ex-proprietário de veículo automotor pelo IPVA não pago pelo novo proprietário é inconstitucional, conforme *Súmula nº 585 STJ*, porque ofende art. 146, III, "a", da CF/88 e art. 3º, CTN.

l) *quem tem veículo automotor furtado tem direito de restituição do IPVA já pago*. Reembolso é automático.

Regra matriz de incidência tributária do IPVA

	IPVA
Critério material	Ser proprietário de veículo automotor terrestre
Critério temporal	1º de janeiro de cada ano
Critério espacial	Território do Estado ou DF
Critério pessoal	Sujeito ativo: Estado ou DF onde tiver licenciado o veículo; Sujeito passivo: proprietário de veículo automotor
Critério quantitativo	Base de cálculo: valor venal do veículo Alíquota: mínima fixada pelo Senado Federal; diferenciada

22.2 ITCMD (Imposto sobre Transmissão *Causa Mortis* e Doação – art. 155, I, da CF/88)

O tributo tem a mesma origem do ITBI. Com o Código Tributário Nacional de 66, tem-se a previsão do ITCMD como imposto estadual sobre transmissão de bens ou direitos por *causa mortis* ou por doação.

É imposto de competência do Estado e DF nos termos do art. 155, I, e §1º, CF/88 c/c art. 35 CTN. Trata-se de transmissão *causa mortis* ou gratuita de bens ou valores.

Hipóteses de incidência (2):
1. transmissão *causa mortis* de quaisquer bens ou direitos (Fato gerador ocorre quando há falecimento, ou seja, abertura da sucessão, nos termos da *Súmula nº 112 STF*, e não com inventário). Ex.: Doei 200 mil para meu filho. O donatário (meu filho) deve pagar ITCMD;
2. transmissão por *doação* (ato de liberalidade) de quaisquer bens ou direitos (Fato gerador ocorre quando a doação se aperfeiçoa).

Sujeito ativo: Estado e DF.

Sujeito passivo: na transmissão *causa mortis*, será herdeiro ou legatário; na transmissão por doação, será doador ou donatário, como dispuser a lei (art. 42, CTN).

Lei pode eleger responsável *tributário*, como: 1. tabelião, escrivão e demais serventuários de ofício pelos atos por eles praticados (Ex.: tabelião não exige prova de quitação do ITCMD); 2. doador, caso donatário não recolha o tributo.

Base de cálculo **é o** valor venal do bem na data da avaliação, conforme *Súmula nº 113 STF*. Serão *deduzidas* da base de cálculo as despesas com honorários de advogado nomeado pelo inventariante; despesas com tratamento médico e funeral do *de cujus*.

Alíquotas máximas são fixadas pelo *Senado Federal*, por Resolução. Alíquota, portanto, é fixada livremente pelos Estados, respeitada a máxima de 8% fixada pelo Senado Federal (Resolução nº 9/92)

Guerra fiscal entre Estados:

De acordo com art. 155, §1º, I, CF/88:
a) *bem imóvel*, ITCMD para o *Estado da situação do bem*. Se houver três imóveis em três Estados diferentes, cada qual fará jus ao ITCMD;
b) *bem móvel*, ITCMD para *Estado onde se possa processar inventário/ arrolamento ou onde doador tiver domicílio.*

Ex. 1: Mévio falece no RJ; inventário em MG; possui apartamento em SP e automóvel no RS. *Qual Estado cobrará ITCMD?* Quanto ao apto, ITCMD para SP; quanto ao automóvel, ITCMD para MG. Ex. 2: Mévio domiciliado no RJ, doa seu carro para alguém de MG. *Qual Estado cobrará ITCMD?* ITCMD vai para RJ, porque é o Estado de domicílio do doador. *Atenção!* E se Mévio tivesse domicílio ou inventário no exterior? Essa situação prevista no art. 155, §1º, III, da CF/88 depende de lei complementar.

Peculiaridades:
a) *Morte presumida:* "É legítima incidência do ITCMD no inventário por morte presumida" (*Súmula nº 331, STF*);
b) *Transferência de ações:* "Compete ao Estado da sede da companhia o ITCMD relativo à transferência de ações" (*Súmula nº 435, STF*)
c) *"O imposto de transmissão causa mortis é devido pela alíquota vigente ao tempo da abertura da sucessão"* (*Súmula nº 112, STF*). Ex.: Jr. morreu. Lei do ITCMD prevê alíquota de 3%. Com inventário ou partilha, Lei do ITCMD, alíquota de 2%. Qual lei será aplicada para o cálculo do ITCMD? Lei da abertura da sucessão, 3%.
d) ITCMD *pode ser progressivo*. ITCMD em razão do acréscimo patrimonial gratuito ou quinhão de cada herdeiro, conforme decisão do STF, RE nº 542485 AgR, 2013.
e) Princípio da anterioridade, observados no mínimo 90 dias
f) Tributo *lançado, em regra, por declaração, embora, em alguns Estados, seja por homologação.*

Regra matriz de incidência tributária do ITCMD

	ITCMD
Critério material	Transmitir, *causa mortis* ou doação, quaisquer bens e direitos.
Critério temporal	Se bem imóvel, com *registro imobiliário*; se bem móvel, com mera tradição.
Critério espacial	Território do Estado e DF (*se bem imóvel, Estado da situação do bem; se bem móvel, Estado onde se possa processar inventário/arrolamento ou onde doador tiver domicílio*).
Critério pessoal	*Sujeito ativo*: Estado e DF; *Sujeito passivo*: na transmissão *causa mortis*, será herdeiro ou legatário; na transmissão por doação, será doador ou donatário, como dispuser a lei.
Critério quantitativo	*Base de cálculo*: valor venal do bem na data da avaliação. *Alíquota*: fixadas livremente pelos Estados, respeitada *alíquota máxima fixada pelo Senado Federal*.

22.3 ICMS (Imposto de Circulação de Mercadoria e Serviços – art. 155, II, da CF/88)

Imposto estadual (distrital) mais importante (art. 155, II, CF/88; LCF nº 87/96), que incide na operação de circulação de mercadorias e serviços. Tributo de maior arrecadação dos Estados e de maior número de dispositivos constitucionais. O ICMS está ligado à obrigação de dar.

ICMS pode ser seletivo em função da essencialidade das mercadorias ou dos serviços (art. 155, §2º, III, CF/88). Imposto seletivo é aquele em que as alíquotas são diferenciadas conforme essencialidade da mercadoria ou do serviço. Quanto mais essencial a mercadoria (produtos de 1ª necessidade, como arroz), menor a sua alíquota; quanto mais supérfluo (perfume, caviar), maior alíquota. *Atenção*: IPI **deve** ser seletivo (art. 153, §3º, I, CF/88).

Benefício fiscal. ICMS é o único tributo que necessita de prévio acordo entre Estados e DF, *denominado de Convênio ou CONFAZ* (art. 155, §2º, XII, "g", CF/88). Ex.: o governador de um Estado, pretendendo conceder isenção de ICMS para atacadista de sua unidade federativa, não pode enviar projeto de lei para casa legislativa contendo matéria de isenção do ICMS sem que antes haja deliberação do assunto e anuência por parte dos outros Estados e do DF.

Atenção: CONFAZ tem natureza autorizativa (e não impositiva). Logo, esses acordos não geram, por si só, direitos aos contribuintes à fruição de seus benefícios. Precisam ser internalizados pelos Estados, por meio de lei em sentido formal (lei ordinária), para conferir o benefício. Se existe concessão de benefício do Confaz entre os Estados prevendo benefício fiscal do ICMS para eletrodomésticos da linha branca, o Estado que edita *lei ordinária para internalizar os termos do convênio* não pode estender o benefício para eletrodomésticos que não integram a linha branca, nos termos do art. 155, §2º, XII, "g", CF/88. Por outro lado, pode deixar de aplicar parcialmente o benefício fiscal para determinada mercadoria, como micro-ondas da linha branca.

Tributo indireto: aquele que repercute, ou seja, carga econômica é suportada pelo contribuinte de fato (consumidor final). Está ligado à ideia de *tributo plurifásico*, que incide em inúmeras fases de circulação de uma mercadoria até chegar ao consumidor final (produção – distribuição – consumo). Imagine granja que vende frangos vivos para indústria, que vende frangos embalados para supermercado, que vende para Dona Maria. Todos (granja, indústria e supermercado) serão contribuintes do ICMS, porque circulam mercadoria e, logo, deverão escriturar suas operações, emitir NF e recolher ICMS.

ICMS deve obedecer ao Princípio da não cumulatividade (art. 155, §2º, I, CF/88): é aquele em que valor devido numa determinada operação deve ser compensado (abatido) com o valor devido nas operações anteriores. Proíbe-se incidência em cascata do tributo. Imagine alíquota de ICMS de 10% para venda de frangos. Granja vende frango vivo para indústria por 100, logo deve recolher 10 para os cofres públicos a título de ICMS (100 x 10% = 10). Indústria vende frango embalado para supermercado por 200. Indústria deveria recolher 20 de ICMS (200 x 10% = 20), mas, pelo princípio da não cumulatividade, a indústria deve creditar (compensar) do seu valor a ser pago (20) o que foi recolhido pela granja, que consta da NF (10), então a indústria recolherá aos cofres públicos 10 (20 - 10 = 10). Supermercado vende por 300 ao consumidor. Supermercado deveria recolher 30 (300 x 10% = 30), mas credita do valor a ser pago (30), o que foi recolhido de ICMS nas operações anteriores pela indústria e pela granja. Logo, supermercado pagará 10 de ICMS (30 - 10 - 10 = 10).

O comerciante que adquire mercadoria com NF posteriormente declarada inidônea está de boa-fé e tem direito ao aproveitamento do crédito do ICMS, nos termos da *Súmula nº 509 STJ*.

> *ICMS afasta* princípio da não cumulatividade nas hipóteses do art. 155, §2º, II, CF/88 (isenção; imunidade[111]).
> Duas regras:
> 1ª. Salvo disposição de lei em contrário, a isenção **não será considerada crédito** para compensar com montante devido nas operações seguintes. Imagine a granja isenta de ICMS da venda de frangos vivos. Quando vende para indústria, emite NF sem destaque de ICMS. A indústria, por sua vez, ao vender frango embalado, deverá recolher ICMS sem direito de crédito de ICMS a compensar.
> 2ª. Salvo disposição de lei em contrário, a isenção acarretará **anulação** do crédito relativo às operações anteriores. Imagine granja que vende frangos e recolhe ICMS e indústria isenta de ICMS. Quando vende frango embalado, não recolhe ICMS. Emite NF sem destaque de ICMS. O supermercado, por sua vez, quando vender o frango, deverá recolher ICMS normalmente, porque o crédito relativo às operações anteriores será anulado.

Base de cálculo é o valor normal da mercadoria + desconto incondicional concedido + seguro ao adquirente + frete destacado na nota fiscal. É o valor de venda a vista ou a prazo (*Súmula nº 395 STJ*). O ICMS não compõe a base de cálculo do PIS nem do Cofins (Cancelamento das Súmulas nºs 68 e 94 do STJ).

Com relação às *alíquotas*, há previsão de alíquota interna e alíquota interestadual. Alíquota *interestadual* ***deverá*** ser fixada por resolução do *Senado Federal*,[112] por ser representante dos Estados (art. 155, §2º, IV, CF/88 c/c Res. nº 22/1989; Res. nº 95/96). Há uma só alíquota para todo o Brasil. Alíquota *interna* (alíquota cheia), por sua vez, será fixada por lei ordinária de cada Estado, respeitando limite mínimo e máximo estabelecido pelo Senado Federal (art. 155, §2º, V, "a" e "b", CF/88).

A cobrança do ICMS deve obedecer ao princípio da anterioridade, observados no mínimo 90 dias.

Imunidades específicas (art. 155, X, CF/88):
a) ICMS-exportação;

---

[111] Os benefícios relativos ao ICMS, como isenção, só são concedidos se houver: 1) deliberação dos Estados e do DF, no âmbito do CONFAZ; 2) lei complementar para regular como os benefícios serão concedidos ou revogados (art. 155, §2º, XII, "g", CF/88).

[112] Em matéria tributária, as resoluções do Senado Federal são importantes para fixação de alíquotas de impostos estaduais. Resolução do Senado Federal fixa: alíquota máxima do ITCMD; alíquota mínima do IPVA; *deve* fixar alíquota interestadual do ICMS e *pode* fixar alíquota interna, mínima e máxima, do ICMS.

b) ICMS-operação entre Estados que destine petróleo e energia elétrica;
c) ICMS-ouro financeiro;
d) ICMS-comunicação gratuita.

Hipóteses de incidência (Lembrar-se do "S" do ICMS):
a) Prestação de serviços de transporte interestadual e intermunicipal de qualquer mercadoria, pessoas e valores (art. 155, II, CF/88).

Atenção: *transporte internacional* não sofre incidência de imposto algum. Se transporte for intramunicipal, cabe ISS (item 16 da LC nº 116/03). É hipótese de não incidência tributária o *transporte aéreo de pessoas,* salvo o transporte aéreo de cargas nacionais (STF, ADI nº 1.600, de 2011).

Há **guerra fiscal** no transporte interestadual. *Nas operações de serviço de transpOrte interestadual, recolhe-se ICMS para Estado* **Origem** (Estado do início do transporte da mercadoria). Ex.: empresa de transporte de carga de Catanduva/SP foi contratada para transportar mercadoria de fábrica no Tocantins para o Ceará. ICMS será recolhido sempre para o Estado onde iniciou o transporte da mercadoria (TO).

Súmula nº 649 do STJ: "Não incide ICMS sobre o serviço de transporte interestadual de mercadorias destinadas ao exterior".

b) Prestação de serviço de comunicação onerosa e por qualquer meio (art. 155, II, CF/88; art. 2º, III, LC nº 87/96).

Ex.: empresa NET (empresa privada) presta serviço de TV a cabo no Estado de SP, logo, paga ICMS para SP. E se prestar no Estado de MG? Paga ICMS lá também.

ICMS não incide sobre *serviço de habilitação de telefonia celular,* porque é atividade preparatória, intermediária, acessória (atividade-meio) de comunicação. Não há qualquer serviço de comunicação no ato de habilitação. Hipótese de não incidência tributária do art. 2º, III, LC nº 87/96. *Súmula nº 350 STJ: ICMS não incide sobre serviço de habilitação de telefone celular.*

ICMS não incide sobre *serviço de provedor de acesso à internet,* porque é atividade preparatória, intermediária, acessória (atividade-meio) de comunicação. É o que dispõe a *Súmula nº 334, STJ.*

c) Operações relativas à venda de energia elétrica e petróleo, combustíveis, minerais (art. 155, II, CF/88). Ex.: ICMS-energia. ICMS-combustível.

Ex. 1: Empresa distribuidora de energia elétrica do Estado do CE vende energia elétrica para consumidores cearenses, há ICMS, que será recolhido ao Estado do CE. Trata-se de operação interna.

Ex. 2: Empresa distribuidora do Estado de CE revende energia elétrica para Estado de SP *para fins de comercialização*, não há ICMS. Trata-se de *imunidade* do art. 155, X, "b", CF/88. Visa preservar o federalismo fiscal (cooperação entre entes federativos, em especial para Estados que não são produtores de energia elétrica).

Ex. 3: Empresa distribuidora do Estado de CE revende energia elétrica para Estado de SP *para fins de consumo*, **há guerra fiscal**. Recolhe-se ICMS para o *Estado destino da energia elétrica*, logo, para SP.

  d) *Operação de importação de mercadoria, qualquer que seja pessoa (física ou jurídica), ainda que não seja contribuinte do ICMS, qualquer que seja sua finalidade* (art. 155, IX, "a", CF/88). ICMS-importação.

A importação é sempre fato gerador do ICMS, mesmo que feita por pessoa física sem habitualidade para promover circulação de mercadorias. *Súmula nº 198, STJ: na importação de veículo por pessoa física destinado a uso próprio, incide ICMS.*

Guerra fiscal: Nas operações de importação de mercadoria do exterior, recolhe-se ICMS para Estado **destino** da mercadoria. Ex. 1: jogador de futebol do RS importou carro da França; o carro chegou ao Porto de Santos/SP. ICMS será recolhido ao Estado do RS, isto é, Estado de destino da mercadoria (onde ocorre a entrada física da mercadoria).

A base de cálculo do ICMS-importação é: valor normal da mercadoria + II + IPI +IOF + despesas aduaneiras (art. 13 da LC nº 87/96). Atenção: A base de cálculo do IPI importação é: valor normal do produto + II + taxas + encargos cambiais.

Na entrada da mercadoria importada, é legítima cobrança do ICMS por ocasião do desembaraço aduaneiro. É o que dispõe a Súmula vinculante nº 48. Para liberar a mercadoria, o auditor da Receita Federal exige prova do pagamento do ICMS-importação.

  e) *Operações relativas à circulação de mercadorias* (art. 155, II, CF/88).

Venda significa transferência de propriedade, circulação jurídica de mercadoria, habitualidade. Logo, não há ICMS com a mera circulação física (saída de bens da matriz para filial). *Súmula nº 166 STJ: não constitui fato gerador do ICMS o simples deslocamento de mercadoria de um para outro estabelecimento do mesmo contribuinte.*

Alienação de bens do ativo imobilizado da empresa: não incide ICMS porque não são mercadorias e operação não é habitual.

Guerra fiscal. O problema do ICMS está nas operações que envolvem mais de um Estado (interestaduais). Para qual Estado deve recolher ICMS? Estado origem ou Estado destino da mercadoria? (art. 155, §2º, VII e VIII da CF/88).

1. Com a EC nº 87/15, pouco importa nas operações de venda de mercadorias interestaduais, se o destinatário da venda (consumidor) é contribuinte ou não: ICMS deve ser recolhido duas vezes:

   1º. ICMS deve ser recolhido ao Estado-origem pela alíquota interestadual (menor);

   2º. ICMS deve ser recolhido ao Estado-destino pela diferença entre alíquotas interna e interestadual.

2. O fato de o destinatário da venda (consumidor) ser contribuinte ou não do ICMS tem importância apenas para saber QUEM recolhe ICMS.

   1º. se destinatário é não contribuinte (pessoa física), dois ICMS são recolhidos pelo vendedor;

   2º. se destinatário é contribuinte, um ICMS deve ser recolhido pelo vendedor e outro ICMS pelo adquirente.

Ex. 1: Moro no Estado de SP (Estado-destino) e comprei TV pela internet de empresa localizada no Estado do RJ (Estado-origem). Empresa do RJ deverá pagar dois ICMS (para o Estado-origem, RJ, pela alíquota interestadual e para o Estado-destino, SP, pela diferença de alíquotas interna e interestadual (art. 155, §2º, VII, CF/88).

Ex. 2: Supermercado do Estado de SP adquire lote de computadores da empresa do Estado de MG *para fins de uso próprio (ou revenda, pouco importa).* Empresa de MG recolherá ICMS para Estado-origem, MG, pela alíquota interestadual e o Supermercado (contribuinte do ICMS) recolherá ICMS para Estado-destino, SP, pela diferença entre alíquota interna e interestadual (art. 155, §2º, VIII, CF/88).

Guerra fiscal no ICMS

Art. 155, IV, "a", CF/88	Operação de importação	Estado-*destino*
Art. 155, X, "b", CF/88; art. 12, XII da LC nº 87/96	Operação venda Energia elétrica/ combustíveis interestadual para consumo	Estado-*dEstino*
Art. 155, §2º, VII e VIII, CF/88	Operação de mercadorias interestadual	Estado-*origem* pela alíquota interestadual e Estado-*destino* pela diferença entre alíquota interna e interestadual.
Art. 155, II, CF/88; art. 12, V da LC nº 87/96	Operação de transpOrte interestadual	Estado-*Origem* do transporte da mercadoria

Regra matriz de incidência tributária do ICMS

	ICMS
Critério material	Circular mercadoria, prestar serviço de transporte intermunicipal e interestadual; de comunicação, de importação de mercadoria e de venda de mercadoria.
Critério temporal	Com saída da mercadoria ou início da prestação de serviço ou com despacho aduaneiro no caso de importação de mercadoria.
Critério espacial	Estabelecimento comercial
Critério pessoal	*Sujeito ativo*: Estado; *Sujeito passivo*: pessoa física ou jurídica que realiza atividade comercial com habitualidade (*feirante e ambulante circulam mercadoria com habitualidade e são contribuintes do ICMS*); importador de mercadoria, ainda que não contribuinte e qualquer que seja finalidade.
Critério quantitativo	Base de cálculo: valor normal da mercadoria + desconto incondicional concedido + seguro ao adquirente + frete destacado na nota fiscal *Alíquota*: interna e interestadual

CAPÍTULO 23

IMPOSTOS FEDERAIS

A Carta Política de 88, em seu art. 153, I a VII, confere à União a competência tributária para instituir os impostos federais, mediante descrição das hipóteses de incidência, sujeitos ativo e passivo, base de cálculo e alíquotas, assegurando, assim, as respectivas receitas para a União, respeitando, evidentemente, os limites ao poder de tributar.

23.1 IR (Imposto sobre a renda e proventos de qualquer natureza – art. 153, III, CF/88; art. 43 e ss do CTN)

Em termos de arrecadação, o imposto de renda é tributo federal de maior relevância. Foi instituído pela Lei de orçamento nº 4.625 de 1922, posteriormente ratificado nas Constituições de 1934, 1937, 1946 e inserido no Código Tributário Nacional de 1966.

Conceito de renda e proventos. Para o STF e STJ, há um *conceito constitucional* de renda e proventos que deve ser observado pelo legislador infraconstitucional no momento de criar a hipótese de incidência do IR. Se o conceito de renda e proventos é constitucional, não pode uma lei definir renda e proventos.

A Constituição de 88 estabeleceu os contornos do conceito de renda e de proventos de qualquer natureza. Como? Mediante a imposição de *limites.* Esses limites são representados, principalmente, pelo princípio da capacidade contributiva.

Seja qual for o nome atribuído aos valores recebidos pela pessoa, somente pode ser qualificado como renda ou provento se representar *riqueza nova, mais valia, acréscimo patrimonial,* pois só assim estará atendido o *princípio da capacidade contributiva,* sob pena de se invadir o patrimônio a pretexto de tributar a renda.

Foi adotada, portanto, a *Teoria do acréscimo patrimonial*. Nesse sentido, pode-se dizer que renda constitui aquisição de riqueza nova, na forma de um acréscimo patrimonial, ao longo de um determinado período de tempo, *pouco importa a denominação ou origem* (art. 43, §1º, CTN). Há incidência do IR sobre "gratificação voluntária" pelos anos de serviços prestados pelo ex-empregado. Essa gratificação é um acréscimo patrimonial.

Qual a diferença entre renda e proventos de qualquer natureza?

Renda: acréscimo patrimonial *produto do capital* (aluguel, aplicação financeira, juros recebidos, lucros), *do trabalho* (salário, honorários) ou da *combinação de ambos* (retirada de *pro labore*, lucros).

Proventos: acréscimo patrimonial que não é produto do capital, do trabalho, nem da combinação de ambos (aposentadoria, pensões, prêmios de loteria). É acréscimo de atividade que já cessou. Regina Helena Costa define proventos como "rendimentos recebidos em função da inatividade".

Verbas indenizatórias são rendas? Há reiteradas decisões do STF e STJ inadmitindo a incidência do imposto sobre verbas que simplesmente se destinam a *recompor* o patrimônio da pessoa. Verbas indenizatórias não se sujeitam ao IR porque não têm caráter de salário. Ex.: indenização por dano moral; pagamento de férias não gozadas, licença-prêmio não gozada, etc. Já pagamento de horas extras trabalhadas constitui mais valia, tratando-se de remuneração, e não indenização, logo incide IR.

Não incide IR	Incide IR
1. pagamento de licença-prêmio[113] não gozada (*Súmula nº 136, STJ*); 2. pagamento de férias não gozadas (*Súmula nº 125, STJ*); 3. indenização recebida por adesão ao programa de incentivo à demissão voluntária[114] (*Súmula nº 215, STJ*); 4. indenização de férias proporcionais e respectivo adicional (*Súmula nº 386, STJ*); 5. indenização por dano moral (*Súmula nº 498, STJ*).	1. aplicações financeiras realizadas por cooperativas (*Súmula nº 262, STJ*); 2. indenização por horas extras trabalhadas (*Súmula nº 463, STJ*).

---

[113] Licença-prêmio seria, por exemplo, uma licença de 90 dias como prêmio de assiduidade a cada cinco anos.

[114] É um instrumento de redução de funcionários de forma menos traumática.
 4. O contribuinte que vende imóvel residencial comprado antes de 1969. *Como obter?* Contribuinte deve informar no Demonstrativo de Apuração de Ganho de Capital da Declaração de Ajuste Anual do Imposto de Renda Pessoa Física.

IR e princípio da capacidade contributiva (art. 145, §1º, CF/88). IR será cobrado de quem tem capacidade para contribuir. Contribuintes com maiores rendimentos devem ser tributados de modo mais gravoso do que aqueles com menores rendimentos. Esse princípio leva em consideração os aspectos próprios de cada contribuinte. No IR, é possível que o contribuinte deduza da base de cálculo as despesas médicas, gastos com instrução, etc.

Princípio da capacidade contributiva se refere às taxas e contribuições de melhoria? Para a doutrina, não. O art. 145, §1º, da CF/88 faz referência apenas aos impostos. Não se aplica às taxas nem às contribuições de melhoria porque são tributos vinculados à atividade estatal e não uma situação reveladora de riqueza. A capacidade tributária está ligada à ideia de capacidade econômica para contribuir.

Características do IR: generalidade; universalidade e progressividade (art. 153, §2º, I, CF/88 e art. 43, §1º, CTN).

a) *generalidade* (aspecto subjetivo da incidência do IR): sujeição de todas as *pessoas* que auferem rendas e proventos à incidência do tributo, sem discriminações;

b) *universalidade* (aspecto objetivo da incidência do IR): sujeição de todas espécies de *rendimentos*, independentemente de denominação, origem ou fonte. Pode-se dizer que incide IR sobre "gratificação voluntária" porque é riqueza nova; quem aufere rendimento e é domiciliado no Brasil, pouco importa onde esteja localizada sua fonte de rendimento, no Brasil ou no exterior (caso dos embaixadores no Brasil), há incidência do IR; por outro lado, quem aufere renda e é domiciliado no exterior e fonte de renda está no exterior (caso de jogadores de futebol), não há incidência do IR.

c) *progressividade*: alíquotas crescentes de acordo com aumento de rendimento. Ligada ao princípio da capacidade contributiva, na medida em que "paga mais quem ganha mais".

A progressividade não se confunde com a seletividade. Na progressividade, as alíquotas são crescentes para rendas crescentes. Na progressividade importa o sujeito. Há um maior ônus para quem tem maior riqueza. São tributos progressivos: IR; ITR (CF/88, art. 153, §4º, I); IGF; IPTU (CF/88, art. 156, §1º, I); pode ser CIP e ICTMD por decisão do STF. Por outro lado, na seletividade, há alíquotas diferentes para produtos diferentes. Na seletividade não importa o sujeito, mas o objeto da tributação. IPI *deve* ser seletivo (art. 153, §3º, I, CF/88) e o ICMS *pode* ser seletivo (art. 155, §2º, III, CF/88).

Princípio da irretroatividade tributária (art. 150, III, "a", CF/88). Pelo princípio da irretroatividade tributária, lei que cria ou majora tributos, em regra, tem efeitos prospectivos, ou seja, deve atingir fatos geradores futuros, ocorridos após sua entrada em vigor.

O fato gerador do IR é complexivo: verifica-se após prática de vários atos num determinado período-base, que coincide com exercício financeiro. O fato gerador do IR, portanto, ocorre no final do período-base (31 de dezembro). Ainda que o contribuinte seja beneficiário de vários rendimentos ao longo do ano, considera-se ocorrido o fato gerador no dia 31 de dezembro.

Imagine que no ano-base de 2010, havia lei do IR vigente, com alíquota de 10%. Contudo, em agosto de 2010, publicou-se lei do IR com alíquota de 30%, que entrou em vigor na data da sua publicação. Consabido, em 2011, que o contribuinte deve declarar e pagar IR do ano-base 2010. *Pergunta-se: deve ser aplicada lei do IR com alíquota de 10% ou de 30%?*

Foi cancelada a Súmula nº 584 STF: ao imposto de renda calculado sobre rendimentos do ano-base, aplica-se lei vigente no exercício financeiro em que deve ser apresentada a declaração.

Aplicando-se a Súmula nº 584 STF, dever-se-ia aplicar lei com alíquota de 30%. Para o STF (RE nº 592396, 2020), há violação ao princípio da irretroatividade, porque a nova lei (de agosto de 2010) é anterior ao próprio fato gerador do IR, que ocorre só no dia 31 de dez de 2010. Houve ofensa ao princípio da irretroatividade porque a nova lei estaria retroagindo para alcançar fatos anteriores a sua vigência, relativos aos rendimentos obtidos *antes* da sua vigência, o que é vedado constitucionalmente. Pelo princípio da irretroatividade, seguramente tem-se que essa lei nova não será aplicada aos fatos geradores anteriores a sua vigência (antes de agosto), porque o contribuinte desconhecia tais regras.

IR deve obedecer ao princípio da anterioridade geral (art. 150, III, "b", CF/88). O IR é exceção apenas ao princípio da noventena. Logo, para cobrar IR, deve-se observar o exercício financeiro seguinte ao da publicação da lei que instituiu ou majorou o IR.

Sujeito passivo do IR é a pessoa física ou jurídica que aufere renda ou proventos.

Responsável tributário do IR. No IRPJ, a fonte pagadora pode ser *responsável tributário* (e não contribuinte) pelo imposto que incide sobre os pagamentos que efetuar. A fonte pagadora é encarregada de promover arrecadação antecipada do tributo devido pelo beneficiário do rendimento, que é o verdadeiro contribuinte do IR. No caso de fonte pagadora da renda, lei institui responsabilidade tributária para empregador (art. 121, parágrafo único, I e II c/c art. 45, parágrafo único, CTN).

Base de cálculo do IR: se *pessoa física*: montante dos *rendimentos* declarados anualmente; se *pessoa jurídica*: lucro, trimestral, que pode ser montante real, presumido ou arbitrado. O IR incide sobre o *lucro*, acréscimo patrimonial resultante do confronto de receitas, custos e despesas. É necessário considerar custos e despesas para evitar que o imposto incida simplesmente sobre a receita, base de incidência de outros tributos. No Brasil, as grandes corporações internacionais, tributação sobre o lucro real (lucro fiscal do exercício); as médias empresas, tributação sobre lucro presumido (da atividade) e as ME e EPP, pelo regime do Simples Nacional, tributação sobre a renda bruta anual da empresa.

Alíquotas: pessoa física: 7,5%, 15%, 22,5% e 27,5%, a depender da faixa do rendimento (art. 23 da Lei nº 11.945/09); pessoa jurídica: 15%.

Há isenção[115] *do IR para aposentado com doença grave, dispensando laudo médico oficial (Súmulas nºs 627 e 598 do STJ)*. Essa isenção, contudo, não se estende aos trabalhadores em atividade com moléstia grave. Só aos aposentados (STJ, REsp nº 1814919/2020).

---

[115] Outros exemplos de isenções do pagamento do IR sobre ganho de capital ou lucro imobiliário, concedidos ao:
1. O contribuinte que vende seu único imóvel, de qualquer tipo (terreno, terra nua, casa, apartamento, residencial, comercial, industrial ou de lazer), localizado na zona urbana ou rural, desde que o valor da venda seja igual ou inferior a R$440 mil e não tenha realizado, nos últimos cinco anos, outra venda de imóvel. *Como obter?* Contribuinte deve informar no Demonstrativo de Apuração de Ganho de Capital, da Declaração de Ajuste Anual do Imposto de Renda Pessoa Física. *Fonte:* Artigo 23 da Lei 9250/95
2. O contribuinte que vende imóvel residencial e usa todo o dinheiro para comprar outro imóvel residencial, desde que o faça no prazo de 180 dias (seis meses), contados da celebração do contrato. *Como obter?* Contribuinte deve informar no Demonstrativo de Apuração de Ganho de Capital, da Declaração de Ajuste Anual do Imposto de Renda Pessoa Física. *Fonte:* Artigo 39 da Lei nº 11.196/05.
3. O contribuinte que vende bens, incluindo imóveis residenciais, de pequeno valor (de até R$35 mil). *Como obter?* Contribuinte deve informar no Demonstrativo de Apuração de Ganho de Capital, da Declaração de Ajuste Anual do Imposto de Renda Pessoa Física. *Fonte:* Artigo 22 da Lei nº 9.250/95, com redação dada pela Lei nº 11.196/05.
4. O contribuinte que vende imóvel residencial comprado antes de 1969. *Como obter?* Contribuinte deve informar no Demonstrativo de Apuração de Ganho de Capital da Declaração de Ajuste Anual do Imposto de Renda Pessoa Física.

Regra matriz de incidência tributária do IR

	IR
Critério material	Auferir renda ou proventos de qualquer natureza
Critério temporal	Final do período-base – 31 de dezembro
Critério espacial	Território nacional
Critério pessoal	Sujeito ativo: União Sujeito passivo: pessoa física ou jurídica que aufere renda ou proventos.
Critério quantitativo	Base de cálculo: a) se pessoa física: montante do rendimento; b) se pessoa jurídica: lucro, trimestral, que pode ser montante real, presumido ou arbitrado. Alíquota: pessoa física: 7,5%, 15%, 22,5% e 27,5% a depender da faixa do rendimento; pessoa jurídica: 15%.

23.2 ITR (Imposto Territorial Rural – art. 153 VI, CF/88; arts. 29 a 31 do CTN)

Imposto Territorial Rural recai sobre tributação imobiliária rural. Na Constituição de 1891, era de competência dos Estados; na Constituição de 1946 passou a ser de competência da União, permanecendo assim na Constituição de 1988.

Imóvel rural: é o imóvel que possui destinação agrícola (ver item do IPTU).

Zona rural (conceito por exclusão). Ver art. 32, §2º do CTN.

Base de cálculo: valor fundiário ou da terra nua tributável. Aqui, considera-se apenas a terra nua, sem construção, diferente do IPTU.

Alíquota: progressiva. ITR poderá ser *progressivo* (= alíquotas *crescentes)* no caso de *propriedades improdutivas* (art. 153, §4º, I, CF/88) ou de acordo com *área do imóvel (STF).*

Imunidade específica: pequenas glebas rurais, que proprietário *explore* (sozinho, com família ou com empregados); não possua outro bem imóvel (art. 153, §4º, II, CF/88).

ITR *pode ser cobrado pelo município que fica com 100% do produto da arrecadação* (art. 153, §4º, III c/c art. 158, II da CF/88).

ITR *observa princípio da anterioridade, observado no mínimo 90 dias.*

Isenção de ITR: para imóveis ocupados por remanescentes de quilombos (art. 3º-A, Lei nº 9.393/96).

Regra matriz de incidência tributária do ITR

	ITR
Critério material	Ser proprietário de imóvel rural.
Critério temporal	1º de janeiro de cada exercício.
Critério espacial	Território nacional.
Critério pessoal	Sujeito ativo: União; Sujeito passivo: proprietário, possuidor (animus domini) ou titular do domínio útil do imóvel rural.
Critério quantitativo	Base de cálculo: valor fundiário. Alíquota: progressiva em razão da função social ou área.

23.3 IOF (Imposto sobre operações de crédito, câmbio e seguro ou relativas a títulos ou valores imobiliários – art. 153, V, CF/88; arts. 63 a 66 CTN e Decreto nº 6.306/2007)

O imposto sobre operações de crédito, câmbio e seguro ou relativas a títulos ou valores imobiliários é um tributo moderno, porque surgiu nas décadas de 1960 e 1970 em razão do crescimento da economia e do mercado financeiro no Brasil. Foi criado com a Emenda nº 18/65 e já com previsão no Código Tributário Nacional de 1966.

Hipóteses de incidência (art. 153, V c/c art. 153, §5º, CF/88):
a) realizar *operação de crédito* (fazer empréstimo bancário; pressupõe entrega de moeda mediante promessa de uma prestação futura);
b) realizar *operação de câmbio* (troca de moedas);
c) realizar *operação de seguro* por seguradoras ou instituições financeiras (seguradora recebe prêmio do segurado e garante indenizá-lo dos prejuízos em razão de risco futuro; seguro de vida, por exemplo);
d) realizar *operação de emissão de títulos ou valores mobiliários* (venda de ações);
e) realizar *operação com ouro ativo-financeiro* ou instrumento cambial (art. 153, §5º, CF/88). Aqui, importante identificar a finalidade da operação com ouro. Ouro será comercializado como mercadoria? Então, no ouro destinado à manufatura de joia incide ICMS (art. 155, §2º, X, "c", CF/88). Ouro terá finalidade de investimento? Então, no ouro ativo financeiro (investimento em ouro) incide IOF na operação de origem, ou

seja, de aquisição por instituição autorizada ou desembaraço aduaneiro (art. 153, §5º, CF/88).

Hipóteses de não incidência tributária: nos depósitos judiciais (*Súmula nº 185 STJ*); saque de caderneta de poupança (*Súmula nº 664 STF*).

Sujeito passivo: bancos, corretoras, lojas de câmbio.

Base de cálculo (art. 64, CTN): montante principal mais os juros (nas operações de crédito); montante em moeda nacional (nas operações de câmbio); valor do prêmio (no seguro), etc.

Alíquota: proporcional, varia conforme natureza da operação financeira.

Tributo extrafiscal. IOF é extrafiscal porque regulatório de mercado. O Poder Executivo pode alterar *alíquotas* (art. 153, §1º, CF/88), excepcionando princípio da legalidade tributária. Cuidado com art. 65 do CTN, que prevê alteração também da base de cálculo do IOF pelo Poder Executivo. Não foi recepcionado pela CF/88.

IOF é exceção ao princípio da noventena e da anterioridade geral (art. 150, §1º, CF/88), logo, pode ser cobrado imediatamente.

Imunidade genérica: União, Estados, DF e Municípios são imunes ao pagamento do IOF sobre suas aplicações financeiras (art. 150, VI, "a", CF/88).

Regra matriz de incidência tributária do IOF

	IOF
Critério material	Realizar operação de crédito; câmbio; seguro ou com títulos e valores mobiliários; ouro ativo financeiro.
Critério temporal	Com entrega do montante (na operação de crédito); com entrega da moeda nacional ou estrangeira (nas operações de câmbio); com emissão da apólice (no seguro); com emissão ou transmissão ou pagamento (nos títulos e valores mobiliários) – art. 63 do CTN.
Critério espacial	Território nacional.
Critério pessoal	*Sujeito ativo*: União. *Sujeito passivo*: bancos, corretoras, lojas de câmbio – art. 66 do CTN.
Critério quantitativo	*Base de cálculo*: montante principal mais os juros (nas operações de crédito); montante em moeda nacional (nas operações de câmbio); valor do prêmio (no seguro), etc. *Alíquota*: proporcional, varia conforme natureza da operação financeira.

23.4 II (Imposto de Importação – art. 153, I, CF/88, art. 19 e ss CTN e Decreto nº 6.759/09)

Imposto de importação é o mais antigo dos impostos existentes no Brasil, surgindo por volta de 1535. União sempre teve competência para instituir o imposto de importação. O Código Tributário Nacional de 1966 dispôs sobre ele no art. 19.

Hipótese de incidência: importar o produto estrangeiro. Importador deve recolher o II no momento da entrada da mercadoria em território nacional. O que isso significa? Ricardo Alexandre (2020, p. 671) leciona que, o simples ingresso físico do produto estrangeiro no território nacional não é suficiente para configurar o fato gerador do tributo, sendo necessária a incorporação o bem à economia interna, *em caráter definitivo.* Quando as obras de arte chegam ao Brasil para uma exposição, não ocorre o fato gerador do II, já que a estadia desses produtos não é definitiva, e sim por tempo determinado.

Não obstante o CTN mencionar como fato gerador do II a entrada da mercadoria em território nacional, o art. 72 do Decreto nº 6.759 de 2009 especifica, *com a Declaração de Importação (DI) apresentada perante autoridade aduaneira.* É, inclusive, a posição do STJ, no REsp nº 362910 de 2002: "embora o fato gerador do tributo se dê com a entrada da mercadoria estrangeira em território nacional, ele apenas se aperfeiçoa com o registro da Declaração de Importação".

Tributo extrafiscal. Imposto de importação é extrafiscal porque regulatório de mercado. Alíquotas podem ser alteradas pelo Poder Executivo (art. 153, §1º, CF/88) para fins de proteger a indústria nacional. O art. 21 do CTN não foi recepcionado pela CF/88.

Exceção à anterioridade geral e noventena (art. 150, §1º, CF/88), o que significa que pode ser exigido imediatamente. Resolução da Camex, por exemplo, pode estabelecer alíquota maior para importação de determinado produto, que passará a ser exigida imediatamente quando da sua publicação, afetando, inclusive, *importações que se encontram em curso.*

Cumulação de impostos. Na importação, podem incidir II, IPI, importação e ICMS importação.

Sujeito passivo é o importador ou quem a lei a ele equiparar (arrematante de produtos importados, aprendidos ou abandonados, *destinatário do produto industrializado),* conforme art. 22 do CTN. Como explica Ricardo Alexandre (2020, p. 671), muitos contribuintes se surpreendem quando presentes lhes são enviados do exterior por via postal e a SRF os notifica, cobrando o II.

A alíquota pode ser *ad valorem* (percentual sobre o valor da operação) ou *específica* (por unidade de medida; R$ por tonelada ou metro).

Drawback é uma operação que visa fomentar industrialização de produtos estrangeiros no Brasil. Ex.: ressarcimento do II pago pelos insumos importados quando o produto acabado é exportado. É o que dispõe a *Súmula nº 569 do STF*.

Zona Franca de Manaus é uma área de incentivos fiscais e de livre comércio de importação e exportação.

Regra matriz de incidência tributária do II

	II
Critério material	Importar produto estrangeiro (com declaração de importação no despacho aduaneiro)
Critério temporal	No momento do registro da declaração de importação no Sistema Integrado de Comércio Exterior
Critério espacial	Território nacional
Critério pessoal	*Sujeito ativo*: União *Sujeito passivo*: importador que promove a entrada da mercadoria estrangeira no território aduaneiro
Critério quantitativo	*Base de cálculo*: preço da mercadoria *Alíquota*: específica ou *ad valorem*

23.5 IE (Imposto de Exportação – art. 153, II, CF/88, art. 23 e ss CTN e Decreto nº 6.759/09)

Inicialmente, o imposto de exportação não era de competência da União. De 1891 até 1965, competia ao Estado produtor do bem o recolhimento de tal exação. Com a Emenda nº 18/65 e com previsão no Código Tributário Nacional de 1966, o imposto de exportação passa a ser federal. A União tem competência para instituir o imposto de exportação, nos termos do art. 23 do CTN.

Hipótese de incidência: exportar produto nacional ou nacionalizado. Exportador deve recolher o IE no momento da saída do produto do território nacional (art. 23, CTN). Não obstante o CTN mencionar como fato gerador do IE a saída da mercadoria do território nacional, o art.

213 do Decreto nº 6.759 de 2009 especifica *com a Declaração de Exportação (DE)* registrada na SISCOMEX (Sistema Integrado de Comércio Exterior).

Tributo extrafiscal. Imposto de exportação é extrafiscal porque regulatório de mercado. Alíquotas podem ser alteradas pelo Poder Executivo (art. 153, §1º, CF/88) para fins de fomentar entrada de divisas.

Exceção à anterioridade geral e noventena (art. 150, §1º, CF/88), o que significa que pode ser exigido imediatamente.

Política de desoneração tributária na exportação: na exportação não sofrem incidência de PIS, Cofins, ISS e ICMS.

Sujeito passivo: exportador ou quem a lei a ele equiparar (arrematante de produtos exportados).

Alíquota pode ser *ad valorem* (percentual sobre o valor da operação) ou *específica* (por unidade de medida; R$ por tonelada ou metro).

Lançamento por homologação. Quando o exportador registra declaração de exportação no SISCOMEX, com todas as informações, deve, posteriormente, recolher o valor, sendo homologado por ocasião do desembaraço aduaneiro.

Regra matriz de incidência tributária do IE

	IE
Critério material	Exportar produto nacional ou nacionalizado (expedição da guia de exportação)
Critério temporal	No momento do registro da declaração de exportação no SISCOMEX
Critério espacial	Território nacional
Critério pessoal	Sujeito ativo: União Sujeito passivo: exportador
Critério quantitativo	Base de cálculo: preço da mercadoria Alíquota: específicas ou *ad valorem*

23.6 IPI (Imposto de Produto Industrializado – art. 153, IV, CF/88 c/c arts. 46 a 51 CTN)

O IPI tem um histórico recente, surgindo com a Emenda nº 18/65 e já com previsão no Código Tributário Nacional de 1966. Anteriormente, era denominado de imposto sobre o consumo porque, "na quase totalidade dos casos, incidia, mercê da repercussão, nos consumidores", como explica Aliomar Baleeiro.

O IPI incide sobre o produto industrializado, nacional ou estrangeiro. Por *produto industrializado* deve-se entender "o que tenha sido submetido a qualquer operação que lhe modifique a natureza ou finalidade ou aperfeiçoe para consumo" (art. 46, parágrafo único do CTN). É o "produto da indústria". É o "produto que se faz para vender". IPI deve recair sobre quem industrializa o produto; diferentemente do ICMS, que deve recair sobre quem circula mercadoria. Ex.: bebida, cigarro, veículo.

O campo de incidência do IPI abrange os produtos industrializados relacionados na TIPI (Tabela do IPI – Anexo do Decreto nº 7.212/2010; Decreto nº 7.660/2011) com alíquota, mesmo com alíquota zero, salvo os não tributados (NT). Lembrar-se de que alíquota zero é hipótese de incidência, contudo sem ônus para contribuinte, porque não se paga quando a alíquota é zero. Quando se quer excluir carga tributária sobre determinados produtos, temporariamente, sem isentar, utiliza-se a alíquota zero.

Há quatro regras específicas para IPI previstas no art. 153, §3º, CF/88:
a) *imposto seletivo:* IPI *deve* ser seletivo (art. 153, §3º, I, CF/88). Quanto mais essencial for o produto, menor será sua alíquota. O princípio da seletividade busca tributar de forma mais rigorosa produtos supérfluos (carro de luxo) e de forma menos rigorosa produtos essenciais ou de primeira necessidade (óleo). Em razão da seletividade, a legislação do IPI organiza os produtos e suas incidências numa tabela conhecida como Tabela do IPI (TIPI).

b) *obedece ao princípio da não cumulatividade* (art. 153, §3º, II, CF/88): compensa-se o que for devido numa dada operação com montante cobrado nas anteriores.

Como explica Regina Helena Costa (2009, p. 351): "A empresa A produz chapa de aço e a vende a empresa B. Nessa operação, incide IPI. A empresa B, por sua vez, utiliza a chapa de aço para fabricar peças para máquinas. Quando vende a peça para a empresa C, que monta as máquinas, incide novamente o imposto. A empresa B terá que pagar o IPI sobre a segunda operação, mas possui crédito correspondente ao valor do IPI devido na primeira operação. Assim, terá que pagar somente a diferença entre o IPI devido nesta operação e o crédito que possui dada a incidência do imposto na operação anterior. E assim por diante, seja, quantas forem as operações sucessoras no ciclo da industrialização".

Há sistema de creditamento em que o contribuinte acaba por recolher a diferença do tributo devido, creditando IPI pago quando da aquisição de insumos e matéria-prima e debitando do IPI quando da venda de sua mercadoria (art. 49, CTN).

De acordo com STF, o IPI afasta também o princípio da não cumulatividade nas hipóteses de isenção, alíquota zero e não tributação (igual ao ICMS). "Não há direito à utilização de créditos do IPI na aquisição de insumos não tributados, isentos ou sujeitos à alíquota zero" (STF, AgRe nº 508708, 2011).

Súmula vinculante nº 58: Inexiste direito a crédito presumido do IPI relativo à entrada de insumos isentos sujeitos a alíquota zero ou não tributáveis, o que não contraria o princípio da não cumulatividade.

c) *imunidade específica:* IPI-exportação (art. 153, §3º, III, CF/88): o IPI não incide sobre produtos industrializados destinados ao exterior. Trata-se de uma regra de incentivo às exportações.

d) *redução do IPI sobre aquisição de bens de capital* (art. 153, §3º, IV, CF/88, acrescentado pela EC nº 42/03). Bens de capital são aqueles que geram riqueza para o trabalho, geram capital, como máquinas compradas por uma indústria. A norma pretende beneficiar o *contribuinte de fato do IPI* (adquirente dos bens de consumo), que vai comprar bens de consumo sem IPI embutido. O estabelecimento que produz bens de consumo (contribuinte de direito) também será beneficiado pela redução do IPI na saída do produto.

O objetivo dessa regra é estimular o parque industrial e obter, com a redução do IPI na aquisição de bens de capital, a redução do preço dos bens de consumo. Ex.: Para estimular a indústria de fertilizantes no país e reduzir custo dos investimentos, o governo suspende cobrança de IPI na compra de máquinas e equipamentos por empresas deste setor.

Hipóteses de incidência (art. 46, CTN):

a) *realizar operação de venda de produtos industrializados.* No caso de produtos industrializados *nacionais*, a empresa *recolherá IPI no momento da saída de produto do estabelecimento.* O que significa saída de produto do estabelecimento? Para o STJ, no Resp nº 734403, de 2005, somente quando há efetiva entrega do produto ao adquirente a operação é tributada. dotada de oferecida à tributação.

b) *realizar operação relativa à arrematação de produtos industrializados abandonados ou apreendidos.* A empresa *recolherá IPI com arrematação.*

c) *importação de produtos industrializados.* Para fins fiscais, desembaraço aduaneiro representa a entrada do produto no território nacional. Faz-se a verificação da exatidão dos documentos declarados pelo importador e a mercadoria importada. Para que ocorra o fato gerador do IPI é irrelevante a finalidade a que se destina o produto. Logo, incidirá IPI na importação de perfume francês a ser revendido ou de canetas esferográficas para consumo.

No caso de produtos industrializados *importados*, empresa importadora *recolherá IPI no momento do desembaraço aduaneiro do produto e recolherá IPI no momento da saída de produto do estabelecimento (revenda), ainda que não haja industrialização no Brasil.*

Ex.: Empresa Y Ltda. importou da Índia 2000 jaquetas de couro e 5000 varetas de incenso. Ocorre o fato gerador do IPI no desembaraço e na saída de seu estabelecimento comercial importador, tanto das jaquetas como das varetas (art. 46, II, CTN).

Incide IPI em importação de automóvel por pessoas natural, ainda que desempenhe atividade empresarial e o faça para uso próprio (STF, RE nº 723651 de 2016).

O sujeito passivo **é o** *importador* (pessoa física ou jurídica que importa produto do exterior independentemente do destino a ser dado ao produto importado, se para consumo, comércio, etc.), *industrial, comerciante fornecedor* a industrial e *arrematante*.

Base de cálculo (art. 47 do CTN):
a) *valor da operação* (no caso de saída do produto do estabelecimento);
b) *preço normal* + II + taxas de entrada da mercadoria + encargos cambiais (no caso do IPI. importação. Para fins de proteção da indústria nacional, a compra de caixas de canetas estrangeiras para revenda é tributada pelo IPI, cuja base de cálculo será valor da mercadoria importada + valor da importação (II) + taxas de entrada da mercadoria + encargos cambiais);
c) *valor da arrematação* (no caso de produto apreendido ou abandonado e levado a leilão).

Alíquota alterada pelo Poder Executivo (art. 153, §1º, CF/88). Faculta-se ao Poder Executivo, por decreto, alterar alíquotas do II, IE, IPI e IOF, que são impostos extrafiscais ou regulatórios.

IPI obedece apenas ao princípio da noventena. IPI é exceção à anterioridade tributária, mas não o é em relação à noventena. O aumento de IPI, mesmo que se dê mediante decreto, está sujeito à regra geral de noventena vazada no art. 150, III, "c", CF/88.

Imposto proporcional: possui alíquotas fixas e base de cálculo variável, como o ICMS. *Imposto indireto:* a carga tributária é suportada pelo contribuinte de fato (consumidor final), e não pelo contribuinte de direito. *Imposto plurifásico*: incide em operações sucessivas.

Regra matriz de incidência tributária do IPI

	IPI
Critério material	1) Realizar operação de venda com produto industrializado; 2) arrematar produto industrializado abandonado ou apreendido; 3) importar produto industrializado.
Critério temporal	1) saída do produto do estabelecimento industrial, no caso de venda de produto industrializado; 2) no desembaraço aduaneiro e na saída do produto do estabelecimento, no caso de importação de produto industrializado; 3) momento da arrematação, no caso de produto industrializado apreendido ou abandonado e levado a leilão.
Critério espacial	Território nacional: 1) repartição aduaneira; 2) estabelecimento industrial; 3) local da arrematação.
Critério pessoal	*Sujeito ativo*: União *Sujeito passivo*: importador, industrial, comerciante fornecedor a industrial e arrematante.
Critério quantitativo	*Base de cálculo*: 1) valor da operação de saída; 2) preço normal + II +taxas e encargos cambiais; 3) valor da arrematação. *Alíquota*: 0 a 365,63%, de acordo com essencialidade do produto; alteração pelo Poder Executivo (TIPI – Tabela do IPI).

23.7 IGF (Imposto sobre Grandes Fortunas – art. 153, III, CF/88)

O imposto sobre grandes fortunas – IGF – foi previsto, originalmente, na Constituição Federal de 1988, no art. 153, III, com os seguintes dizeres: *"Compete à União instituir imposto sobre grandes fortunas, nos termos de lei complementar"*.

A proposta de emenda constitucional para previsão do IGF partiu do deputado federal Antônio Mariz (PMDB), em razão dos seus trabalhos na Assembleia Nacional Constituinte (87-88), no sentido de prever um tributo que não incidisse sobre a classe média brasileira, sobrecarregada de tributação. Para ele, o IGF seria "instrumento extra a serviço da política econômica do governo".

Apenas em dois momentos a Constituição Federal de 88 trata dos impostos sobre grandes fortunas. No art. 153, VII e, a partir da EC nº 31/00, no art. 80, III, do ADCT, que diz que o produto da arrecadação do IGF será destinado exclusivamente para Fundo de Combate e Erradicação da Pobreza. Com o art. 80, III, do ADCT, o IGF se torna imposto finalístico ou, na expressão de Leandro Paulsen, "imposto de arrecadação vinculada", pois o produto da arrecadação é destinado a uma despesa específica: o Fundo de Combate e Erradicação da Pobreza. Daí o IGF ser comumente conhecido como "imposto Robin Hood", no sentido de "tirar dos ricos para dar aos pobres".

O fato do IGF ainda não ter sido instituído no Brasil não obriga a União a fazê-lo.

Com relação à natureza jurídica, trata-se de um imposto sobre grandes patrimônios, que recai sobre o patrimônio do contribuinte na sua totalidade. Em outras palavras, imposto sobre a riqueza em estoque ou a riqueza acumulada, como obras de arte, joias, barcos, contas bancárias, jatinhos, ativos financeiros, ações, etc.

Não se confunde com os impostos sobre o patrimônio individualizado, como IPTU, ITR e IPVA, nem com impostos sobre transmissões patrimoniais, como ITCMD e ITBI.

Cabe a lei complementar definir todos os aspectos do IGF (aspectos material, temporal, espacial, pessoal e quantitativo), porque não existe regra sobre ele no Código Tributário Nacional, que tem *status* de lei complementar. A referência a lei complementar no próprio inciso VII do art. 153 da Constituição da República quer exigir essa espécie normativa para definir todos os aspectos desse tributo.

Há décadas, a instituição do IGF nos países da Europa e da Ásia foi desastrosa, criando mais problemas do que soluções. EUA, Inglaterra, Austrália, por conta dessas experiências, nem sequer pensaram na sua criação. É que o IGF: 1. desestimula a popança interna; 2. incentiva apenas os investidores estrangeiros; 3. acirra o exílio fiscal (saída dos ricos do país); 4. tem arrecadação baixa (aproximadamente 1% do total arrecadado); 5. as despesas com a sua cobrança e arrecadação são altas e superam o valor arrecadado; 6. incentiva a sonegação; 7. tributo sobre a riqueza em estoque, o que dá margem ao confisco do patrimônio privado até do assalariado em razão do conceito indeterminado de grande fortuna.

23.8 Simples Nacional ou Supersimples (LC nº 123/06, art. 3º, I e II; CF/88, art. 146, III, "d")

Não é tributo em si. É regime tributário especial, simplificado, favorecido, unificado, de arrecadação de tributos e contribuições (federais, estaduais e municipais) aplicável às Microempresas (ME) e Empresas de Pequeno Porte (EPP), a partir de 2007.

O recolhimento é único e feito por guia federal (*DAS*: documento de arrecadação do simples nacional) e com percentual reduzido.

A adesão ao Simples Nacional é facultativa. E o Simples Nacional deve ser tratado por lei complementar, de acordo com art. 146, III, 'd", CF/88: *"Cabe à lei complementar estabelecer normas gerais em matéria de legislação tributária, especialmente sobre definição de tratamento diferenciado e favorecido para as microempresas e para as empresas de pequeno porte, inclusive regimes especiais ou simplificados no caso do imposto previsto no art. 155, II, das contribuições previstas no art. 195, I e §§12 e 13, e da contribuição a que se refere o art. 239".*

Quais tributos e contribuições devem ser recolhidos de forma unificada?
• IRPJ
• IPI
• ICMS
• CSLL
• PIS/PASEP
• ISS
• Cofins
• Contribuição patronal previdenciária (CPP)
Quais tributos que não se submetem ao Simples Nacional?
• II, IE, IOF
• ITR
• IR sobre aplicação financeira
• CPMF
• Contribuição a cargo do trabalhador
A única *base de cálculo* utilizada pelo Simples Nacional é a receita *bruta da pessoa jurídica,* auferida mês a mês, que incidirá o percentual da alíquota.
Empresa inscrita no Simples Nacional está *dispensada* do recolhimento de certas contribuições:
• Salário-educação
• Contribuição sindical
• Contribuição para o Sistema S

> As *organizações religiosas, fundações e associações* não se podem considerar ME ou EPP para fins de opção pelo Simples Nacional. Também as *empresas com débitos tributários com INSS, Fazenda Pública Federal, Estadual e Municipal cuja exigibilidade não esteja suspensa* não poderão optar pelo Simples.
> *Quem pode optar?*
> - Sociedade empresária
> - Sociedade simples
> - Empresa individual de responsabilidade limitada
> - Empresário individual

Exercícios sobre impostos[116]

1. O ISSQN tem como fato gerador a prestação de serviços, exceto:
a) publicidade e propaganda;
b) datilografia e estenografia;
c) transporte intermunicipal
d) desinfecção e higienização

2. Considerando disposições relativas ao ISS, assinale com F ou V e, a seguir, indique a opção com a sequência correta:
( ) Willian, advogado, presta serviço de consultoria e advocacia como autônomo a diversas empresas do Município da São Paulo, não possuindo estabelecimento fixo. Willian é contribuinte do ISS.
( ) Se empresa sediada e domiciliada no município de São Paulo, contratada para fazer demolição no município do Rio de janeiro, deverá pagar ao município do Rio de Janeiro ISS correspondente.
( ) Ricardo permaneceu internado em hospital particular, localizado no município de São Paulo por uma semana. No fechamento da conta hospitalar, foram-lhe entregue duas notas fiscais: uma relativa à prestação de serviços hospitalares, com incidência do ISS, e outra, relativa ao fornecimento de medicamentos, com incidência do ICMS. Correta apenas emissão da NF com incidência do ISS.
a) F, F, V;
b) F, V, F;
c) V, F, V;
d) V, V, F;
e) V, V, V.

---

[116] *Respostas:* 1. c; 2. e; 3. d; 4. d; 5. e.

3. A sociedade empresária ABC, concessionária de serviço de transporte público coletivo de passageiros, opera linha de ônibus 123, que inicia seu trajeto no Município X e completa seu percurso no Município Y, ambos localizados no Estado Z. Sobre a prestação onerosa desse serviço de transporte, deve:
a) ISS ser recolhido para o Município X;
b) ISS ser recolhido para o Município Y;
c) ICMS ser cobrado de forma conjunta pelo Município X e Município Y;
d) ICMS ser recolhido para o Estado em que se localizam o Município X e o Município Y.

4. Maria dos Santos, querendo constituir hipoteca sobre imóvel de sua propriedade em garantia de empréstimo bancário a ser por ela contraído, vai a um tabelionato para lavrar escritura pública da referida garantia real. Ali é informada que o Município Z, onde situa o bem, cobra o ITBI sobre a constituição de direitos reais de garantia. Diante desse cenário, assinale alternativa correta:
a) É possível tal cobrança, pois a constituição de direito real de garantia sobre bens imóveis, por ato *inter vivos*, é uma das hipóteses do ITBI.
b) O contribuinte do ITBI, nesse caso, não seria Maria dos Santos, mas sim a instituição bancária em favor de quem a garantia será constituída.
c) O tabelião atua como responsável por substituição tributária, recolhendo, no lugar do contribuinte, o ITBI devido em favor do Município Z nessa constituição de direito real de garantia.
d) Não é possível exigir ITBI sobre direitos reais de garantia sobre imóveis.

5. Sobre os impostos em espécie, é correto afirmar:
a) Incide ICMS na prestação de serviço de comunicação nas modalidades radiodifusão sonora e de sons e imagens de recepção livre e gratuita.
b) IPI pode ser não cumulativo, compensando-se o que for devido em cada operação com o montante cobrado nas anteriores.
c) II terá reduzido seu impacto sobre aquisição de bens de capital pelo contribuinte do imposto.
d) IR será progressivo e terá suas alíquotas fixadas de forma a desestimular a manutenção de propriedades improdutivas.
e) IOF não se submete ao princípio da anterioridade, assim como ao princípio da anterioridade nonagesimal.

REFERÊNCIAS

ALEXANDRE, Ricardo. *Direito Tributário*. 14. ed. Salvador: Juspodivm, 2020.

ALEXANDRINO, Marcelo; PAULO, Vicente. *Direito Tributário na Constituição e no STF*. 17. ed. São Paulo: Método, 2014.

ALMEIDA, Edvaldo Nilo de. *Direito Tributário*. Tomo I. Salvador: Juspodivm, 2011.

AMARO, Luciano. Direito Tributário Brasileiro. 15ª. ed. São Paulo: Saraiva, 2009.

ATALIBA, Geraldo. *Hipótese de Incidência Tributária*. 6. ed. São Paulo: Malheiros, 2003.

BALEEIRO, Aliomar. *Uma Introdução à Ciência das Finanças*. 16. ed. São Paulo: Forense, 2004.

CARRAZZA, Roque Antonio. *Curso de Direito Constitucional Tributário*. 10. ed. São Paulo: Malheiros, 1997.

CASTRO, Alexandre Barros; SOUZA, Luís Henrique Neris de. *Código Tributário Comentado*. São Paulo: Saraiva, 2010.

COSTA, Regina Helena. *Curso de Direito Tributário*. São Paulo: Saraiva, 2009.

GORDILLO, Agustin. *Introducción al Derecho Administrativo*. Vol 1. Buenos Aires: Abeledo Perrot, 1966.

MACHADO, Hugo de Brito. *Curso de Direito Tributário*. 24. ed. São Paulo: Malheiros. 2004.

NABAIS, José Cabalta. *O dever fundamental de pagar impostos*. Coimbra: Almedina, 2004.

OVIEDO, Paulo. *Curso de Direito Tributário*. 2 ed. São Paulo: Saraiva, 2019.

PAULSEN, Leandro. *Capacidade Colaborativa*. Princípio de Direito Tributário para obrigações acessórias e de terceiros. Porto Alegre: Livraria do Advogado, 2014.

PAULSEN, Leandro. *Curso de Direito Tributário Completo*. Porto Alegre: Livraria do Advogado, 2018.

PAULSEN, Leandro; VELLOSO, Andrei Pitten. *Contribuição no sistema tributário brasileiro*. 4. ed. São Paulo: Saraiva, 2019.

PRADO, Leandro Cadenas. *Direito Tributário*. 4. ed. São Paulo: Método, 2012.

KFOURI JR, Anis. *Curso de Direito Tributário*. São Paulo: Saraiva, 2010.

SABBAG, Eduardo. *Manual de Direito Tributário*. 8 ed. Sao Paulo: Saraiva, 2016.

SCHOUERI, Luis Eduardo. *Direito Tributário*. 9 ed. São Paulo: Saraiva, 2019.

Esta obra foi composta em fonte Palatino Linotype, corpo 10
e impressa em papel Pólen Bold 70g (miolo) e Supremo 250g (capa)
pela Gráfica Paulinelli.